민법총칙

김재훈 · 허영희

비앤엠북스

Preface

머리말

독자들이 법학을 접할 때, 그 출발점은 민법총칙이라고 할 수 있습니다. 이러한 이유 때문인지 민법총칙 교과서가 많이 출간되어 있지만 분량이 많고 내용도 어려워 법학에 입문하거나, 법학을 전공하려는 분들에게 출발점부터 발걸음을 무겁게 하고 있다는 느낌을 지울 수 없었습니다. 이 책은 이런 현실에 처한 분들을 염두에 두고 썼습니다.

이 책은 국내 민법총칙 교과서들이 다루고 있는 내용을 참고로 하되, 불필요한 부분은 과감히 생략하고, 꼭 필요한 내용만을 정리하여 해설을 덧붙였습니다. 얼핏보면 간단해 보이지만, 독자들이 이 책의 내용만으로도 민법총칙의 전체적 맥락을 짚을 수 있도록 하였습니다.

이 책은 독자들이 내용을 쉽게 이해할 수 있도록 단어와 문장선택에 신경을 썼습니다. 또한 추상적인 법이론이 구체적 사례에 어떻게 해석, 적용되는지 알 수 있도록 내용에 따른 판례를 소개하였습니다. 덧붙여 독자들의 학습을 돕기 위하여 시각적 효과를 고려하여 편집하였습니다.

처음으로 선보이는 이 책이 저자가 의도했던 것을 모두 담아내지는 못했습니다. 아쉬운 점은 다음 개정판에 보완하기로 약속드립니다.

마지막으로 이 책이 출간될 수 있게 해 주신 비앤엠북스의 정광식 사장님, 정경식 부장님, 편집부 여러분께 감사드립니다.

2014년 7월 상문골에서

김재훈, 허영희

제1장 민법총칙(民法總則) 일반

Contents

차례

제3장 권리의 객체(權利의 客體)

제4장 권리의 변동(權利의 變動)

민법총칙(民法總則) 일반

제1절 민법의 의의(民法의 意義)

I 민법의 체계(民法의 體系)

인간사회에서 인간이 행동하거나 판단할 때에 마땅히 따르고 지켜야 할 가치판단의 기준을 규범이라고 한다. 이러한 사회의 규범에는 도덕, 관습, 법, 종교 등이 있다. 도덕과 종교규범은 국가권력에 의한 강제성이 없다는 점에서 법과 구별된다.

그러므로 법이란 인류사회의 여러 규범 중에 하나이며, 국가권력에 의해 강행되는 규범이다. 민법은 여러 가지 규범 중에 법규범의 하나이며 사회생활을 공법적 생활관계와 사법적 생활관계로 나누어 볼 때 사법관계를 규율하는 일반사법이다.

Ⅱ 형식적 의미의 민법과 실질적 의미의 민법(形式的 意味의 民法과 實質的 意味의 民法)

민법은 형식적 의미의 민법과 실질적 의미의 민법으로 구분하여 그 의미를 새길 수 있다.

1. 형식적 의미의 민법(形式的 意味의 民法)

형식적 의미의 민법은 1958년 2월 22일에 법률 제471호로 제정 · 공포되고, 1960년 1월 1일부터 시행된 성문법전을 말한다. 우리나라와 같은 대륙법계로 분류되는 국가에서는 성문법주의에 의하여 성문화된 민법전을 가지고 있는데, 이러한 '민법전(民法典)'을 형식적 의미의 민법이라고 한다.

우리 민법전은 총칙 규정이 앞에 위치하는 판덱텐(Pandekten)체계를 취하고 있다. 민법은 다음과 같이 총칙을 포함하여 모두 5편으로 구성된다.

민법의 구성

■ **제1편 총칙**

제1장 통칙 | 제2장 인 | 제3장 법인 | 제4장 물건 | 제5장 법률행위 | 제6장 기간 | 제7장 소멸시효

■ **제2편 물권**

제1장 총칙 | 제2장 점유권 | 제3장 소유권 | 제4장 지상권 | 제5장 지역권 | 제6장 전세권 | 제7장 유치권 | 제8장 질권 | 제9장 저당권

■ **제3편 채권**

제1장 총칙 | 제2장 계약 | 제3장 사무관리 | 제4장 부당이득 | 제5장 불법행위

■ **제4편**

제1장 총칙 | 제2장 가족의 범위와 자의 성과 본 | 제3장 혼인 | 제4장 부모와 자 | 제5장 후견 | 제6장 친족회[2011.3.7.삭제] | 제7장 부양 | 제8장 호주승계 [2005.3.31.삭제]

■ **제5편**

제1장 상속 | 제2장 유언 | 제3장 유류분

2. 실질적 의미의 민법(實質的 意味의 民法)

우리가 보통 말하는 민법은 민법전을 의미하지만, 민법학에서 말하는 민법은 사법관계에 일반적으로 적용되는 실질적 의미의 민법을 지칭한다. 실질적 의미의 민법은 법의 형식이나 명칭 여하를 불문하고, 그 내용이 개인 대 개인의 사법관계(재산관계=채권관계 · 물권관계, 신분관계=친족관계 · 상속관계)에서 양 당사자를 대등하게 놓고 규율하는 일반법을 의미한다.

(1) 민법은 사법(私法)이다

법은 크게 공법과 사법으로 분류할 수 있다. 민법은 사법에 속한다. 공법과 사법은 사적 자치, 권리구제절차(민사소송절차, 행정소송절차) 등 여러 가지 측면에서 차이가 있다. 공법과 사법을 어떻게 구분할 것인가에 대해 이익설, 성질설, 주체

공법과 사법의 구분

■ **이익설(목적설)**

이익설은 공익보호를 목적으로 하면 공법으로 보고, 사익보호를 목적으로 하면 사법으로 본다. 법익(法益: 법이 보호하는 이익)을 기준으로 공법과 사법을 구분하는 이익설은 법이 공익과 사익을 동시에 추구하는 것에 대하여 논리적인 대처가 어렵다. 절도범의 규율은 공익인 사회질서유지와 사익인 개인재산보호를 목적으로 한다.

■ **성질설(효력설)**

성질설은 법이 규율하는 관계가 상하관계를 띠고 있으면 공법으로, 수평관계를 띠고 있으면 사법으로 본다. 성질설에 의하면, 국가 간의 평등관계를 규율하는 국제법은 공법임에도 사법으로 분류되는 모순이 생긴다. 상하관계인 친자관계는 사법의 규율대상이다.

■ **주체설**

주체설은 국가 기타 공공단체가 법률관계의 주체이면 공법으로, 일반사인이 법률관계의 주체이면 사법으로 본다. 주체설에 의하면, 국가나 공법인이 사인과 단순한 경제적 거래로 계약을 체결하는 경우, 그 성질상 사법관계임에도 불구하고 공법관계로 보게 되는 모순이 생긴다(국가를 당사자로 하는 계약에 관한 법률).

■ **생활관계설**

생활관계설은 국민의 공적 국가생활관계를 규율하는 법은 공법으로, 일반사인의 일상적 사회생활관계를 규율하는 법은 사법으로 본다. 위 성질설(효력설)과 별 차이가 없다. 이 견해는 무엇이 국가생활관계이고 사회생활관계인지 구별이 쉽지 않다는 단점이 있다.

■ **절충설**

절충설은 주체설의 입장에 생활관계설을 더하거나, 여기에 이익설까지 결합하여 공법과 사법을 구별한다.

설, 생활관계설, 절충설 등의 학설이 있다.

그러나 어느 학설이 타당하다고 단정 지을 수는 없다. 또한 공법과 사법의 요소가 포함된 사회법(근로기준법, 부정경쟁방지법, 국민연금법 등)은 사적 자치에 국가권력의 개입을 특징으로 하는데, 이러한 사회법의 등장은 공사법의 구별을 모호하게 한다.

(2) 민법은 일반사법(一般私法)이다

법은 적용범위에 따라 일반법과 특별법으로 나눌 수 있는데, 민법은 일반법에 속한다. 특별법은 특정한 사람, 장소, 내용에 적용되나 일반법은 제한 없이 적용된다. 특별법우선의 원칙에 의해 일반법과 특별법이 저촉될 경우 특별법이 우선 적용된다. 민법과 상법 사이에는 상법이 특별법이지만, 상법과 어음수표법, 보험법 사이에는 상법이 일반법이 된다. 그러므로 그 구별은 상대적이라 할 수 있다.

(3) 민법은 실체법(實體法)이다

법규범의 작용에 따라 실체법과 절차법으로 나눌 수 있는데, 민법은 사법상의 권리의무의 내용을 직접 규율(권리의무의 발생, 변경, 소멸에 대하여 규정)하고 있다는 점에서 실체법으로 분류된다. 실체법은 법률관계를 직접 규율하는 법이고, 절차법은 실체법을 구체적 사건에 적용하는 절차에 관한 법이다. 민사소송법, 민사집행법과 소액사건심판법, 중재법, 가사소송법, 민사조정법 등은 절차법이라 할 수 있다.

Ⅲ 형식적 의미(形式的 意味)의 민법과 실질적 의미(實質的 意味)의 민법의 관계

민법학은 실질적 의미의 민법을 대상으로 한다. 즉 민법전에 규정되지 않은 사항이라도 사법관계에 관한 것이면 실질적 의미의 민법에 해당한다. 특별민법으로 주택임대차보호법, 상가건물임대차보호법, 부동산등기법, 공장저당법 등이 있다. 형식적 의미의 민법인 민법전에도 법인의 대한 처벌규정[제97조]과 절차법규인 채권의 강제집행의 방법[제389조]에 관한 규정이 포함되어 있다.

제2절 민법의 법원(法源)

I 법원(法源)의 의의

제1조(법원) 민사에 관하여 법률에 규정이 없으면 관습법에 의하고 관습법이 없으면 조리에 의한다.

법원(法源)은 법(法)의 연원(淵源)의 준말이다. 법의 내용을 인식하려면 법이 드러나야 한다. 즉 법이 드러난 모습, 법의 존재형식이 법원이다. 법적 분쟁을 해결하기 위하여 법관이 준거해야 할 실질적 의미의 민법의 존재형식 내지 인식근거가 법원이 된다.

민법은 제1조에서 "민사에 관하여 법률에 규정이 없으면 관습법에 의하고 관습법이 없으면 조리에 의한다."고 규정하고 있는데, 이 규정은 민법의 법원과 그 적용순서를 정하고 있다. 민법의 법원으로 법률, 관습법, 조리를 규정하고 있는데, 그 적용순서는 법률 → 관습법 → 조리이다. 여기서 법률은 성문민법을 말하고 관습법과 조리는 불문민법이다.

II 법원의 종류(法源의 種類)

1. 성문민법(成文民法)

① 성문민법의 대표는 현행 민법전이다.

② 민법전 외에도 민사특별법으로 주택임대차보호법, 공장저당법, 방문판매 등

에 관한 법률 등 여러 가지가 있다. 이러한 법률은 입법기관인 국회에 의해 제정된다.

③ 헌법재판소의 결정은 법률과 동일한 효력을 가지므로[헌법재판소법 제47조, 제75조] 그 결정이 민사에 관한 것이면 민법의 법원이 된다(학설의 다툼이 있음).

④ 대통령의 긴급재정 · 경제명령과 긴급명령은 법률과 같은 효력을 가지므로[헌법 제76조 제1항, 제2항], 민사에 관한 것이면 민법의 법원이 된다.

⑤ 행정기관에 의해 제정되는 법규인 명령(대통령령, 총리령, 부령)도 민사에 관한 것이면 법원이 될 수 있다.

⑥ 지방자치단체가 법령의 범위 안에서 정하는 자치법규인 조례와 지방자치단체의 장이 법령이나 조례가 위임한 범위에서 정한 규칙도 민사에 관한 것인 경우에 민법의 법원이 될 수 있다[지방자치법 제22조, 제23조]. 시 · 군 및 자치구의 조례나 규칙은 시 · 도의 조례나 규칙을 위반하여서는 아니 된다[지방자치법 제24조].

⑦ 대법원이 법률에 저촉되지 않는 범위에서 정한 대법원 규칙도 민법의 법원이 될 수 있다.

⑧ 비준 공포된 조약과 일반적으로 승인된 국제법규도 민사에 관한 것일 경우 민법의 법원이 된다(국제물품계약에 관한 국제연합협약).

2. 불문민법(不文民法)

(1) 관습법(慣習法)

관습법이란 사회생활에서 발생한 관습이 사회구성원들이 법이라고 인식하여 지켜질 정도로 지위를 갖게 된 것을 말한다.

관습법이 성립되려면, 오랫동안 같은 행위가 반복되는 관행이 존재하여야 하고, 많은 사람들이 그 관행을 법이라고 여길 정도의 법적 확신이 있어야 한다. 판례는 법적 확신이 인정되려면 전체 법질서에 반하지 않아야 한다고 본다. 관습법의 인정은 판결을 통하여 확인되는데, 관습법의 존재 시기는 요건이 갖추어진 때로 소급하게 된다. 그러므로 관습법의 성립 시기는 명확하지 않다.

관습법과 성문법 사이에 어느 것이 우위에 있는가에 대해서는 견해가 대립한다. 보충적 효력설과 변경적 효력설이 있다. 보충적 효력설에 의하면 민법 제1조의 문언을 근거로 성문법과 다른 관습법은 법으로서의 효력을 가지지 못한다. 변경적 효력설은 기존의 성문법과 다른 관습법이 존재하는 경우 신법우선의 원칙에 의해 관습법이 우선한다고 한다. 판례는 보충적 효력설의 입장을 취한다.

판례에 의해 확인된 관습법

분묘기지권, 관습법상의 법정지상권, 수목의 집단과 미분리 과실과 입도의 소유권에 대하여 명인방법, 동산의 양도담보, 사실혼, 관습법상 분재청구권 등

(2) 조리(條理)

조리란 사물의 본질적 법칙 또는 자연의 이치, 사람의 이성을 기초로 한 규범 등으로 이해한다.

조리를 법원으로 인정하는 견해에 의하면, 민법 제1조를 근거로 민법상 법률과 관습법이 존재하지 않을 경우 조리에 보충적 법원성을 인정한다. 판례도 조리의 법원성을 인정한다[96다4002].

(3) 판례(判例)

불문법주의 국가에서 판례는 중요한 법원이 된다. 그러나 성문법주의 국가인 우리나라에서는 판례를 법원으로 인정할 것인가에 대하여 다툼이 있다. 학설은 대체로 판례의 법원성을 부정한다.

재판은 현존하는 법을 사안에 적용할 뿐 스스로 법을 정립하는 것은 아니다. 판례가 축적된다고 하여 법이 되지는 않는다. 이 점에서 판례의 법원성은 인정되지 않는 것이다. 그러나 비슷한 사안에서 하급법원이 상급법원의 판례를 무시하는 경우에 이를 파기할 수 있으므로, 판례는 사실상의 구속력을 가진다는 점은 부인

할 수 없다.

(4) 학설(學說)

학설이 법원이 될 수 있는가도 논의되는데, 학설은 조리를 통하여 재판에 영향을 미칠 수 있으나 법원은 아니라고 보는 것이 일반적이다.

(5) 사실인 관습(事實인 慣習)

민법 제106조는 "법령 중의 선량한 풍속 기타 사회질서에 관계없는 규정과 다른 관습이 있는 경우에 당사자의 의사가 명확하지 아니한 때에는 그 관습에 의한다." 고 규정하고 있는데, 여기서 관습을 '사실인 관습'이라고 한다.

일부 견해는 사실인 관습과 관습법에 대해 성질상 동일하기 때문에 구별할 필요가 없다고 하나, 다수설과 판례[대법원 1983.6.14. 선고 80다3231 판결]는 관습과 관습법을 구별한다. 관습법은 당연히 법규로서 효력을 가지지만 사실인 관습은 단순한 관행으로서 당사자의 주장이 있는 경우에 의사해석의 기준이 될 뿐이다. 관습법은 모든 민사관계에 적용되지만 사실인 관습은 법률행위에 관하여 불분명한 의사를 확정하는 자료가 된다는 점에서도 차이가 있다.

성문민법과 불문민법의 비교

내용	성문법	불문법
1. 법의 통일적 정비	쉽다	어렵다
2. 법질서의 안정	안정적이다	부동적이다
3. 법의 명확성	쉽다	어렵다
4. 법의 경직성	쉽다	어렵다
5. 사회변천에의 적응성	어렵다	쉽다

제3절 민법의 기본원리(民法의 基本原理)

민법은 민사에 관한 법규들의 단순한 집합체가 아니라 일정한 기본원리를 바탕으로 체계적으로 편성된 것이다. 민법을 올바르게 이해하고 해석하기 위해서는 민법의 기본원리를 알아볼 필요가 있다.

그런데 민법의 기본원리가 민법전에 분명히 명시되어 있지 않다. 따라서 민법의 기본원리에 대한 견해도 다양하다. 일반적으로 인용되는 민법의 기본원리는 다음과 같다.

I 근대 민법의 기본원리(近代 民法의 基本原理)

(1) 소유권 절대의 원칙(所有權 絶對의 原則)

개인이 소유하는 재산은 절대적으로 존중되어야 한다는 원칙이다. 소유권 절대의 원칙은 사유재산권 존중의 원칙이라고도 한다. 이 원칙은 민법의 물권법에서 주로 구현된다.

(2) 사적 자치의 원칙(私的 自治의 原則)

권리의 취득과 이전은 개인의 자유로운 의사에 의해야 한다는 원칙이다. 사적 자치의 원칙은 계약자유의 원칙이라고도 한다. 이 원칙이 구현되는 주된 영역은 민법상 채권법이다.

(3) 과실책임의 원칙(過失責任의 原則)

개인은 자기의 고의 · 과실에 의한 사법상의 행위에 대해서만 책임을 진다는 원칙이다. 이를 자기책임의 원칙이라고도 한다. 이 원칙은 민법상 손해배상에서 구현된다.

Ⅱ 근대 민법의 수정원리(近代 民法의 修正原理)

(1) 소유권 절대의 원칙에 대한 수정(所有權 絶對의 原則에 對한 修正)

소유권 절대의 원칙은 헌법 제23조 제2항에서 "재산권의 행사는 공공복리에 적합하도록 하여야 한다."고 규정하여 사유재산권을 공공복리에 적합하게 행사할 의무를 부과하고 있으며, 민법 제211조는 "소유자는 법률의 범위 내에서 그 소유물을 사용, 수익, 처분할 권리가 있다."고 규정하여 법률로 재산권 행사를 제한하고 있으며, 민법 제216조 이하의 상린관계 규정에서도 이와 같은 내용의 취지를 발견할 수 있다.

그 외에도 각종의 특별법, 예컨대 「국토의 계획 및 이용에 관한 법률」, 「주택임대차보호법」, 「상가건물임대차보호법」 등에 의해 소유권 절대의 원칙을 제한하고 있다.

(2) 사적 자치의 원칙에 대한 수정(私的自治의 原則에 對한 修正)

사적 자치의 원칙에 대한 수정은 다음과 같이 나타난다. 통신과 운송, 수도, 전기 등 재화를 공급하는 기업은 체약의무(締約義務)를 지며, 공증인, 집행관, 의사, 약사 등은 정당한 이유 없이 업무집행을 거절할 수 없다. 노동조합가입을 이유로 고용을 거부할 수 없으며, 「약관의 규제에 관한 법률」에서는 약관을 행정관청에 신고하게 하거나 인가를 받게 한다.

(3) 과실책임의 원칙에 대한 수정(果實責任의 原則에 對한 修正)

자신의 행위로 인해 발생한 손해에 대해 고의 또는 과실이 없었다는 이유로 배상책임을 지지 않는 것은 형평성에 어긋난다. 따라서 이익을 추구하는 과정에서 발생한 손해에 대해서는 행위자에게 고의 또는 과실이 없다고 하여도 배상을 해야 한다는 '무과실책임론'이 제기되었다.

오늘날 기계문명의 발달과 위험이 내재된 시설들이 늘어남에 따라 무과실책임을 인정하는 법이 늘어나고 있다.

무과실책임주의 관련 법률

자동차손해배상보장법, 환경정책기본법, 제조물책임법, 우주손해배상법

제4절 민법의 적용과 해석(民法의 適用과 解釋)

I 민법의 적용(民法의 適用)

법의 적용은 사회생활에서 일어나는 구체적인 사건에 대하여 법을 적용하여 구체적인 법적판단을 이끌어 내는 과정을 말한다. 법의 적용단계는 구체적 사건에 대하여 사실관계를 확정하고, 그 사건에 적용될 법규를 발견하여 그 의미와 내용을 명확히 한 후, 적용하여 법적 판단을 이끌어 내는 과정을 거친다.

■ **사례**
갑이 집을 고치다가 잘못하여 을의 집을 파손하였다. 갑의 파손행위와 관련되는 법규범 민법 제750조의 손해배상 규정을 전제로 파손행위가 제750조(손해발생, 고의, 과실, 위법행위 등)를 충족하는지 살펴보고 충족한다면 그에 따른 법적 효과인 손해배상을 을에게 할 것을 명하는 결론(판결)이 나오게 된다.

■ **법적용 형식**
법규범(대전제: [민법 제750조 대전제]) → 사안(소전제)의 포섭 → 손해배상판결

■ **결론**

II 민법의 해석(民法의 解釋)

어떤 사실관계에 대하여 법규정을 적용해야 하는 경우 먼저 그 법규정의 의미

를 알아야 한다. 즉, 법의 해석이 필요하다. 법의 해석이란 법률규정의 내용이 무엇인지 그 의미가 무엇인지 명확히 밝히는 것을 말한다.

민법의 해석은 유권해석과 학리해석으로 나눌 수 있다. 해석방법으로는 문리해석, 논리해석, 역사적 해석, 목적론적 해석 등이 있다. 민법의 해석 기술은 축소해석, 확장해석, 반대해석, 유추해석으로 나뉜다.

민법의 해석

■ **유권해석**

국가기관에 의하여 법규의 의미나 내용을 명확히 하는 것이다. 법적 구속력이 있는 해석으로 공권적 해석이라고도 한다. 유권해석에는 주체가 되는 기관에 따라 입법해석, 사법해석, 행정해석이 있다. 입법적 해석이란 입법기관이 법규 자체에 해석규정을 둔 것을 말한다(민법 제98조: 물건의 정의). 사법해석이란 법원의 판결형식으로 나타나는 법의 해석이다. 사법해석은 재판상 해석으로 법해석의 최종해석이 될 것이다. 행정해석이란 행정관청이 행하는 해석을 말한다. 상급관청이 하급관청에 회답 · 훈령 · 지령 등의 형식으로 하기도 하며 하급관청은 상급관청의 법해석에 구속된다.

■ **학리해석**

학자들이 이론적으로 분석하는 해석을 말하는데, 민법의 해석이라고 하면 일반적으로 학리해석을 가리킨다. 학리해석은 강제력이 없어 무권해석이라고도 한다.

민법의 해석방법

■ **문리해석**

법규범의 문자가 가지는 의미를 충실하게 밝히는 해석방법이다. 성문법국가에서는 해석의 첫걸음이 된다.

■ **논리해석**

민법을 전체적으로 고려하여 개개의 조문을 법전의 체계에 모순되지 않도록 논리적으로 해석하는 민법의 해석방법을 말한다.

■ **역사적 해석**

법제정 당시 사용된 입법자료(입법초안, 이유서, 의사록, 모법 등)를 이용하여 해석하는 방법을 말한다.

■ **목적론적 해석**

입법자의 의사나 법률의 입법 목적을 고려하여 법규정을 해석하는 방법을 말한다.

민법의 해석기술

■ **축소해석**

문언이 가지는 의미보다 축소하여 해석하는 기술이다.

예: 제1003조 제1항의 재산상속에서 배우자는 사실상의 배우자를 제외하고 법률상의 배우자만 의미한다고 할 때이다.

■ **확장해석**

문언이 가지는 의미보다 확장하여 해석하는 기술이다.

예: "제752조(생명침해로 인한 위자료) 타인의 생명을 해한 자는 피해자의 직계존속, 직계비속 및 배우자에 대하여는 재산상의 손해 없는 경우에도 손해배상의 책임이 있다." 여기서 배우자는 사실상의 배우자를 포함하여 해석할 때이다.

■ **유추해석**

해당 사안에 적용될 법규정이 없는 경우 다른 유사한 사안에 대한 법규정을 적용하여 동일한 법적 결과를 도출하는 해석기술이다.

예: 민법 제275조 제2항에서는 법인 아닌 사단법인의 물건소유관계를 총유로 보는 규정이 있는데, 법인 아닌 사단의 경우 총회의 결의나 구성원의 변동에 관한 규정이 없으므로 사단법인의 규정을 유추적용한다.

■ **반대해석**

문언이 가지는 의미를 반대로 해석하는 기술이다.

예: "제184조(시효의 이익의 포기 기타) ① 소멸시효의 이익은 미리 포기하지 못한다." 여기서 시효이익은 미리 포기하지 못하나 시효완성 후의 포기는 가능하다고 할 때이다.

Ⅲ 민법상 용어 해설(民法上 用語 解說)

선의(善意), 악의(惡意)

민법에서 선의란 권리변동에 영향을 미치는 일정한 사항을 모르는 상태를 말하고, 악의란 권리변동에 영향을 미치는 일정한 사항을 알고 있는 상태를 말한다.

추정(推定), 간주(看做)

■ **추정**

하나의 사실로부터 다른 사실을 추측하여 인정하는 것을 말한다. 추정은 추측하여 인정하는 것이므로 반대의 사실이 있으면 그 인정은 효력이 부정된다.

예: "민법 제30조(동시사망) 2인 이상이 동일한 위난으로 사망한 경우에는 동시에 사망한 것으로 추정한다." 여기서 동시에 사망하지 않은 사실이 입증되면 동시사망의 추정은 부정된다.

■ **간주**

일정한 사실이나 행위가 있다면 법률적 효력이 확정되는 것을 말한다. 그러므로 간주란 그 전제된 사실이나 행위가 존재하는 한 반대의 사실이 있다고 해도 그 확정된 효력이 상실되지 않는다.

예: "제28조(실종선고의 효과) 실종선고를 받은 자는 전조의 기간이 만료한 때에 사망한 것으로 본다." 여기서 전조의 기간은 일반실종 5년, 특별실종 1년을 말한다. 실종자가 생환한다고 하여 실종선고의 효과가 소멸하는 것이 아니고 실종선고취소의 선고가 있어야 한다.

당사자, 제삼자

■ **당사자**

법률관계에서 직접 관계되는 자를 말한다.

■ **제삼자**

당사자 이외의 자를 말한다.

※ 예외적으로 제삼자의 범위가 제한되는 경우가 있다. 예를 들면, "제548조(해제의 효과, 원상회복의무) ① 당사자 일방이 계약을 해제한 때에는 각 당사자는 그 상대방에 대하여 원상회복의 의무가 있다. 그러나 제삼자의 권리를 해하지 못한다." 여기서 제삼자는 해제된 계약으로부터 생긴 법률효과를 기초로 해제 전에 새로운 이해관계를 가진 자를 말한다.

제5절 민법상 권리(民法上 權利)

I 법률관계(法律關係)와 호의관계(好意關係)

사인(私人) 간 생활관계 중에서 법에 의해 규율되는 관계를 법률관계라고 한다. 법률관계는 권리와 의무의 관계로 나타난다. 반면에 호의관계는 법에 의해 규율되지 않는 단순한 사교적인 생활관계를 말한다. 호의관계는 법률관계와 달리 법적 권리와 의무가 발생하지 않는다.

법률관계

갑은 을에게 자기 집을 2억에 팔기로 계약을 했다. 2011년 2월 1일에 계약금 2천만원을 을로부터 받고, 중도금 8천만원은 2월 15일에 받기로 하면서, 2월 말일에 소유권 이전에 필요한 서류와 집을 을에게 주고 잔금 1억원을 받기로 계약서를 작성했다.
이 경우에 갑은 을에게 대금지급청구권과 소유권이전의무가 생기고 을에게는 갑에게 소유권이전청구권과 대금지급의무가 생긴다. 이처럼 갑과 을에게 생긴 권리의무관계를 법률관계라고 한다. 권리관계는 법에 의해 구속을 받는 의무와 법에 의해 보호받는 권리의 관계로 나타난다. 결국 법률관계는 권리의무의 관계가 된다.

호의관계

갑이 을에게 데이트를 신청하면서 2월 1일 저녁 7시 한정식 식당에서 밥을 사기로 했다. 갑은 전화로 예약을 하고 음식을 준비시켰다. 그런데 을은 그 시간에 나타나지 않았다.
이 경우 갑이 을에게 약속을 어긴 것에 대한 어떤 법적 책임을 묻지 못한다. 왜냐하면 갑은 호의를 베풀었을 뿐 처음부터 법적 구속의사가 없었기 때문이다.

법률관계와 호의관계가 쉽게 구별되는 것은 아니다. 그 구별은 법률효과의사가 있는가 여부에 따라 판단한다. 그러나 법률효과의사를 판단하기도 어려운 경우에는 그 행위의 동기와 목적, 그 행위가 당사자에게 가지는 경제적 · 법적 의미가 판단의 기준이 된다. 이는 결국 법률행위 해석의 문제이다.

호의관계가 법률관계로 전환될 때가 있다. 그것은 호의로 하는 과정에서 손해가 발생한 경우이다. 예컨대, 승용차로 퇴근을 하던 갑이 같은 방향으로 가는 을을 호의로 동승시켰는데, 교통사고가 발생하여 을이 다친 경우가 그것이다. 이 경우 을은 갑에게 불법행위에 기한 손해배상청구권을 갖는다.

관련 판례

차량의 운행자가 아무런 대가를 받지 아니하고 동승자의 편의와 이익을 위하여 동승을 허락하고 동승자도 그 자신의 편의와 이익을 위하여 그 제공을 받은 경우 그 운행 목적, 동승자와 운행자의 인적 관계, 그가 차에 동승한 경위, 특히 동승을 요구한 목적과 적극성 등 여러 사정에 비추어 가해자에게 일반 교통사고와 동일한 책임을 지우는 것이 신의칙이나 형평의 원칙으로 보아 매우 불합리하다고 인정될 때에는 그 배상액을 경감할 수 있으나 사고 차량에 단순히 호의로 동승하였다는 사실만 가지고 바로 이를 배상액 경감사유로 삼을 수 있는 것은 아니고, 비록 차량에 무상으로 동승하였다고 하더라도 그와 같은 사실만으로 운전자에게 안전운행을 촉구하여야 할 주의의무가 있다고는 할 수 없는 것이다[대법원 1999. 2. 9. 선고 98다53141].

Ⅱ 권리와 의무(權利와 義務)

1. 권리(權利)

권리란 법에 의하여 권리주체에게 주어진 일정한 이익(法益)을 누릴 수 있는 힘을 말한다. 갑이 을에게 자기 집을 처분하는 것은 갑이 그 집에 대한 소유권이라는 권리가 있기에 가능하다.

① 권리의 본질이 무엇인가에 대해서는 견해가 다양하다.

권리의 본질

■ **의사설**

사비니, 푸흐타, 빈드샤이트가 주장하였다. 권리를 법에 의해 주어진 의사의 힘 또는 의사의 지배로 보는 견해다. 의사설은 의사무능력자가 권리를 가지는 것을 설명하지 못하는 단점이 있다.

■ **이익설**

예링이 주장하였다. 권리를 법에 의해 보호되는 이익으로 보는 견해다. 이익설은 친권처럼 권리자에게 이익이 없는 권리에 대하여 설명하지 못하고, 반사적 이익을 권리로 보는 단점이 있다.

■ **절충설**

옐리네크, 베커 등이 주장하였다. 위의 두 가지 학설을 절충하여 권익보호를 위하여 인정된 힘 또는 의사에 의하여 보호되는 이익이 권리라고 보는 견해이다.

■ **권리법력설**

에넥케루스가 주장하였다. 권리를 일정한 이익을 누릴 수 있도록 법이 인정하는 힘으로 보는 견해다. 권리법력설은 현재 국내에서 가장 유력한 학설이다.

② 권리와 구별할 개념으로 권한, 권능, 권원, 반사적 이익이 있다.

권한, 권능, 권원, 반사적 이익

■ **권한**

타인을 위하여 일정한 법률효과를 발생하게 할 수 있는 법률상의 지위나 자격을 말한다. 대리인의 대리권[제118조], 법인 이사의 대표권[제59조], 변제수령의 권한[제472조] 등을 예로 들 수 있다.

■ **권능**

권리의 내용을 이루고 있는 개개의 법률상 힘을 말한다. 예를 들면 권리인 소유권의 내용을 이루고 있는 사용권, 수익권, 처분권이 권능이다.

■ **권원**

일정한 법률적 행위나 사실적 행위를 정당화시키는 법률상 근거를 말한다. 갑이 을에게 집을 처분할 수 있는 것을 정당화시키는 것은 갑에게 소유권이란 권원이 있기 때문이다.

■ **반사적 이익**

법이 일정한 자에게 일정한 행위를 명하거나 금지함에 따라 타인이 반사적으로 누리는 이익을 말한다. 예를 들면 불법원인급여[제746조]에서 급여자가 급여의 반환청구를 할 수 없는 결과 수익자가 이익을 보게 되는데, 이것을 반사적 이익으로 볼 수 있다.

③ 권리는 내용에 의하여 재산권, 인격권, 가족권, 사원권으로 분류할 수 있으며, 작용(효력)에 따라 지배권, 청구권, 형성권, 항변권으로 분류할 수 있다.

내용에 의한 구분

■ **재산권**

경제적 이익을 누리는 것을 주된 내용으로 하는 권리다. 물권과 채권, 지적재산권 등이 재산권에 속한다. 이러한 재산권은 양도나 상속을 할 수 있다.

■ **인격권**

권리의 주체와 분리될 수 없는 인격적 이익을 누리는 것을 주된 내용으로 한다. 생명권, 신체권, 자유권, 명예권, 정조권, 성명권 등이 있다.

■ **가족권**

부부, 친자 등 가족공동체의 구성원인 지위에 기한 권리이다. 가족권은 다시 친족권과 상속권으로 구분된다. 친족권은 친권, 후견인이 가지는 권리, 배우자가 가지는 권리, 부양청구권 등이 있으며, 상속권은 재산상속권, 유증을 받을 수 있는 권리, 유류분에 관한 권리 등이 있다.

■ **사원권**

사단법인을 구성하는 사원이 사원으로서의 지위에 기하여 그 법인에 대하여 가지는 권리를 말한다. 결의권, 소수사원권, 사무집행권, 감독권, 이익배당청구권, 잔여재산분배청구권, 시설이용권 등이 있다.

작용에 의한 구분

■ **지배권(절대권, 대세권)**

지배권은 권리의 객체를 직접 지배할 수 있는 권리를 말한다. 여기서 직접 지배란 타인의 개입을 요하지 않는다는 의미이다. 지배권은 물권이 대표적이지만, 준물권(광업권, 조광권, 어업권 등과 같이 물건을 직접 지배하지 않으나 전속적으로 취득할 수 있는 권리), 지적재산권, 친권, 인격권 등도 지배권에 속한다. 지배권의 효력은 대내적으로는 권리의 객체에 대한 직접 지배력으로 나타나고, 대외적으로는 제3자가 지배권에 대한 침해가 있을 때 이를 배제할 수 있는 효력이 인정된다. 대외적 효력에서 물권에서는 방해제거 및 방해예방을 청구할 수 있는 물권적 청구권이 발생하며, 지배권에 대한 제3자의 침해는 불법행위가 된다.

■ **청구권**

청구권은 특정한 자가 특정인에게 일정한 행위를 요구할 수 있는 권리를 말한다. 청구권의 대표적인 것으로 채권이 있는데, 물권, 가족권으로부터도 청구권이 발생하기도 한다. 물권을 침해하면 물권적 청구권이 생기고 가족권에 기해서도 부양청구권, 동거청구권, 이혼시 재산분할청구권, 상속회복청구권 등이 생긴다.

■ **형성권(가능권)**

형성권이란 권리자의 일방적인 의사표시만으로도 법률관계의 변동(발생, 변경, 소멸)을 가져오는 권리를 말한다. 권리자의 의사표시만으로 법률관계의 변동을 가져오는 것으로는 동의권[제5조, 제10조], 취소권[제140조 이하], 추인권[제143조 이하], 계약의 해제권 · 해지권[543조 이하], 상계권[제492조], 매매의 일방예약완결권[제564조], 약혼해제권[제805조], 상속포기권[제1041조] 등이 있다. 또한 소송을 제기하여 법원의 판결에 의해 법률관계의 변동을 가져오는 형성권이 있는데, 채권자취소권[제406조], 친생부인권[제846조], 재판상 이혼권[제840조], 입양취소권[제884조], 재판상 파양권[제905조] 등이 이에 해당한다. 형성권은 그 행사로 법률관계의 변동을 가져오므로 형성권 행사에 기한이나 조건을 붙일 수 없고, 철회도 원칙적으로 인정되지 않는다.

■ **항변권(반대권)**

항변권이란 청구권의 행사에 대하여 일시적 또는 영구적으로 그 효력을 저지할 수 있는 권리를 말한다. 항변권은 상대방의 청구권 그 자체는 인정하지만 그 효력을 저지시키는 권리다. 그래서 반대권이라고도 한다. 항변권은 상대방의 청구권의 작용을 일시적으로 저지시킬 수 있는 연기적 항변권과 영구적으로 저지시킬 수 있는 영구적 항변권이 있다. 연기적 항변권으로는 동시이행의 항변권[제536조], 보증인의 최고 · 검색의 항변권[제437조]이 있고, 영구적 항변권으로는 상속인의 한정승인의 항변권[제1028조]이 있다. 항변권은 소송에서 항변권자의 주장이 있어야 법원이 이를 고려한다. 항변권의 입증은 항변권을 행사하는 자가 해야 한다.

기타 권리의 분류

■ **절대권 · 상대권**

권리에 대한 의무자의 범위를 표준으로 절대권과 상대권으로 구분한다. 절대권은 모든 사람에게 주장할 수 있는 권리를 말한다. 물권, 지적재산권, 인격권 등이 절대권에 속한다. 반면에 상대권은 특정의 상대방에 대해서만 주장할 수 있는 권리이다. 상대권은 대인권이라고도 하며, 채권 등 청구권이 이에 속한다.

■ **일신전속권 · 비전속권**

일신전속권은 양도나 상속에 의해서도 타인에게 이전이 불가능한 귀속상의 일신전속권과 권리자 자신이 직접 행사해야 하는 행사상의 일신전속권이 있다. 전자의 예로 제950조 제3항 피후견인 또는 후견감독인의 취소권을, 후자의 예로 제725조의 종신정기금채권, 친권을 들 수 있다.

■ **주된 권리와 종된 권리**

주된 권리와 종된 권리는 권리의 독립성을 기준으로 구분한다. 다른 권리의 존재를 전제로 이에 종속하는 권리를 종된 권리라고 하고, 그 다른 권리를 주된 권리라고 한다. 예컨대, 이자채권은 원본채권의 종된 권리이고, 질권 저당권 등의 담보물권은 그 피담보채권의 종된 권리이다. 보증인에 대한 채권은 주채무자에 대한 채권의 종된 권리가 된다.

■ **기대권**

권리가 성립요건을 완전히 갖추었을 때 완전권 또는 기성의 권리라고 하고, 완전한 성립요건을 갖추기 위하여 진행 중에 있는 권리를 기대권 또는 희망권이라고 한다. 상속 전 추정상속인의 지위가 이에 속한다. 권리의 취득요건을 완전히 갖추었을 때 취득되는 권리가 물권이면 물권적 기대권, 채권이면 채권적 기대권, 가족권이면 가족권적 기대권이라고 한다[조건부 권리 민법 제148조 · 제149조, 기한부권리 민법 제154조].

---

2. 의무(義務)

의무란 일정한 행위를 하거나 하지 말아야 할 법률상의 구속을 말한다. 어떤 행위를 해야 할 작위의무(作爲義務)와 어떤 행위를 하지 말아야 할 부작위의무(不作爲義務)가 있다.

일반적으로 의무는 권리와 대응하는 개념으로서 서로 표리(表裏)의 관계에 있다. 그러나 권리와 의무가 언제나 상응하는 것은 아니다.

> 취소권, 추인권, 해제권 같은 형성권은 권리만 있고 의무는 없는 경우이며, 청산인의 공고의무[제88조, 93조], 이사의 청산등기의무[제50조~제52조, 제85조, 94조], 책임무능력자 감독자의 감독의무[제755조]는 의무만 있고 권리는 없는 경우이다.

Ⅲ 권리의 순위와 경합(權利의 順位와 競合)

1. 권리의 순위(權利의 順位)

① 동일한 객체에 여러 개의 권리가 존재하는 경우 그 객체만으로 모든 권리를 충족시킬 수 없는 경우가 생긴다. 이런 경우를 '권리의 충돌'이라고 하며, 이

경우 여러 개의 권리 사이에 우선순위에 의해 해결을 하게 된다.

② 하나의 물건에 서로 양립할 수 없는 여러 개의 물권이 성립하는 경우, 먼저 성립한 권리가 나중에 성립한 권리에 우선한다. 제한물권과 소유권 사이에는 제한물권이 소유권에 우선하는 것이 원칙이다. 그러나 채권 사이에서는 채권자평등의 원칙이 적용된다. 즉, 채권의 경우 성립 시기에 관계없이 평등하게 처리된다.

③ 채무자가 파산하는 경우, 여러 명의 채권자들은 채무자의 총재산으로부터 채권액에 비례하여 평등하게 만족을 얻는 것이 원칙이다. 그러나 파산 이외에는 순위의 정함이 없기 때문에 먼저 채권을 행사한 자가 이익을 얻게 되는데, 이를 '선행주의'라고 한다.

④ 물권과 채권이 충돌하는 경우에는 물권이 채권에 우선하는 것이 원칙이다. 그러나 여기에는 다음과 같은 예외가 있다.

- 주택임대차의 임차인에게는 등기가 없어도, 대항요건(주민등록과 주택의 인도)을 갖춘 경우에는 그다음 날에 대항력을 인정하고[주택임대차보호법 제3조 제1항], 대항요건을 갖추고 계약서에 확정일자를 받아두면 우선변제권이 인정된다[주택임대차보호법 제3조의 2 제2항].
- 우선변제권에 의해 임차주택이 민사집행법에 따른 경매나 국세징수법에 따른 공매로 매각될 경우 환가대금에서 후순위권리자나 그 밖의 채권에 우선하여 임차보증금을 변제받을 수 있다[주택임대차보호법 제3조의 2 제2항].
- 주택임대차에서 소액임차인이 경매신청등기 전에 대항요건을 갖춘 경우에 선순위 물권에 우선하여 대지가액을 포함한 주택가액의 2분의 1 범위 내에서 임차보증금의 일정액을 우선변제 받을 수 있다[주택임대차보호법 제8조 제1항, 제3항, 동법시행령 제10조].
- 상가건물임대차에서 임차인은 임차권 등기를 하지 않아도 세무서에 사업자등록을 신청하고, 상가건물을 인도받은 때에는 그다음 날에 대항력을 가지며, 대항요건을 갖추고 세무서장으로부터 임대차계약서상에 확정일자를 받은 임차인은 환가금액에서 후순위권리자나 그 밖의 채권자보다 우선하여 보증금을 변제받을 수 있다[상가건물임대차보호법 제3조, 제5조 제2항].
- 상가건물의 소액임차인은 상가건물에 대한 경매신청 등기 전에 대항요건을 갖춘 경우, 임차보증금 중 일정액을 대지가액을 포함한 상가건물가액의 2분의 1 범위 내에서 다른 담보물권자보다 우선하여 변제받을 권리가 있다[상가건물임대차보호법 제14조, 동시행령 제6조].

■ 부동산임차권이 등기된 때에는 제3자에게 그 효력을 주장할 수 있다[제621조 제2항]. 건물의 소유를 목적으로 한 토지임대차는 이를 등기하지 아니한 경우라도 임차인이 그 건물을 등기한 경우에는 제3자에 대하여 대항력이 생긴다[제622조 제1항].

2. 권리의 경합(權利의 競合)

① 권리의 경합은 하나의 사실이 여러 개의 법규가 정한 요건을 충족하여 여러 개의 권리가 발생하는 경우를 말한다. '청구권경합'이라고도 한다. 예컨대, 갑 소유의 집을 을이 임차하여 살고 있는데 계약기간이 끝나도 을이 집을 비워 주지 않는다고 하자. 이때 갑은 을에게 임대차에 기한 반환청구권[제654조, 제615조]과 소유권에 기한 반환청구권[제213조] 두 가지 권리를 행사할 수 있다. 만약 임차인 을이 임차건물에 불을 지른 경우, 이 행위가 채무불이행의 요건과 불법행위의 요건을 갖추었다면, 채무불이행으로 인한 손해배상청구권과 불법행위로 인한 손해배상청구권이 청구권경합관계에 있게 된다.

관련 판례

사기에 의한 법률행위가 취소되는 경우에 그 법률행위가 동시에 불법행위를 구성하는 때에는, 취소의 효과로 생기는 부당이득반환청구권과 불법행위로 인한 손해배상청구권이 경합하여 병존한다. 이 때 채권자는 어느 권리라도 선택하여 행사할 수 있으나 중첩적으로 행사할 수는 없다[대법원 1993.4.27. 선고 92다56087]

② 법조경합은 하나의 사실이 여러 개의 법규가 정하는 요건을 충족하지만 그 법규들이 특별법과 일반법의 관계에 있거나, 하나의 법규가 다른 법규를 배제하여 처음부터 하나의 법규만 적용되는 것을 말한다.

법조경합의 예

공무원이 직무상 불법행위로 손해를 발생케 한 경우 민법 제756조에 의한 사용자 배상책임과 국가배상법 제2조에 의한 배상책임이 경합되나 특별법인 국가배상법[제8조]이 우선 적용된다.

Ⅳ 권리의 행사(權利의 行使)

1. 권리행사의 의의(權利行使의 意義)

권리의 행사란 권리의 내용을 실현하는 과정을 말한다. 소유권자가 소유물을 소비하거나 타인에게 파는 것이다. 권리행사는 사실행위일 수도 있고, 준법률행위나 법률행위일 수도 있다. 권리의 행사는 권리자가 행하는 것이 원칙이다.

2. 권리행사의 모습(權利行使의 모습)

지배권의 행사는 권리의 객체를 지배하여 사실상 이익을 누리는 모습으로 행사된다. 소유권의 경우 소유자가 소유물을 사용 · 수익 · 처분하는 방법으로 행사된다. 청구권의 행사는 특정인이 특정인에 대하여 일정한 행위를 요구하거나 그 이행을 수령하는 방법으로 행사된다. 갑이 을에게 매매대금을 청구하고 을이 지급하는 매매대금을 수령하는 형태이다. 형성권의 행사는 권리자가 일방적인 의사표시를 하는 방법으로 한다. 일방적인 의사표시 외에 소를 제기하는 방법으로 행사되기도 한다. 항변권의 행사는 이행을 청구할 때 이를 거절하는 방법으로 행사된다.

권리의 행사는 권리자 자신이 직접 행사하는 것이 원칙이나, 일신전속적 권리(예: 친권)가 아니면 타인으로 하여금 권리를 행사하게 할 수도 있다. 법률행위인 경우에는 대리인에 의하여 행사할 수도 있다.

Ⅴ 권리행사의 한계(權利行使의 限界)

권리자가 권리를 행사하는가는 자유이다. 권리자가 반드시 권리를 행사할 의무가 있는 것은 아니다. 그러나 권리를 행사함에는 일정한 제한이 따른다. 신의성실의 원칙과 권리남용금지의 원칙이 그것이다.

민법은 제2조 제1항에서 "권리의 행사와 의무의 이행은 신의에 좇아 성실히 하여야 한다."고 하고 있으며, 같은 조 제2항에서는 "권리는 남용하지 못한다."고 규정하고 있다. 이는 의무이행을 포함하여 권리행사의 한계를 명문으로 규정한 것이다.

1. 신의성실의 원칙(信義誠實의 原則)

제2조(신의성실) ① 권리의 행사와 의무의 이행은 신의에 좇아 성실히 하여야 한다. ②권리는 남용하지 못한다.

(1) 의의(意義)

신의성실의 원칙이란 권리의 행사와 의무의 이행은 신의에 좇아 성실히 하여야 한다는 것을 말한다. 이를 줄여서 '신의칙'이라고도 한다.

신의성실의 원칙은 법률관계의 당사자가 상대방의 이익을 배려하여 형평에 어긋나거나 신뢰를 저버리는 내용 또는 방법으로 권리를 행사하거나 의무를 이행하여서는 아니 된다는 추상적 규범이다. 사람의 행위나 태도에 대한 사회일반의 도덕규범인 신의칙을 법규범화하여 법률상의 행동을 함에 있어서 이를 준수하도록 한 것이다.

신의성실의 원칙에 위배된다는 이유로 그 권리의 행사를 부정하기 위해서는 상대방에게 신의를 공여하였다거나, 객관적으로 보아 상대방이 신의를 가짐이 정당한 상태에 있어야 하고, 이러한 상대방의 신의에 반하여 권리를 행사하는 것이 정의관념에 비추어 용인될 수 없는 정도의 상태에 이르러야 할 것이며, 또한 특별한 사정이 없는 한, 법령에 위반되어 무효임을 알고서도 그 법률행위를 한 자가 강행법규 위반을 이유로 무효를 주장하는 것이 신의칙 또는 금반언의 원칙에 반하거나 권리남용에 해당한다고 볼 수는 없는 것인 바[대법원 1999.3.23. 선고 99다4405, 대법원 2003.4.22. 선고 2003다2390 · 2406 등 참조], 이 사건에서 강행법규인 상법 제731조 제1항에 위반되는 법률행위를 한 원고가 한 때 그 법률행위의 효력을 다투지 않을 듯한 태도를 취하였다 하여 상대방인 피고가 이에 대한 신의를 가짐이 정당한 상태라고 할 수 없으며 이러한 피고의 신의에 반하여 원고가 무효를 주장하는 것이 정의관념에 비추어 용인될 수 없는 정도의 상태에 이른다 할 수도 없으므로, 원고의 보험금 지급거절이나 이 사건 채무부존재확인의 소송 제기가 신의칙이나 금반언의 원칙에 위배된다고 할 수 없다[대법원 2006.6.29. 선고 2005다11602 · 11619].

(2) 연혁(沿革)

신의칙은 로마법에 그 기원을 두고 있으며, 근대법에서는 프랑스 민법[제1134조]에 최초로 성문화되었다. 독일 민법[제157조, 제242조]은 신의칙을 계약의 해석과 채무의 이행에 대해 규정하였고, 스위스 민법[제2조 제1항]의 신의칙은 사법 전반에 일반적으로 적용되었다. 일본 민법도 1947년에 개정하면서 스위스 민법을 계수하였으며, 우리 민법도 민법 전반에 걸친 원칙으로 규정하고 있다.

(3) 법적 성격(法的 性格)

가. 일반적 법원칙성

신의칙은 민법의 일반원칙이다. 그러므로 물권관계, 채권관계, 가족관계 등 민법 전반에 걸쳐서 적용되나, 특히 채권법 분야에서 그 실효성이 크다. 신의칙은 다른 법규정과 마찬가지로 법관이 재판을 할 때, 법관을 구속하는 재판규범이면서 일반인에게는 신의와 성실에 따른 행동을 할 것을 명하는 행위규범이기도 하다.

나 백지조항

민법 제2조 제1항은 다른 민법의 규정과 달리 구체적인 요건과 효과가 규정되어 있지 않다. 이처럼 요건이 구체적으로 정하여지지 않은 법률규정을 '백지조항' 혹은 '일반조항'이라고 한다. 백지조항의 내용은 재판으로 형성되며, 구체적인 내용은 결국 법관의 재량에 따른다.

다. 강행규정

민법 제2조 제1항이 강행규정인가에 대하여, 강행규정이라는 견해와 파생원칙에 따라 임의규정 또는 강행규정이라는 견해가 있다. 판례는 강행규정성을 인정하고 있다.

신의성실에 반하는 것 또는 권리남용은 강행규정에 위배되는 것이므로, 당사자의 주장이 없더라도 법원은 직권으로 판단할 수 있다[대법원 1989.9.29. 선고 88다카17181, 대법원 1998.8.21. 선고 97다47821].

(4) 파생원칙(派生原則)

가. 사정변경의 원칙

사정변경의 원칙은 법률행위의 기초가 된 사정이 후에 당사자가 예견할 수 없을 정도로 현저하게 변경되어 처음의 효과를 그대로 유지하는 것이 부당한 경우, 법률행위의 내용을 수정하거나 계약을 해제 · 해지할 수 있다는 원칙이다. 민법에 일반적으로 사정변경의 원칙을 인정하는 규정이 없으나, 수도 등 시설권[제218조 제2항], 지료증감청구권[286조], 전세금증감청구권[제312조의2], 증여자의 재산상태변경과 증여의 해제[제557조], 차임증감청구권[제628조], 고용계약의 해지[제661조] 등이 동 원칙에 입각한 개별규정들이라고 할 수 있다. 판례도 계속적 보증관계에서 사정변경을 인정하였다[대법원 1996.11.12. 선고 96다34061].

사정변경으로 인한 계약해제는 계약 성립 당시 당사자가 예견할 수 없었던 현저한 사정의 변경이 발생하였고 그러한 사정의 변경이 해제권을 취득하는 당사자에게 책임 없는 사유로 생긴 것으로서, 계약내용대로의 구속력을 인정한다면 신의칙에 현저히 반하는 결과가 생기는 경우에 계약준수 원칙의 예외로서 인정되는 것이고, 여기에서 말하는 사정이라 함은 계약의 기초가 되었던 객관적인 사정으로서, 일방 당사자의 주관적 또는 개인적인 사정을 의미하는 것은 아니라 할 것이다. 또한, 계약의 성립에 기초가 되지 아니한 사정이 그 후 변경되어 일방 당사자가 계약 당시 의도한 계약목적을 달성할 수 없게 됨으로써 손해를 입게 되었다 하더라도 특별한 사정이 없는 한 그 계약내용의 효력을 그대로 유지하는 것이 신의칙에 반한다고 볼 수도 없다[대법원 2007.3.29. 선고 2004다 31302].

나. 모순행위금지의 원칙

모순행위금지의 원칙은 어떤 행위를 하고 그 후 이와 모순되는 행위를 하면 그 모순되는 행위의 효력을 인정하지 않는 원칙을 말한다. 영미법상 금반언(禁反言)의 원칙과 유사하다.

다. 실효의 원칙

실효의 원칙이란 권리자가 오랫동안 권리를 행사하지 않아 상대방이 이제 더 이상 권리행사가 없을 것이라고 믿을 만한 정당한 사유가 있게 된 경우, 그 후의 권리행사는 허용되지 않는다는 원칙을 말한다. 판례는 실효의 원칙의 의의와 요건을 판단하고, 항소권과 같은 소송법상의 권리에 실효의 원칙이 적용될 수 있다고 하였다.

실효의 원칙이라 함은 권리자가 장기간에 걸쳐 그 권리를 행사하지 아니함에 따라 그 의무자인 상대방이 더 이상 권리자가 권리를 행사하지 아니할 것으로 신뢰할 만한 정당한 기대를 가지게 된 경우에 새삼스럽게 권리자가 그 권리를 행사하는 것은 법질서 전체를 지배하는 신의성실의 원칙에 위반되어 허용되지 아니한다는 것을 의미하고, 항소권과 같은 소송법상의 권리에 대하여도 이러한 원칙은 적용될 수 있다고 할 것이다. 그런데 실효의 원칙이 적용되기 위하여 필요한 요건으로서의 실효기간(권리를 행사하지 아니한 기간)의 정도와 의무자인 상대방이 권리가 행사되지 아니하리라고 신뢰할 만한 정당한 사유가 있었는지의 여부는 일률적으로 판단할 수 있는 것이 아니라 구체적인 경우마다 권리를 행사하지 아니한 기간의 장단과 함께 권리자측과 상대방측 쌍방의 사정 및 객관적으로 존재한 사정 등을 모두 고려하여 사회통념에 따라 합리적으로 판단하여야 한다[대법원 2006.10.27. 선고 2004다63408].

2. 권리남용 금지의 원칙(權利濫用 禁止의 原則)

제2조(신의성실) ① 권리의 행사와 의무의 이행은 신의에 좇아 성실히 하여야 한다. ② 권리는 남용하지 못한다.

(1) 의의(意義)

권리남용 금지의 원칙이란 권리행사가 신의칙에 위반하는 경우에 권리남용이 되어 정당한 권리행사로 인정되지 않는 것을 말한다.

(2) 연혁(沿革)

권리남용 금지의 원칙을 연혁적으로 살펴보면, 로마법에서는 악의의 항변이 인정되었고, 프랑스에서는 판례를 통하여 인정하였다. 스위스 민법[제2조제2항]은

"권리의 명백한 남용은 법의 보호를 받지 못한다."고 규정하였다. 독일 민법[제226조]은 시카네의 금지를 명문화하였는데, 이는 권리의 행사가 타인에게 손해를 가하는 것만을 목적으로 하는 경우에는 이를 허용하지 아니한다는 것이다.

우리 민법도 스위스 민법과 같은 형식으로 민법 제2조 제2항에서 "권리는 남용하지 못한다."고 규정하고 있다.

(3) 법적 성격(法的 性格)

권리남용 금지의 원칙의 법적 성격은 신의칙에 대한 것과 유사하다. 요건과 효과가 구체적이지 않은 백지규정이며, 재판규범이면서 행위규범이고, 강행규정이다. 이 원칙은 민법 전반에 걸쳐 적용된다. 특히 물권법 분야에서 원칙 적용의 실효성이 크다.

(4) 요건(要件)

권리남용의 요건과 효과가 규정되어 있지 않으므로 구체적 사건 발생의 경우 학설과 판례에 의존하여 해결될 수밖에 없다. 일반적으로 언급되는 권리남용의 요건으로는 권리행사로 볼 수 있는 행위가 있어야 하며, 그 권리행사가 신의칙에 반하여야 한다. 주관적 요건인 가해의 의사나 목적은 요건이 아니다.

(5) 효과(效果)

권리행사가 권리남용이 되면 법적 효과가 발생하지 않는다. 청구권의 행사가 권리남용으로 판단되면, 그 실현이 저지된다. 형성권의 행사가 권리남용이면 법률관계 변동의 효과가 발생하지 않는다.

일반적으로 권리행사가 권리남용이 될 경우 위법성을 가진 것으로 판단하고, 타인에게 손해를 주게 되면 불법행위가 성립한다. 불법행위가 성립하면 손해를 배상해야 한다. 친권의 행사가 권리남용이 되면 친권상실 선고를 할 수 있다[제924조].

Ⅵ 권리의 보호(權利의 保護)

권리의 보호란 권리의 침해에 대한 구제를 의미한다. 권리보호 방법은 국가구제가 원칙이고 예외적으로 사력구제가 인정된다.

1. 국가구제(國家救濟)

권리의 침해가 있는 경우 국가가 사인의 권리를 보호하는 제도로 대표적인 것으로 민사소송이 있다. 민사소송 외에도 재판에 대체하는 분쟁해결방식에 의해서도 권리구제가 가능하다.

(1) 민사소송(民事訴訟)

민사소송은 권리자가 민사소송법이 정하는 바에 따라 법원에 권리보호를 요구하는 제도이다. 민사소송이 민사분쟁의 해결방식 중에 가장 대표적이고, 일반적 · 공권적 · 강제적 · 최종적인 특색을 가진다.

(2) 재판 대체적 분쟁해결방식(裁判 代替的 紛爭解決方式)

재판제도는 시간과 비용이 많이 들기 때문에 신속하고 저렴하게 분쟁을 해결할 필요성이 있다. 이와 같은 취지에서 마련된 제도가 재판 대체적 분쟁해결방식이다. 조정 · 중재 · 화해 등이 있다.

가. 민사조정

민사조정이란 제3자가 분쟁 당사자를 중개함으로써 양쪽의 주장을 절충하여 화해에 이르도록 알선 · 협력하는 제도를 말하는데, 민사조정법에서 규율한다. 조정조서는 재판상 확정판결과 같은 법적 효력이 있다.

나. 중재

중재란 당사자 간의 합의로 사법상의 분쟁을 법원의 재판에 의하지 아니하고 중재인의 판정에 의하여 해결하는 절차를 말한다. 중재는 법원의 확정판결과 같은 효력이 있다. 중재판정의 내용을 이행하지 않는 경우에는 중재판정문을 제출하고 집행판결신청절차를 거쳐 채무자의 재산에 강제집행을 할 수 있다.

다. 화해

화해는 재판외 화해와 재판상 화해로 나눌 수 있다. 재판외 화해는 당사자가 서로 양보하여 당사자 사이의 분쟁을 중지할 것을 약정하는 것이다. 민법상의 화해계약[민법 제731조~제733조]을 의미한다. 재판상 화해는 제소전 화해와 소송상 화해로 구분된다. 제소전 화해는 소송계속 전에 당사자 일방이 법원에 화해신청을 하여 단독판사의 주재하에 절차가 진행된다. 소송상 화해는 소송계속 중에 소송물인 권리관계에 관하여 상호양보하여 합의된 내용을 법원에 진술함으로써 성립한다. 화해조서도 확정판결과 같은 효력을 갖는다[민사소송법 제220조].

2. 사력구제(私力救濟)

권리의 침해에 대한 사력구제는 국가구제를 기다릴 틈이 없는 경우에 예외적으로 인정된다. 민법은 정당방위와 긴급피난이 불법행위가 되지 않는다는 규정[제761조]만 두고 있을 뿐, 사력구제에 대한 일반적인 규정은 없다.

정당방위란 타인의 불법행위에 대하여 자기 또는 제3자의 법익보호를 위하여 부득이 그 타인에게 가해행위를 하는 것을 말한다. 정당방위에 의한 가해행위는 행위자에게 손해배상책임을 묻지 않는다[제761조 제1항].

긴급피난은 급박한 위난을 피하기 위하여 부득이 타인에게 손해를 가하는 행위를 말한다. 정당방위는 타인의 불법행위에 대한 것이나, 긴급피난은 적법한 침해에 대해서도 행할 수 있다. 긴급피난도 정당방위처럼 불법행위책임을 묻지 않는다[제761조 제2항].

자력구제는 청구권보전을 위하여 국가구제를 기다릴 여유가 없는 경우에 권리자 스스로 권리를 실현하는 행위를 말한다. 민법은 자력구제에 대하여 점유의 침탈이 있는 경우에만 규정을 두고 있다[제209조]. 자력구제는 적법한 행위이므로 자력구제에 대하여 정당방위를 할 수 없다.

제6절 민법의 효력 범위(民法의 效力 範圍)

Ⅰ 시간(時間)

법의 효력은 시행일로부터 폐지될 때까지 발생한다.

법을 과거로 거슬러 올라가서 적용하는 것을 금지하는데 이를 '법률불소급의 원칙'이라고 한다. 법을 소급적용하게 되면 법적 안정성과 기득권을 해하게 되기 때문이다. 그러나 예외적으로 소급적 적용을 인정하는 경우가 있는데, 민법도 부칙 제2조에서 "본 법에 특별한 경우가 있는 경우 외에는 본 법 시행일 전의 사항에 대하여도 이를 적용한다."고 하여 소급효를 인정한다. 그러나 같은 조 단서에서는 "그러나 이미 구법에 의하여 생긴 효력에는 영향을 미치지 아니한다."고 하여 기득권을 보호하고 있다.

Ⅱ 사람

민법은 대한민국 국민에 대하여 적용된다. 우리나라 국민이면 국내에 있든 국외에 있든 적용된다. 이를 '속인주의'라고 한다.

Ⅲ 장소(場所)

민법은 대한민국 영토 내에 있는 사람에게 적용된다. 그가 외국인인 경우라도 적용된다. 이를 '속지주의'라고 한다. 헌법 제3조는 "대한민국의 영토는 한반도와 그 부속도서로 한다."고 하여 북한도 우리의 영토로 규정하고 있다. 그러나 이 규정은 실효성이 없어, 민법의 적용이 정지되고 있다.

CHAPTER 02

권리의 주체(權利의 主體)

제1절 서설(序說)

I 권리의 주체(權利의 主體)

권리란 권리의 주체가 일정한 이익을 누릴 수 있도록 법이 보호하는 힘이다. 권리가 귀속되는 주체를 권리의 주체라고 한다. 권리의 주체는 의무의 주체이기도 하다. 민법상 권리의 주체로는 자연인과 법인이 있다.

Ⅱ 권리능력(權利能力)

권리 · 의무의 귀속주체가 될 수 있는 법적 지위 또는 자격을 권리능력 또는 인격(법인격)이라고 한다.

민법은 권리능력자(권리의 주체)로서 인(人: [제3조])과 법인(法人: [제34조])을 인정한다. 권리능력을 포함하여 능력에 관한 민법의 규정은 강행규정이다.

Ⅲ 의사능력(意思能力)

의사능력은 자기 행위의 의미와 결과를 합리적으로 판단하고 자기의 의사결정을 할 수 있는 정신적 능력을 말한다. 유아나 심한 정신병자에게는 의사능력이 결여되어 있다. 의사능력의 유무는 일률적으로 판단할 것이 아니라 구체적인 법률행위에 따라 개별적으로 판단해야 한다.

의사능력이 없는 자의 법률행위는 무효이다. 법인은 그 성질상 의사능력이 문제되지 않는다.

Ⅳ 행위능력(行爲能力)

행위능력은 단독으로 유효한 법률행위를 할 수 있는 능력을 말한다. 민법상 단순히 능력이라고 하면 행위능력을 의미한다.

행위능력은 일률적으로 판단된다. 행위무능력자의 법률행위는 취소할 수 있다. 자연인의 경우에 행위능력은 제한능력자 보호 문제로 나타나고, 법인의 경우 행위능력은 대표기관의 문제로 나타난다.

민법상 제한능력자로는 미성년자, 피성년후견인, 피한정후견인, 피특정후견인이 있다.

Ⅴ 책임능력(責任能力)

책임능력은 '불법행위능력'이라고도 하는데 자기 행위가 타인의 법익을 위법하게 침해한다는 것을 알 수 있는 판단능력을 말한다. 즉 법률상 책임을 판단할 수 있는 지능을 말한다.

법률행위의 영역에서 의사능력이 담당하는 기능을 책임법에서는 책임능력이 담당한다. 책임무능력자(責任無能力者)는 불법행위 또는 채무불이행에 대하여 책임을 지지 않으며[제753조, 제754조], 책임무능력자의 불법행위는 감독자가 책임을 진다[제755조].

제2절 자연인(自然人)

I 자연인의 권리능력(自然人의 權利能力)

1. 권리능력의 시기(權利能力의 始期)

> 제3조(권리능력의 존속기간) 사람은 생존한 동안 권리와 의무의 주체가 된다.

민법 제3조는 "사람은 생존한 동안 권리와 의무의 주체가 된다."고 규정하고 있다. 여기서 '생존한 동안'이란 출생에서 사망까지를 말한다.

자연인의 권리능력은 출생으로 시작되며 사망으로 끝난다. 언제 출생이라고 볼 수 있는가 하는 문제에서 태아가 산모의 몸에서 완전히 빠져나오는 순간(완전노출설, 형법학 통설은 진통설)을 출생으로 본다. 단, 한순간이라도 살아 있어야 한다. 성별, 기형, 조산, 쌍생, 인공수정, 생존능력은 묻지 않고 권리능력을 가진다.

출생하면 「가족관계의 등록에 관한 법률」에 따라 출생신고를 해야 하는데, 출생 후 1개월 이내에 해야 한다[동법 제44조]. 출생에 의해 권리능력을 취득하므로, 출생신고를 하지 않았다고 하여 권리능력이 없는 것은 아니다.

2. 태아의 권리능력(胎兒의 權利能力)

태아란 임신 후 어머니 몸에서 완전히 빠져나올 때까지의 생명체를 말한다. 태아는 원칙적으로 권리능력이 없기 때문에 불리한 상황을 맞을 수도 있다. 예컨대, 상속문제에서 태아는 상속을 받을 수 없다. 때문에 태아의 보호를 위한 법적 규정을 둘 필요가 있다.

태아를 보호하기 위한 입법주의를 보면, 모든 법률관계에서 이미 출생한 것으로 보아 권리능력을 인정하는 '일반적 보호주의', 일정한 법률관계에서만 권리능력을 인정하는 '개별적 보호주의'가 있다. 우리 민법은 개별적 보호주의를 취하고 있는데, 개별적 보호주의는 그 적용범위가 명확하다는 장점이 있는 반면 보호범위가 한정된다는 단점이 있다.

태아의 보호 관련 민법의 규정

■ **태아의 권리능력을 인정하는 개별규정**

불법행위에 기한 손해배상청구권[제762조], 상속[제1000조 제3항], 대습상속[제1001조], 유류분권[제1118조, 제1001조], 유증[제1064조, 제1000조 제3항]에서 태아의 권리능력을 인정하고 있다.

■ 제762조(불법행위에 기한 손해배상청구권)의 적용은 태아에게 그 손해배상청구권이 직접 귀속되는 경우이어야 한다. 부 · 모의 생명침해로 생긴 태아의 부양상실 및 정신적 고통에 대한 손해배상청구권이나, 태아에게 가한 출생 전의 불법행위의 경우에 손해배상을 청구할 수 있다. 이와는 달리, 부 · 모의 재산적 · 정신적 손해배상청구권은 먼저 부 · 모에게 손해배상청구권이 발생하고 그것이 상속인인 태아에게 상속된다. 이 경우는 제762조에 의해서가 아니라 제1000조 제3항에 의해서 손해배상청구권이 발생하는 것이다.

태아를 보호하는 민법의 개별 규정에서는 "태아는 …에 관하여는 이미 출생한 것으로 본다."고 규정하고 있는데, 실제로 태어나지도 않은 태아에게 권리능력을 인정하는 것에 대해 어떻게 법리 구성을 할 것인가가 문제된다.

태아에게 권리능력을 인정하는 본질에 대한 학설로는 해제조건설(제한적 인격설)과 정지조건설이 있다.

태아의 권리능력의 본질

■ **해제조건설**

이미 출생한 것으로 보는 개별적 사실이 발생한 때부터 태아는 권리능력을 갖지만, 나중에 살아서 태어나지 못하면 권리능력 취득의 효과가 개별적 사실이 발생한 때로 거슬러 올라가 소멸하는 것으로 본다.

■ **정지조건설(인격소급설)**

태아로 있는 동안에는 권리능력을 얻지 못하나, 살아서 출생한 때에는 그 권리능력을 얻은 효과가 개별적 사실이 발생한 때로 거슬러 올라가 생기는 것으로 본다.

※ 해제조건설은 태아인 상태에서도 권리능력이 있어 법정대리인을 통하여 재산관리나 기타 권리보전 수단을 취하여 태아 보호조치를 강구할 수 있다. 그러나 사산인 경우에는 태아보호 조치가 소급해서 무효가 되므로 상대방이나 제3자에게 불측의 손해를 줄 우려가 있다. 해제조건설이 좀 더 태아보호에 적극적이라 할 수 있다. 정지조건설은 이와 반대되는 장단점이 있다. 양설 어느 경우나 태아가 살아서 출생하여야 한다.

판례는 비록 태아가 권리를 취득한다 하더라도 현행법상 이를 대행할 기관이 없다는 것을 이유로 정지조건설의 입장을 취하고 있다[대법원 1976.9.14. 선고 76다1365].

3. 외국인의 권리능력(外國人의 權利能力)

외국인은 대한민국 국적을 가지지 않은 자를 말한다. 외국국적을 가진 자와 무국적자도 외국인에 해당한다. 「국적법」 제11조의2 제1항은 "출생이나 그 밖에 이 법에 따라 대한민국 국적과 외국 국적을 함께 가지게 된 자(복수국적자)는 대한민국의 법령 적용에서 대한민국 국민으로만 처우한다."고 하여 복수국적자를 보호하고 있다.

외국인의 권리능력에 대하여 내국인과 평등하게 대우하는 평등주의가 일반적이나 상호주의를 취하는 경우도 있다. 그러나 국가정책상 외국인의 권리능력에 제한을 가하는 경우도 있다. 예컨대, 한국항공기의 소유권[항공법 제6조], 도선사가 될 수 있는 권리[도선법 제6조 1호]가 그것이다.

4. 권리능력의 종기(權利能力의 終期)

(1) 사망(死亡)

사람은 사망에 의해 권리능력을 상실한다. 사람의 사망시점은 호흡과 심장의 박동이 영구적으로 멈추는 때로 본다(심장영구정지설: 통설). 그러나 오늘날 의학의 발달로 심장이식수술이 가능해지면서 사망판단의 시점과 관련하여 뇌사설이 등장하였다.

「장기 등 이식에 관한 법률」에 의하면 뇌사자의 사망시각은 뇌사판정위원회가 뇌사판정을 한 시각으로 한다[동법 제21조 제2항].

(2) 동시사망(同時死亡)

> 제30조(동시사망) 2인 이상이 동일한 위난으로 사망한 경우에는 동시에 사망한 것으로 추정한다.

여러 사람(數人)이 동일한 사고로 사망한 경우에 그 사망시기의 선후를 판단하기 매우 어렵다. 민법은 제30조에서 동시사망 추정의 규정을 두고 있다.

추정은 간주와 달리 여러 사람이 다른 시기에 사망한 사실이 증명된다면 번복될 수 있다. 제30조의 동시사망 추정은 여러 사람이 사망한 것이 확실하지만 사망의 선후를 증명할 수 없는 경우에 적용되는 것이지 사망이 아닌 실종의 경우에는 적용되지 않는다.

(3) 인정사망(認定死亡)

「가족관계의 등록 등에 관한 법률」 제87조는 "수해, 화재나 그 밖의 재난으로 인하여 사망한 사람이 있는 경우에는 이를 조사한 관공서는 지체 없이 사망지의 시 · 읍 · 면의 장에게 통보하여야 한다. 다만 외국에서 사망한 때에는 사망자의 등록기준지의 시 · 읍 · 면의 장에게 통보하여야 한다."고 규정하고 있다.

이처럼 관공서의 보고에 의해 가족관계등록부에 사망한 것으로 기재하여 사망으로 추정하는 제도를 '인정사망'이라고 한다. 인정사망도 사망한 것으로 추정하는 것이므로 반대사실의 증명으로 번복될 수 있다.

(4) 실종선고(失踪宣告)

부재자의 생사불명상태가 오랫동안 지속되면 이해관계인에게 불이익이 생긴다. 이런 불이익을 제거하기 위하여 일정한 요건하에 실종선고를 하고, 일정시기를 표준으로 사망한 것과 같은 효과를 발생하게 하는데, 이를 '실종선고제도'라고 한다.

Ⅱ 제한능력자(制限能力者)

1. 의의(意義)

개정 민법은 일정한 경우에 제한능력자로 정하고 제한능력자가 한 법률행위는 획일적으로 취소할 수 있도록 하였다(2011.3.7. 개정, 2013.7.1. 시행). 물론 의사무능력을 이유로 법률행위의 무효를 주장할 수도 있다.

제한능력자로는 미성년자, 피성년후견인, 피한정후견인, 특정후견인이 있으며, 제한능력자의 독자적 법률행위는 취소할 수 있다.

후견제도는 타인의 권익을 보호하기 위한 경우가 아니라면 본인의 의사에 반하여 후견개시를 할 수 없도록 하였고, 성년후견이 개시된 후에도 필요한 경우에 한정하여 개시되도록 하였으며, 반드시 본인의 의사를 고려하도록 하였다.

후견제도

■ 성년후견제도

법정후견제도와 임의후견계약으로 나뉘며, 법정후견제도는 성년후견, 한정후견, 특정후견으로 나뉘어 규정되었고[제9조, 제12조, 제14조의2], 임의후견계약은 후견을 원하는 사람이 자신이 원하는 후견인에게 위탁하는 내용의 계약을 체결할 수 있도록 하였다[제959조의14 · 제959조의20]. 이때 후견계약은 공정증서에 의하여 체결하도록 하였으며[제959조의14 제2항], 가정법원이 임의후견감독인을 선임한 때부터 후견계약의 효력이 발생하게 하였다[제959조의14 제3항].

■ **법정후견제도**

질병 등의 사유로 인하여 정신적 제약을 받아 사무를 처리할 능력이 지속적으로 결여된 사람(성년후견), 사무를 처리할 능력이 부족한 사람(한정후견), 일시적 또는 특정한 사무에 관한 후원이 필요한 사람(특정후견)으로 나누었으며, 이 경우에도 본인의 자기결정을 존중하기 위하여 성년후견과 한정후견에서 각각 본인의 의사를 고려하도록 하였다[제9조제2항, 제12조 제2항]. 특정후견에서는 본인의 의사에 반하여 특정후견을 개시할 수 없도록 규정하고 있다[제14조의2 제2항].

---

2. 미성년자(未成年者)

제4조(성년) 사람은 19세로 성년에 이르게 된다.

(1) 의의(意義)

미성년자란 만 19세에 달하지 않은 사람을 말한다[제4조]. 연령은 출생일을 산입하여 력(曆)에 의해 계산한다[제158조].

미성년자라도 만 18세가 되면 부모의 동의를 얻어 혼인을 할 수 있는데, 미성년자가 혼인을 한 때에는 성년자로 본다[제826조의2]. 이를 '성년의제제도'라고 한다. 성년으로 의제되는 미성년자는 민법상 행위능력을 가지며, 자기의 자(子)에 대하여 친권을 행사할 수도 있다. 후견인, 유언의 증인, 유언집행자가 될 수 있고, 소송능력도 인정된다[민사소송법 제55조]. 이혼을 해도 다시 무능력자가 되지 않고 성년의제 효과가 유지된다고 본다.

(2) 미성년자의 법률행위의 원칙(未成年者의 法律行爲의 原則)

미성년자는 혼자서 유효한 법률행위를 할 수 없고, 미성년자의 법률행위는 원칙적으로 법정대리인의 동의를 얻어야 유효한 법률행위가 된다. 동의가 없는 법률행위는 미성년자나 법정대리인이 취소할 수 있다[제5조]. 법정대리인의 동의가 있었다는 입증책임은 동의가 있음을 이유로 법률행위의 유효를 주장하는 자가 진다[대법원 1970.2.24. 선고 69다1568].

법정대리인은 미성년자가 아직 법률행위를 하기 전에는 자기가 한 동의나 재산

처분에 대한 허락을 취소할 수 있다[제7조]. 여기서 취소는 법률행위를 하기 전을 의미하므로 소급효가 발생할 여지가 없다. 따라서 취소라기보다 철회에 해당한다.

(3) 미성년자의 법률행위의 예외(未成年者의 法律行爲의 例外)

예외적으로 미성년자도 독자적으로 유효한 법률행위를 할 수 있다.

미성년자가 혼자서 유효한 법률행위를 할 수 있는 경우

■ **단순히 권리만을 얻거나 의무만을 면하는 행위[제5조 제1항 단서]**

이 경우는 미성년자에게 불이익이 되지 않을 것이기 때문이다.

■ **부담 없는 증여를 받는 것, 채무면제를 받는 계약을 체결하는 경우**

그러나 부담부증여를 받는 것, 유리한 매매계약, 상속의 포기 등은 단독으로 할 수 없다.

■ **범위를 정하여 처분이 허락된 재산의 처분행위[제6조]**

사용목적을 정하여 일정 범위의 재산을 준 경우 이를 다른 목적으로 처분한 경우도 포함될 수 있다(등록금으로 준 돈으로 중고차를 구입하는 경우, 임차보증금으로 준 돈을 새 차 구입비로 쓴 경우).

■ **영업이 허락된 미성년자의 그 영업에 관한 행위[제8조 제1항]**

법정대리인이 영업을 정함에는 그 종류를 특정하여야 한다. 모든 종류의 영업이나 한 종류 영업의 일부분만 허락하는 것은 허용되지 않는다. 영업허락은 특별한 방식을 요하지 않지만, 상업인 경우에 등기를 하여야 한다[상법 제6조]. 후견인이 동의를 할 때는 후견감독인의 동의가 있어야 한다[제950조 제1항 제1호]. 영업의 허락이 있으면 그 영업의 범위 내에서 그 영업과 직·간접으로 필요한 행위를 포함하여 법정대리인의 대리권은 소멸한다. 법정대리인은 영업의 허락을 취소 또는 제한할 수 있다[제8조 제2항 본문]. 그러나 선의의 제3자에게 대항하지 못한다[제8조 제2항 단서].

■ **대리행위[제117조]**

대리행위의 효과는 미성년자가 아닌 본인에게 귀속되므로 미성년자에게 불이익이 없기 때문이다.

■ **유언행위[제1061조]**

만 17세에 달하면 유효한 유언을 단독으로 할 수 있다.

■ **근로계약체결과 임금청구**

근로계약체결은 미성년자 단독으로 할 수 있고[근로기준법 제67조], 근로기준법 제68조는 "미성년자는 독자적으로 임금을 청구할 수 있다."고 규정하고 있어, 임금청구도 미성년자가 단독으로 할 수 있다.

■ **회사의 무한책임사원으로서 하는 행위**

상법 제7조는 "미성년자 또는 한정치산자가 법정대리인의 허락을 얻어 회사의 무한책임사원이 된 때에는 그 사원자격으로 인한 행위에는 능력자로 본다."고 규정하고 있어, 미성년자가 법정대리인의 허락을 얻어 무한책임사원이 된 경우 그 사원자격으로 한 행위는 단독으로 할 수 있다.

■ **취소할 수 있는 법률행위[제140조]**

미성년자가 단독으로 법률행위를 한 경우, 제한능력을 이유로 그 법률행위를 미성년자가 단독으로 취소할 수 있다.

(4) 법정대리인(法定代理人)

가. 법정대리인이 되는 자

미성년자의 법정대리인은 1차적으로 친권자가 되고[제911조], 친권자가 없는 때에는 2차적으로 후견인이 된다[제928조]. 친권을 행사하는 부 또는 모는 미성년자인 자의 법정대리인이 된다[제911조]. 양자의 경우에는 양부모가 친권자가 된다[제909조 제1항 후문]. 혼인 외의 자가 인지된 경우와 부모가 이혼하는 경우에는 부모의 협의로 친권자를 정하여야 하고, 협의할 수 없거나 협의가 되지 않는 경우에는 가정법원이 직권으로 정하거나 당사자의 신청에 따라 친권자를 지정해야 한다[제909조 제4항].

혼인의 취소나 재판상 이혼 또는 인지청구의 소의 경우에 가정법원은 직권으로 친권자를 정한다[제909조 제5항]. 가정법원은 자의 복리를 위하여 자의 4촌 이내의 친족의 청구에 따라, 필요하다고 인정되는 경우에 이미 정해진 친권자를 다른 일방으로 변경할 수 있다[제909조 제6항].

미성년자에게 친권자가 없거나 친권자가 법률행위의 대리권과 재산관리권을 행사할 수 없는 경우에 2차적으로 미성년후견인을 두어야 한다[제928조].

친권자와 친권

■ **'친권자가 없는 경우'**
공동친권자가 동시에 사망하거나 친권을 상실한 경우, 단독친권자만 있는 경우에 단독친권자가 사망하거나 친권을 상실한 경우, 공동친권자 쌍방에게 또는 단독친권자에게 심신상실이나 행방불명으로 친권을 사실상 행사할 수 없는 경우를 말한다.

■ **'친권을 행사할 수 없는 경우'**
미성년자에게 친권자가 있지만 친권자가 법률행위의 대리권 및 재산관리권을 행사할 수 없는 경우를 말한다.

미성년후견인은 1인으로 하고[제930조], 미성년자에게 친권을 행사하는 부모는 유언으로 미성년후견인을 지정할 수 있다. 그러나 법률행위의 대리권과 재산관리권이 없는 친권자는 미성년후견인을 지정할 수 없다[제931조 제1항]. 유언으로 미성년후견인이 지정된 경우라도 가정법원은 미성년자의 복리를 위하여 필요하면 생존하는 부 또는 모, 미성년자의 청구에 의하여 후견을 종료하고 생존하는 부 또는 모를 친권자로 지정할 수 있다[제931조 제2항].

후견인은 지정후견인, 선임후견인 순으로 된다(종전의 법정후견인제도는 폐지됨).

후견인

■ 지정후견인은 친권을 행사하는 단독친권자가 유언으로 지정한 후견인이다. 부모의 일방이 사망하면 타방이 친권을 행사하고, 부모가 이혼한 경우에도 단독친권자가 사망하면 타방에게 친권이 생긴다[제909조 제3항].

■ 선임후견인은 지정후견인이 없는 경우에 직권으로 또는 미성년자, 친족, 이해관계인, 검사, 지방자치단체의 장의 청구에 의하여 가정법원이 선임한 후견인이다[제931조 제932조 제1항]. 여기서 이해관계인은 피후견인의 재산관리에 대하여 이해관계를 가지는 자, 신상관계[복리, 의료행위, 주거의 자유 등 제947조의2]에 법률상 이해관계를 가지는 자로 미성년자의 채권자 또는 채무자가 이에 속한다. 가정법원은 친권상실의 선고나 대리권 및 재산관리권 상실의 선고에 따라 미성년후견인을 선임할 필요가 있는 경우에는 직권으로 미성년후견인을 선임한다[제932조 제2항]. 친권자가 대리권 및 재산관리권을 사퇴한 경우에는 지체 없이 가정법원에 미성년후견인의 선임을 청구하여야 한다[제932조 제3항].

■ 미성년후견인을 지정할 수 있는 사람은 유언으로 미성년후견감독인을 지정할 수 있다[제940조의2].

■ 가정법원은 제940조의2에 따라 지정된 미성년후견감독인이 없는 경우에 필요하다고 인정하면 직권으로 또는 미성년자, 친족, 미성년후견인, 검사, 지방자치단체의 장의 청구에 의하여 미성년후견감독인을 선임할 수 있다[제940조의3 제1항].

■ 가정법원은 미성년후견감독인이 사망, 결격, 그 밖의 사유로 없게 된 경우에는 직권으로 또는 미성년자, 친족, 미성년후견인, 검사, 지방자치단체의 장의 청구에 의하여 미성년후견감독인을 선임한다[제940조의3 제2항].

나. 법정대리인의 권한

법정대리인의 권한에는 원칙으로 동의권, 대리권, 취소권이 있다.

동의권

■ 미성년자는 법정대리인의 동의 · 허락을 얻어 단독으로 유효한 법률행위를 할 수 있으므로 법정대리인은 동의권을 갖는다.

■ 동의권은 미성년자가 의사능력이 있어야 유효하다.

■ 동의나 허락은 법정대리인의 단독행위이고, 미성년자에게 또는 그 상대방에게 어느 쪽에 대해서도 할 수 있다. 명시적 · 묵시적으로도 가능하다.

■ 동의는 미성년자의 행위가 있기 전에 하는 것이지만 미성년자의 행위 후에 하는 동의는 추인의 성격을 가진다.

■ 미성년자의 친권자인 부모가 대리권을 행사할 때에는 공동으로 하여야 한다. 일방이 단독으로 행사하는 때는 그 효과가 발생하지 않는다. 그러나 선의의 제3자를 보호하기 위해 부모의 일방이 공동명의로 자를 대리하거나 자의 법률행위에 동의한 때에 다른 일방의 의사에 반하는 경우에도 상대방이 악의가 아니면 그 효력이 있다[제920조의 2].

■ 후견인이 피후견인을 대리하여 영업에 관한 행위, 금전을 빌리는 행위, 의무만을 부담하는 행위, 부동산 또는 중요한 재산에 관한 권리의 득실변경을 목적으로 하는 행위, 소송행위, 상속의 승인, 한정승인 또는 포기 및 상속재산의 분할에 관한 협의영업에 관한 행위를 하거나, 동의를 할 때는 후견감독인이 있으면 그의 동의를 받아야 한다[제950조 제1항].

■ 후견감독인의 동의가 필요한 행위에 대하여 후견감독인이 피후견인의 이익이 침해될 우려가 있음에도 동의를 하지 아니하는 경우에는 가정법원은 후견인의 청구에 의하여 후견감독인의 동의를 갈음하는 허가를 할 수 있다[제950조 제2항].

■ 후견감독인의 동의가 필요한 법률행위를 후견인이 후견감독인의 동의 없이 하였을 때에는 피후견인 또는 후견감독인이 그 행위를 취소할 수 있다[제950조 제3항].

대리권

■ 대리권은 법정대리인이 미성년자를 대리하여 재산상의 일정한 행위를 할 수 있는 권한이다. 그러나 자(子)의 행위를 목적으로 하는 채무를 부담할 경우에는 본인의 동의를 얻어야 한다[제920조, 제949조].

■ 대리권은 동의 또는 처분을 허락한 행위에 대해서도 행사할 수 있다. 그러나 영업허락의 경우에는 그러하지 아니하다.

■ 법정대리인과 미성년자의 이익이 상반되는 행위나, 동일한 친권에 복종하는 여러 명의 미성년자 사이에 이해가 상반되는 행위의 경우 법정대리인이 대리권을 행사할 수 없고, 가정법원에 그 자(子)의 특별대리인 선임을 청구하여야 한다[제921조].

■ 제3자가 미성년자에게 재산을 증여하고 그 재산에 대하여 친권자의 관리를 배제하는 의사를 표시한 경우에는 법정대리인의 대리권이 배제된다[제918조, 제956조].

취소권

■ 미성년자가 법정대리인의 동의를 얻지 않고 한 법률행위는 법정대리인이 이를 취소할 수 있다[제5조 제2항, 제140조].

■ 취소할 수 있는 법률행위는 제한능력자, 착오로 인하거나 사기 · 강박에 의하여 의사표시를 한 자, 그의 대리인 또는 승계인만이 취소할 수 있다[제140조].

■ 취소된 법률행위는 처음부터 무효인 것으로 본다. 다만, 제한능력자는 그 행위로 인하여 받은 이익이 현존하는 한도에서 상환(償還)할 책임이 있다[제141조].

---

3. 피성년후견인(被成年後見人)

제9조(성년후견개시의 심판) ① 가정법원은 질병, 장애, 노령, 그 밖의 사유로 인한 정신적 제약으로 사무를 처리할 능력이 지속적으로 결여된 사람에 대하여 본인, 배우자, 4촌 이내의 친족, 미성년후견인, 미성년후견감독인, 한정후견인, 한정후견감독인, 특정후견인, 특정후견감독인, 검사 또는 지방자치단체의 장의 청구에 의하여 성년후견개시의 심판을 한다. ② 가정법원은 성년후견개시의 심판을 할 때 본인의 의사를 고려하여야 한다.

(1) 의의(意義)

피성년후견인이란 질병, 장애, 노령, 그 밖의 사유로 인한 정신적 제약으로 사무를 처리할 능력이 지속적으로 결여된 사람에 대하여 본인, 배우자, 4촌 이내의 친족, 미성년후견인, 미성년후견감독인, 한정후견인, 한정후견감독인, 특정후견인, 특정후견감독인, 검사 또는 지방자치단체의 장의 청구에 의하여 성년후견개시의 심판을 받은 자를 말한다[제9조 제1항].

(2) 요건(要件)

가. 사무처리능력이 지속적으로 결여될 것

성년후견의 요건은 질병, 장애, 노령, 그 밖의 사유로 인한 정신적 제약으로 사무를 처리할 능력이 지속적으로 결여되어야 한다[제9조 제1항].

나. 일정한 자의 청구가 있을 것

본인, 배우자, 4촌 이내의 친족, 미성년후견인, 미성년후견감독인, 한정후견인, 한정후견감독인, 특정후견인, 특정후견감독인, 검사 또는 지방자치단체의 장의 청구가 있어야 한다[제9조 제1항]. 본인이 성년후견을 청구하는 경우는 본인에게 의사능력이 있어야 하며, 검사나 지방자치단체의 장에게 성년후견을 청구할 수 있도록 한 것은 공익의 대표자로서 청구권자가 청구를 하지 않거나 청구를 할 수 없는 경우를 대비한 것이다.

다. 가정법원의 심판을 받을 것

성년후견은 가정법원의 심판을 받아야 하는데 성년후견의 심판을 함에는 본인의 의사를 반드시 고려하여야 한다[제9조 제2항].

(3) 피성년후견인의 행위능력(被成年後見人의 行爲能力)

제10조(피성년후견인의 행위와 취소) ① 피성년후견인의 법률행위는 취소할 수 있다. ② 제1항에도 불구하고 가정법원은 취소할 수 없는 피성년후견인의 법률행위의 범위를 정할 수 있다. ③ 가정법원은 본인, 배우자, 4촌 이내의 친족, 성년후견인, 성년후견감독인, 검사 또는 지방자치단체의 장의 청구에 의하여 제2항의 범위를 변경할 수 있다. ④ 제1항에도 불구하고 일용품의 구입 등 일상생활에 필요하고 그 대가가 과도하지 아니한 법률행위는 성년후견인이 취소할 수 없다.

가. 원칙

피성년후견인의 법률행위는 취소할 수 있는 것이 원칙이다[제10조 제1항]. 사무를 처리할 능력이 지속적으로 결여되어 있으므로, 이러한 피성년후견의 법률행위는 취소할 수 있다고 한 것이다. 취소할 수 있는 자는 성년후견인 또는 피성년후견인이다[제140조].

나. 예외

피성년후견인의 법률행위를 취소함에는 예외가 있다. 가정법원이 취소할 수 없는 피성년후견인의 법률행위의 범위를 정한 경우에는 그 정한 범위 내에서 한 피성년후견인 법률행위는 유효하다[제10조 제2항]. 이 범위는 본인, 배우자, 4촌 이내의 친족, 성년후견인, 성년후견감독인, 검사 또는 지방자치단체의 장의 청구에 의하여 변경할 수 있다[제10조 제3항]. 그리고 일상생활에 필요하고 대가가 과도하지 아니한 일용품의 구입 같은 법률행위는 성년후견인이 취소할 수 없다[제10조 제4항].

일정한 가족법상 행위, 예컨대 약혼[제802조], 혼인[제808조 제2항], 협의이혼[제835조], 인지[제856조], 입양[제873조], 협의상 파양[제902조]의 경우에는 성년후견인의 동의를 얻어 피성년후견인 스스로 유효한 법률행위를 할 수 있다. 유언은 의사능력이 회복된 경우라면 피성년후견인 단독으로 할 수 있다[제1063조].

(4) 성년후견인(成年後見人)

가정법원의 성년후견개시심판이 있는 경우, 그 심판을 받은 사람의 성년후견인을 두어야 하는데[제929조], 이때 성년후견인은 피성년후견인의 법정대리인이 된다[제938조 제1항]. 법인도 성년후견인이 될 수 있으며[제930조 제3항], 성년후견인은 피성년후견인의 신상과 재산에 관한 모든 사정을 고려하여 여러 명을 둘 수 있다[제930조 제2항].

성년후견개시 심판을 하면서 성년후견인을 두는 경우에 가정법원은 성년후견인을 직권으로 선임한다[제936조 제1항]. 성년후견인이 사망, 결격, 그 밖의 사유로 없게 된 경우에도 가정법원은 직권으로 또는 피성년후견인, 친족, 이해관계인, 검사, 지방자치단체의 장의 청구에 의하여 성년후견인을 선임한다[제936조 제2항]. 성년후견인이 선임된 경우에도 필요하다고 인정하면 가정법원은 직권으로 또는 앞의 청구권자나 성년후견인의 청구에 의하여 추가로 성년후견인을 선임할 수 있다[제936조 제3항].

가정법원이 성년후견인을 선임할 때에는 피성년후견인의 의사를 존중하여야 하며, 그 밖에 피성년후견인의 건강, 생활관계, 재산상황, 성년후견인이 될 사람의 직업과 경험, 피성년후견인과의 이해관계의 유무(법인이 성년후견인이 될 때에는 사업의 종류와 내용, 법인이나 그 대표자와 피성년후견인 사이의 이해관계의 유무를 말한다) 등의 사정도 고려하여야 한다[제936조 제4항].

가정법원은 필요하다고 인정하면 직권으로 또는 피성년후견인, 친족, 성년후견인, 검사, 지방자치단체의 장의 청구에 의하여 성년후견감독인을 선임할 수 있고[제940조의4 제1항], 성년후견감독인이 사망, 결격, 그 밖의 사유로 없게 된 경우에는 직권으로 또는 피성년후견인, 친족, 성년후견인, 검사, 지방자치단체의 장의 청구에 의하여 성년후견감독인을 선임한다[제940조의4 제2항].

(5) 성년후견의 종료(成年後見의 終了)

성년후견개시의 원인이 소멸된 경우에 가정법원은 본인, 배우자, 4촌 이내의 친족, 성년후견인, 성년후견감독인, 검사 또는 지방자치단체의 장의 청구에 의하여 성년후견종료의 심판을 하며[제11조], 피성년후견인에 대하여 한정후견개시의 심판을 할 때에는 종전의 성년후견의 종료 심판을 하게 된다[제14조의3 제2항]. 성년후견종료심판의 효력은 장래를 향하여 있으므로, 성년후견종료심판 전에 성년후견인의 동의 없이 한 피성년후견인의 법률행위는 취소가 가능하다.

4. 피한정후견인(被限定後見人)

제12조(한정후견개시의 심판) ① 가정법원은 질병, 장애, 노령, 그 밖의 사유로 인한 정신적 제약으로 사무를 처리할 능력이 부족한 사람에 대하여 본인, 배우자, 4촌 이내의 친족, 미성년후견인, 미성년후견감독인, 성년후견인, 성년후견감독인, 특정후견인, 특정후견감독인, 검사 또는 지방자치단체의 장의 청구에 의하여 한정후견개시의 심판을 한다. ② 한정후견개시의 경우에 제9조 제2항을 준용한다.

(1) 의의(意義)

피한정후견인이란 질병, 장애, 노령, 그 밖의 사유로 인한 정신적 제약으로 사무를 처리할 능력이 부족한 사람에 대하여 본인, 배우자, 4촌 이내의 친족, 미성년후견인, 미성년후견감독인, 성년후견인, 성년후견감독인, 특정후견인, 특정후견감독인, 검사 또는 지방자치단체의 장의 청구에 의하여 가정법원의 한정후견개시 심판을 받은 자를 말한다[제12조 제1항].

(2) 요건(要件)

가. 사무처리능력이 부족할 것

피한정후견인이 될 자는 질병, 장애, 노령, 그 밖의 사유로 인한 정신적 제약으로 사무를 처리할 능력이 부족하여야 한다[제12조 제1항].

나. 일정한 자의 청구가 있을 것

본인, 배우자, 4촌 이내의 친족, 미성년후견인, 미성년후견감독인, 성년후견인, 성년후견감독인, 특정후견인, 특정후견감독인, 검사 또는 지방자치단체의 장의 청구가 있어야 한다[제12조 제1항].

다. 가정법원의 심판을 받을 것

한정후견개시의 심판을 함에는 반드시 본인의 의사를 고려하여야 한다[제12조 제2항]. 가정법원이 피성년후견인 또는 피특정후견인에 대하여 한정후견개시의 심판을 할 때에는 종전의 성년후견 또는 특정후견의 종료 심판을 한다[제14조의3 제2항].

(3) 행위능력(行爲能力)

제13조(피한정후견인의 행위와 동의) ① 가정법원은 피한정후견인이 한정후견인의 동의를 받아야 하는 행위의 범위를 정할 수 있다. ② 가정법원은 본인, 배우자, 4촌 이내의 친족, 한정후견인, 한정후견감독인, 검사 또는 지방자치단체의 장의 청구에 의하여 제1항에 따른 한정후견인의 동의를 받아야만 할 수 있는 행위의 범위를 변경할 수 있다. ③ 한정후견인의 동의를 필요로 하는 행위에 대하여 한정후견인이 피한정후견인의 이익이 침해될 염려가 있음에도 그 동의를 하지 아니하는 때에는 가정법원은 피한정후견인의 청구에 의하여 한정후견인의 동의를 갈음하는 허가를 할 수 있다. ④ 한정후견인의 동의가 필요한 법률행위를 피한정후견인이 한정후견인의 동의 없이 하였을 때에는 그 법률행위를 취소할 수 있다. 다만, 일용품의 구입 등 일상생활에 필요하고 그 대가가 과도하지 아니한 법률행위에 대하여는 그러하지 아니하다.

가. 원칙

한정후견이 개시되면 피한정후견인이 한정후견인의 동의를 받아야 하는 행위의 범위를 가정법원이 정할 수 있다[제13조 제1항].

한정후견인의 동의가 필요한 법률행위를 피한정후견인이 한정후견인의 동의 없이 하였을 때에는 그 법률행위를 취소할 수 있다[제13조 제4항]. 한정후견인의 동의를 받아야 할 피한정후견인의 행위범위는 본인, 배우자, 4촌 이내의 친족, 한정후견인, 한정후견감독인, 검사 또는 지방자치단체의 장의 청구에 의하여 가정법원이 변경할 수 있다[제13조 제2항].

한정후견인의 동의를 필요로 하는 행위에 대하여 한정후견인이 피한정후견인의 이익이 침해될 염려가 있음에도 그 동의를 하지 아니하는 때에는 가정법원은 피한정후견인의 청구에 의하여 한정후견인의 동의를 갈음하는 허가를 할 수 있다[제13조 제5항]. 동의를 요하는 행위를 피한정후견인이 동의 없이 한 경우도 한정후견인이 추인하여 유효로 할 수 있다[제143조].

나. 예외

가정법원이 정한 피한정후견인의 후견인의 동의를 받아야 하는 행위 외에는 피한정후견인이 단독으로 할 수 있다. 일상생활에 필요하고 그 대가가 과도하지 아니한 일용품 구입 등의 행위는 피한정후견인이 단독으로 하더라도 유효하다[제13조 제4항].

(4) 한정후견인(限定後見人)

가정법원의 한정후견개시 심판이 있는 경우에, 그 심판을 받은 사람의 성년후견인을 두어야 한다[제959조의2]. 법인도 한정후견인이 될 수 있으며[제959조의3], 한정후견인은 피한정후견인의 신상과 재산에 관한 모든 사정을 고려하여 여러 명을 둘 수 있다[제959조의3].

한정후견개시 심판을 하면서 한정후견인을 두는 경우에 가정법원은 한정후견인을 직권으로 선임한다[제959조의3 제1항]. 한정후견인이 사망, 결격, 그 밖의 사유로 없게 된 경우에도 가정법원은 직권으로 또는 피한정후견인, 친족, 이해관계인, 검사, 지방자치단체의 장의 청구에 의하여 한정후견인을 선임한다[제959조의3 제2항]. 한정후견인이 선임된 경우에도 필요하다고 인정하면 가정법원은 직권으로 또는 앞의 청구권자나 한정후견인의 청구에 의하여 추가로 한정후견인을 선임할 수 있다[제959조의3 제2항].

가정법원이 한정후견인을 선임할 때에는 피한정후견인의 의사를 존중하여야 하며, 그 밖에 피한정후견인의 건강, 생활관계, 재산상황, 성년후견인이 될 사람의 직업과 경험, 피한정후견인과의 이해관계의 유무(법인이 한정후견인이 될 때에는 사업의 종류와 내용, 법인이나 그 대표자와 피한정후견인 사이의 이해관계의 유무를 말한다) 등의 사정도 고려하여야 한다[제959조의3 제2항].

한정후견인은 동의가 필요한 피한정후견인의 행위에 동의권을 가지며, 피한정후견인이 동의 없이 한 행위에 대하여 취소권을 가진다. 가정법원이 한정후견인에게 대리권을 수여하는 심판을 할 수 있으므로 대리권도 가진다[제959조의4].

가정법원은 필요하다고 인정하면 직권으로 또는 피한정후견인, 친족, 한정후견인, 검사, 지방자치단체의 장의 청구에 의하여 한정후견감독인을 선임할 수 있다[제959조의5 제1항].

(5) 한정후견의 종료(限定後見의 終了)

한정후견개시의 원인이 소멸된 경우에 가정법원은 본인, 배우자, 4촌 이내의 친족, 한정후견인, 한정후견감독인, 검사 또는 지방자치단체의 장의 청구에 의하여 한정후견 종료의 심판을 한다[제14조].

가정법원이 피한정후견인에 대하여 성년후견개시의 심판을 할 때에는 종전의 한정후견의 종료 심판을 한다[제14조의3 제1항].

한정후견종료의 심판의 효력은 장래에 향하여 있으므로 종료심판 전에 있었던 동의가 필요한 법률행위는 취소가 가능하다.

5. 피특정후견인(被特定後見人)

제14조의2(특정후견의 심판) ① 가정법원은 질병, 장애, 노령, 그 밖의 사유로 인한 정신적 제약으로 일시적 후원 또는 특정한 사무에 관한 후원이 필요한 사람에 대하여 본인, 배우자, 4촌 이내의 친족, 미성년후견인, 미성년후견감독인, 검사 또는 지방자치단체의 장의 청구에 의하여 특정후견의 심판을 한다. ② 특정후견은 본인의 의사에 반하여 할 수 없다. ③ 특정후견의 심판을 하는 경우에는 특정후견의 기간 또는 사무의 범위를 정하여야 한다.

(1) 의의(意義)

피특정후견인이란 질병, 장애, 노령, 그 밖의 사유로 인한 정신적 제약으로 일시적 후원 또는 특정한 사무에 관한 후원이 필요한 사람에 대하여 본인, 배우자, 4촌 이내의 친족, 미성년후견인, 미성년후견감독인, 검사 또는 지방자치단체의 장의 청구에 의하여 가정법원으로부터 특정후견의 심판을 받은 자를 말한다[제14조의2 제1항].

(2) 요건(要件)

가. 정신적 제약으로 일시적 후원 또는 사무에 관한 후원이 필요할 것

질병, 장애, 노령, 그 밖의 사유로 인한 정신적 제약으로 일시적 후원 또는 특정한 사무에 관한 후원이 필요한 경우이어야 한다. 성년후견이나 한정후견에서의 지속적 · 포괄적 제약이 아니라 일시적이거나 특정한 사무에 관한 제약이어야 한다[제14조의2 제1항].

나. 일정한 자의 청구가 있을 것

본인, 배우자, 4촌 이내의 친족, 미성년후견인, 미성년후견감독인, 검사 또는 지방자치단체의 장의 청구가 있어야 한다[제14조의2 제1항].

다. 가정법원이 특정후견의 심판을 할 것

위의 요건을 바탕으로 가정법원이 특정후견 심판을 하여야 한다. 특정후견은 본인의 의사에 반하여 할 수 없으며[제14조의2 제2항], 특정후견의 심판을 하는 경우에도 특정후견의 기간 또는 사무의 범위를 정하여야 한다[제14조의2 제3항].

(3) 행위능력(行爲能力)

가정법원은 피특정후견인의 후원을 위하여 필요한 처분을 명할 수 있으며[제959조의8], 그 처분으로 피특정후견인을 후원하거나 대리하기 위한 특정후견인을 선임할 수 있다[제959조의9 제1항]. 특정후견인은 피특정후견인의 신상과 재산에 관한 모든 사정을 고려하여 여러 명을 둘 수 있고[제959조의9 제2항], 법인도 특정후견인이 될 수 있다[제959조의9 제2항].

가정법원은 필요하다고 인정하면 직권으로 또는 피특정후견인, 친족, 특정후견인, 검사, 지방자치단체의 장의 청구에 의하여 특정후견감독인을 선임할 수 있다[제959조의10 제1항].

6. 제한능력자의 상대방 보호(制限能力者의 相對方 保護)

(1) 상대방 보호의 필요성(相對方 保護의 必要性)

제한능력자의 법률행위는 취소할 수 있고, 그 취소권은 제한능력자측만이 가진다. 따라서 제한능력자의 상대방은 제한능력자측의 의사에 따를 수밖에 없어 불안정한 위치에 서게 된다.

민법은 제한능력자 보호 규정으로 인하여 불리해진 상대방을 보호하기 위해 제한능력자의 상대방에게 최고권[제15조], 철회권 · 거절권[제16조]과 제한능력자의 속임수가 있을 때 취소권을 배제[제17조]할 수 있도록 규정하고 있다. 한편 취소할 수 있는 법률행위 모두에 적용되는 취소권의 단기소멸[제146조], 법정추인[제145조]도 상대방 보호와 관련한 규정으로 볼 수 있다.

(2) 상대방의 최고권(相對方의 最高權)

제15조(제한능력자의 상대방의 확답을 촉구할 권리) ① 제한능력자의 상대방은 제한능력자가 능력자가 된 후에 그에게 1개월 이상의 기간을 정하여 그 취소할 수 있는 행위를 추인할 것인지 여부의 확답을 촉구할 수 있다. 능력자로 된 사람이 그 기간 내에 확답을 발송하지 아니하면 그 행위를 추인한 것으로 본다. ② 제한능력자가 아직 능력자가 되지 못한 경우에는 그의 법정대리인에게 제1항의 촉구를 할 수 있고, 법정대리인이 그 정하여진 기간 내에 확답을 발송하지 아니한 경우에는 그 행위를 추인한 것으로 본다. ③ 특별한 절차가 필요한 행위는 그 정하여진 기간 내에 그 절차를 밟은 확답을 발송하지 아니하면 취소한 것으로 본다.

가. 의의

제한능력자 상대방의 최고권이란 제한능력자의 상대방이 제한능력자측에 대하여 취소할 수 있는 행위를 추인(취소권의 포기)하겠는가에 대한 확답을 촉구하는 권리를 말한다. 이러한 최고에 대하여 제한능력자측의 확답이 있다면 그에 따라 법률효과가 생길 것이다. 그런데 확답이 없는 경우에는 법률의 규정[법제15조]에 의해 그 행위를 추인한 것으로 본다.

나. 요건

제한능력자의 상대방은 제한능력자측이 취소할 수 있는 행위를 적시하여야 하며, 제한능력자의 상대방이 하는 최고는 1개월 이상의 유예기간을 정하여야 하고, 추인할 것인지 확답을 촉구해야 한다. 제한능력자는 능력자가 된 후에 최고의 상대방이 될 수 있다[제15조 제1항]. 제한능력자가 아직 능력자가 되지 못한 경우에는 그의 법정대리인이 최고의 상대방이 된다[제15조 제2항]. 최고의 상대방이 아닌 자에게 한 최고는 무효다.

다. 효과

제한능력자측에서 추인을 하든가 취소를 하게 되면 그에 따라 취소 또는 추인의 효과가 생긴다. 그러나 제한능력자측에서 확답이 없는 경우가 문제이다. 민법은 확답이 없는 경우를 제한능력자가 능력자가 된 후와 능력자가 되지 못한 경우로 나누어 효과를 달리 정한다[제15조]. 제한능력자가 능력자가 된 후 최고를 받고도 확답을 발송하지 않으면 그 행위를 추인한 것으로 본다[제15조 제1항]. 제한능력자가 아직 능력자가 되지 못한 경우에는 그의 법정대리인에게 추인 여부의 확답을 촉구를 할 수 있는데, 그의 법정대리인이 정하여진 기간 내에 확답을 발송하지 아니한 경우에는 그 행위를 추인한 것으로 본다[제15조 제2항]. 추인을 위하여 특별절차(후견감독인의 동의)가 요구되는 경우에 정하여진 기간 내에 그 절차를 밟은 확답을 발송하지 아니하면 취소한 것으로 본다[제15조 제3항]. 1개월 이상의 유예기간은 최고의 의사표시가 도달한 때부터 기산하며, 확답은 발신주의에 의한다.

(3) 상대방의 철회권과 거절권(相對方의 撤回權과 拒絶權)

제16조(제한능력자의 상대방의 철회권과 거절권) ① 제한능력자가 맺은 계약은 추인이 있을 때까지 상대방이 그 의사표시를 철회할 수 있다. 다만, 상대방이 계약 당시에 제한능력자임을 알았을 경우에는 그러하지 아니하다. ② 제한능력자의 단독행위는 추인이 있을 때까지 상대방이 거절할 수 있다. ③ 제1항의 철회나 제2항의 거절의 의사표시는 제한능력자에게도 할 수 있다.

앞에서 언급한 최고권은 1개월 이상의 기간을 두고 기다려야 하는 불편함이 있다. 그리고 취소할 수 있는 행위의 효력확정 여부가 제한능력자측에 달려 있으므로 제한능력자와 거래한 상대방의 의사와 다를 수도 있다. 민법은 제16조에서 제한능력자의 상대방에게 철회권과 거절권을 부여하여 그를 보호하고 있다.

가. 철회권

철회권은 계약에 관한 것으로 제한능력자의 상대방이 제한능력자와 계약을 체결한 경우, 상대방은 제한능력자측에서 추인이 있을 때까지는 자기의 의사표시를 철회할 수 있다[제16조 제1항 본문]. 이 철회권은 법정대리인에게도 행사할 수 있고, 제한능력자에게도 행사가 가능하다[제16조 제3항]. 제한능력자의 상대방이 제한능력자측에게 철회의 의사표시를 하면, 계약은 처음부터 없었던 것이 되고 제한능력자측에서도 더이상 추인할 수 없게 된다. 철회권은 제한능력자측의 추인이 있기 전까지 행사할 수 있으며, 상대방은 계약당시에 제한능력자에 대하여 선의이어야 한다[제16조 제1항 단서]. 제한능력자의 상대방이 자기 의사를 철회하면, 그 계약은 처음부터 없었던 것이 되고 제한능력자측에서도 그 계약을 추인할 수 없게 된다. 이때 이미 이행한 급부가 있다면 부당이득이 되어 이를 반환하여야 한다[제741조]

나. 거절권

제한능력자의 상대방은 제한능력자의 단독행위를 추인이 있을 때까지 거절할 수 있다[제16조 제2항]. 거절권은 단독행위에 관한 것이다. 여기서 단독행위는 상대방 없는 단독행위(유언, 재단법인설립행위)와 상대방 있는 단독행위(채무면제, 상계)가 있는데 여기서는 후자를 말한다. 거절의 의사표시도 철회권과 마찬가지로 제한능력자나 그 법정대리인에게 할 수 있다[제16조 제3항]. 거절권은 제한능력자의 상대방이 의사표시를 수령할 때 표의자가 제한능력자임을 알고 있었던 경우라도 행사할 수 있는가가 문제되는데, 철회권과 달리 거절권은 규정되지 않았기 때문이다. 단독행위에서 상대방은 의사를 수령하는 데 지나지 않으므로 제한능력자 상대방의 선의 · 악의에 상관없이 거절권을 행사할 수 있다는 것이 통설의 견해이다. 제한능력자와 거래한 상대방의 거절이 있으면 제한능력자의 단독행위는 확정적으로 무효가 된다. 이때 이미 이행한 급부가 있다면 부당이득이 되어 이를 반환하여야 한다[제741조].

⑷ **제한능력자의 취소권 배제**(制限能力者의 取消權 排除)

> 제17조(제한능력자의 속임수) ① 제한능력자가 속임수로써 자기를 능력자로 믿게 한 경우에는 그 행위를 취소할 수 없다. ② 미성년자나 피한정후견인이 속임수로써 법정대리인의 동의가 있는 것으로 믿게 한 경우에도 제1항과 같다.

가. 의의

제한능력자가 속임수로써 자기를 능력자로 믿게 한 경우에는 그 행위를 취소할 수 없다[제17조 제1항]. 제한능력자의 상대방이 제한능력자의 속임수에 의해 제한능력자를 능력자로 믿은 경우에는 사기를 이유로 의사표시를 취소하거나[제110조 제1항], 불법행위에 기한 손해배상을 청구할 수 있을 뿐이다[제740조]. 취소권을 행사할 수 없는 법률행위는 그대로 유효한 법률행위가 된다. 미성년자나 피한정후견인이 속임수로써 법정대리인의 동의가 있는 것으로 믿게 한 경우에도 그 행위를 취소할 수 없다[제17조 제2항].

나. 요건

제한능력자가 자기를 능력자로 믿게 하려고 하였거나[제17조 제1항], 미성년자나 한정치산자가 법정대리인의 동의가 있는 것으로 믿게 하려고 하였어야 한다[제17조 제2항].

① 속임수를 써야 한다

취소권의 행사를 제한하는 속임수는 어느 정도여야 하는가에 대하여는 적극적이어야 한다는 통설과 단순한 침묵은 속임수로 볼 수 없다는 견해가 있다. 판례는 적극적인 것이어야 한다는 입장이다[대법원 1971.12.14. 선고 71다2045]. 속임수에 대한 입증책임은 상대방이 진다[대법원 1971.12.14. 선고 71다2045].

② 상대방이 속임수에 기한 오신으로 제한능력자와 법률행위를 하였어야 한다

여기서 오신이란 속임수에 의해 제한능력자를 능력자로 믿거나 미성년자나 피한정후견인에게 법정대리인의 동의가 있는 것으로 믿는 것을 말한다. 이러한 상대방의 오신과 제한능력자와 법률행위 사이에 인과관계가 있어야 한다.

다. 효과

이상의 요건을 갖추면 취소권자는 제한능력자임을 이유로 법률행위를 취소하지 못한다.

Ⅲ 주소(住所)

제18조(주소) ① 생활의 근거되는 곳을 주소로 한다. ② 주소는 동시에 두 곳 이상 있을 수 있다.

1. 의의(意義)

사람은 일정한 장소에 일정시간을 머무르며 생활을 영위한다. 주소, 거소, 본국, 가족관계등록기준지(예전의 본적에 갈음한다), 주민등록지, 재산소재지, 법률행위

지 등은 사람의 법률관계와 밀접하게 연관되어 있다.

민법은 주소에 관하여 제18조 제1항에서 "생활의 근거되는 곳을 주소로 한다." 고 하여 생활관계의 중심지를 주소로 본다. 반증이 없는 한 주민등록지는 주소로 추정된다.

주민등록법

제6조(대상자) ① 시장 · 군수 또는 구청장은 30일 이상 거주할 목적으로 그 관할 구역에 주소나 거소(이하 "거주지"라 한다)를 가진 다음 각 호의 사람(이하 "주민"이라 한다)을 이 법의 규정에 따라 등록하여야 한다. 다만, 외국인은 예외로 한다.(2014.1.21. 개정)
1. 거주자: 거주지가 분명한 사람(제3호의 재외국민은 제외한다)
2. 거주불명자: 제20조 제6항에 따라 거주불명으로 등록된 사람
3. 재외국민: 「재외동포의 출입국과 법적 지위에 관한 법률」 제2조 제1호에 따른 국민으로서 「해외이주법」 제12조에 따른 영주귀국의 신고를 하지 아니한 사람 중 다음 각 목의 어느 하나의 경우
가. 주민등록이 말소되었던 사람이 귀국 후 재등록 신고를 하는 경우
나. 주민등록이 없었던 사람이 귀국 후 최초로 주민등록 신고를 하는 경우
② 제1항의 등록에서 영내(營內)에 기거하는 군인은 그가 속한 세대의 거주지에서 본인이나 세대주의 신고에 따라 등록하여야 한다.
③ 2014.1.21. 삭제(시행일: 2015.1.22.) 제6조

2. 입법주의(立法主義)

(1) 실질주의(實質主義)

주소를 정하는 기준은 형식주의와 실질주의가 있다. 형식주의는 형식적 표준(예: 등록기준지)에 의해 주소를 획일적으로 정한다. 반면 실질주의는 생활의 실질적 관계를 기준으로 구체적으로 결정한다. 민법은 '생활의 근거되는 곳을 주소로 한다'고 하여 실질주의를 채택하고 있다[제18조 제1항].

(2) 실질주의(客觀主義)

주소의 설정이나 변경에 정주(定住)의 사실만을 기준으로 하는 것이 객관주의이고, 정주의 사실 외에 정주의 의사도 요구하는 것이 의사주의이다. 우리 민법은

이에 대하여 명문의 규정이 없으나, 무능력자를 위한 법정주소를 규정하지 않은 점, 제18조 제1항이 실질주의 입장에서 규정된 점, 동조 제2항에서 복수주의를 규정하고 있는 점을 고려하면 객관주의 입장이라고 본다.

(3) 복수주의(複數主義)

주소를 하나만 인정하는 것을 단일주의라고 하고, 둘 이상을 인정하는 것을 복수주의라고 한다. 우리 민법은 제18조 제2항에서 "주소는 동시에 두 곳 이상 있을 수 있다."고 규정하여 복수주의를 채택하고 있다.

3. 주소와 법률관계(住所와 法律關係)

주소는 부재와 실종의 표준이 되고[제22조, 제27조], 법인사무소의 소재지[제36조], 변제의 장소[제467조], 상속개시의 장소[제998조]와 관련된다. 민법상 규정 이외에도 어음행위 장소[어음법 제2조 제3항, 제4조], 재판관할의 표준[민사소송법 제3조], 주민등록 대상자의 요건[주민등록법 제6조 제1항] 등은 주소와 관련이 있다.

거소, 현재지, 가주소, 주민등록지, 가족관계등록기준지

■ 거소는 주소보다 장소와 밀접도가 덜한 곳을 말한다. 주소가 있어도 거소를 가질 수 있고, 주소 없이 거소만 있을 수도 있다. 주소를 알 수 없으면 거소를 주소로 본다[제19조]. 또 국내에 주소가 없는 자는 국내에 있는 거소를 주소로 본다[제20조].

■ 현재지는 거소보다도 장소와의 밀접도가 더 낮은 곳(예: 여행시 머무는 호텔)을 말한다. 민법이 규정하고 있지 않으나 경우에 따라 현재지가 거소가 될 수 있다.

■ 행위의 당사자가 법률행위를 함에 있어 가주소(假住所)를 정한 때에는 그 행위에 관하여 가주소를 주소로 본다[제21조]. 가주소는 당사자의 의사에 의해 거래편의상 설정된 것이기 때문에 생활관계의 중심지인 주소와 다르다.

■ 주민등록지는 30일 이상 거주할 목적으로 일정한 장소에 주소 또는 거소를 가진 자가 주민등록법에 의해 등록된 장소를 말한다[주민등록법 제6조, 제10조].

■ 가족관계등록기준지는 종전의 호적법에서 본적지가 폐지되고 대체된 것으로 "출생 또는 그 밖의 사유로 처음으로 등록을 하는 경우에는 등록기준지를 정하여 신고하여야 한다."[가족관계등록에 관한 법률 제10조 제1항].

Ⅳ 부재와 실종(不在와 失踪)

1. 서설(序說)

사람이 종래의 주소나 거소를 떠나 일정기간 돌아올 수 없다면 그 사람과 이해관계인을 보호하기 위하여 적절한 조치를 취할 필요가 있다.

민법은 그를 아직 살아 있는 것으로 추측하여 그의 재산을 관리해 주면서 돌아오기를 기다리는데, 이것이 부재자 재산관리제도이다. 한편 부재자의 생사불명의 상태가 장기간 계속된다면 그를 사망한 것으로 보고 그자에 관한 법률관계를 확정짓는데, 이를 실종선고제도라고 한다.

2. 부재자(不在者)

> 제22조(부재자의 재산의 관리) ① 종래의 주소나 거소를 떠난 자가 재산관리인을 정하지 아니한 때에는 법원은 이해관계인이나 검사의 청구에 의하여 재산관리에 관하여 필요한 처분을 명하여야 한다. 본인의 부재 중 재산관리인의 권한이 소멸한 때에도 같다. ② 본인이 그 후에 재산관리인을 정한 때에는 법원은 본인, 재산관리인, 이해관계인 또는 검사의 청구에 의하여 전항의 명령을 취소하여야 한다.

부재자는 종래의 주소나 거소를 떠난 자로서 재산관리가 필요한 자를 말한다[제22조 제1항]. 종래의 주소나 거소를 떠난 자라고 하여도 재산관리가 필요하지 않은 경우에는 부재자로 다룰 필요가 없다. 따라서 민법상 부재자 규정은 종래의 주소나 거소를 떠나 당분간 돌아올 수 없어 그의 재산이 관리되지 못하고 방치되어 있는 경우에 이를 관리하기 위한 근거 규정이 된다.

부재자는 생사 불분명을 요건으로 하지 않는다. 즉 생존이 분명하더라도 부재자일 수 있고, 생사가 불분명한 자도 실종선고를 받을 때까지는 부재자이다. 부재자는 자연인에 한하며, 법인은 부재자가 될 수 없다.

3. 부재자 재산관리(不在者 財産管理)

부재자 재산관리는 부재자가 재산관리인을 두지 않은 경우와 부재자가 재산관리인을 두었으나 재산관리인의 권한이 소멸한 경우로 나누어 볼 수 있다.

(1) 부재자가 재산관리인을 두지 않은 경우(不在者가 財産管理人을 두지 않은 境遇)

부재자가 재산관리인을 정하지 아니한 때에는 법원은 이해관계인이나 검사의 청구에 의하여 재산관리에 관하여 필요한 처분을 명하여야 한다[제22조 제1항 후문]. 여기서 이해관계인은 부재자의 재산관리에 법률상 이해관계를 가지는 자를 말한다.

가정법원이 명할 수 있는 재산관리에 필요한 처분은 재산관리인의 선임[가사소송규칙 제41조], 경매에 의한 부재자의 재산매각[가사소송규칙 제49조] 등이다. 이 중에 가장 보편적인 방법은 관리인의 선임이다(부재자 재산관리에 대해서는 가사소송규칙 제39조에서 제52조까지 자세히 규정하고 있다). 법원이 선임한 재산관리인은 본인의 의사와 관계없이 선임되었기에 일종의 법정대리인이다. 가정법원은 언제든지 그 선임한 재산관리인을 개임할 수 있다[가사소송규칙 제42조 제1항].

가정법원이 선임한 재산관리인이 사임하고자 할 때에는 가정법원에 그 사유를 신고하여야 한다. 이 경우, 가정법원은 다시 재산관리인을 선임하여야 한다[가사소송규칙 제42조 제2항]. 선임된 재산관리인은 부재자와 재산관리에 관한 계약을 체결한 것은 아니지만 업무의 특성상 위임에 관한 규정을 준용한다(통설).

재산관리인은 제118조가 규정한 관리행위는 자유롭게 할 수 있으나, 재산의 처분과 같이 그 권한을 넘는 행위를 함에 있어서는 법원의 허가를 얻어야 한다[제25조 전문].

관련 판례

관리인이 법원의 허가 없이 처분행위를 하는 경우에 그 처분행위는 무효이다[대법원 1970.1.27. 선고 69다1820]. 허가 없이 처분한 뒤에 법원의 허가를 얻고서 추인을 한 경우에는 유효하다[대법원 1982.12.14. 선고 80다1872].

관리인의 직무는 관리할 재산목록을 작성하여야 하고[제24조 제1항], 법원이 명하는 처분을 수행하여야 한다[제24조 제2항]. 재산관리를 위해 지출한 필요비와 그 이자 및 과실 없이 받은 손해의 배상을 청구할 수 있다[제688조, 제24조 제4항].

법원이 관리인에게 재산의 관리 및 반환에 관하여 상당한 담보 제공을 명하는 경우 담보를 제공하여야 하며[제26조 제1항], 재산관리인은 가정법원에 의해 부재자의 재산에서 상당한 보수를 지급받을 수 있고[제26조 제2항], 이러한 재산관리인의 담보제공 규정과 상당한 보수지급 규정은 부재자의 생사가 분명하지 아니한 경우에 부재자가 정한 재산관리인에 준용한다[제26조 제3항].

부재자에게 친권자 · 후견인이 있는 경우에는 이들이 법률의 규정에 의해 부재자의 재산을 관리하므로 달리 조치를 취할 필요가 없다.

(2) 부재자가 재산관리인을 둔 경우(不在者가 財産管理人을 둔 境遇)

부재자가 재산관리인을 둔 경우에는 부재자와 재산관리인 사이의 계약에 의하게 되므로 법원이 원칙적으로 개입하지 않는다. 그러나 부재자가 재산관리인을 두었으나 부재중 재산관리인의 권한이 소멸한 경우와 부재자의 생사가 분명하지 아니한 때에는 법원이 개입하게 된다[제23조].

재산관리인의 권한이 본인의 부재중에 소멸한 때는 처음부터 관리인이 없었던 경우와 같이 취급한다[제22조 제1항 후문]. 부재자의 생사가 분명하지 않게 된 때는 가정법원이 재산관리인 · 이해관계인 또는 검사의 청구에 의해 재산관리인을 개임(改任)할 수 있다[제23조]. 개임된 재산관리인은 선임된 재산관리인의 지위와 같다. 가정법원이 재산관리인을 선임하거나 개임할 경우에는 이해관계인의 의견을 들을 수 있고[가사소송규칙 제41조 제1항], 부재자가 정한 재산관리인을 개임할 때에는 그 재산관리인을 절차에 참가하게 하여야 한다[가사소송규칙 제41조 제2항].

가정법원은 재산관리인을 반드시 개임하여야 하는 것이 아니므로[제23조], 개임하지 않고 유임을 시키면서 감독만 할 수도 있다. 이 경우 관리인의 권한과 관리방법은 부재자가 관리인을 두지 않은 경우와 같다. 처분행위를 하는 경우에는 가정법원의 허가를 받아야 한다[제25조].

부재자가 제한능력자이어서 그의 재산을 관리할 법정대리인이 있는 경우에는 따로 재산관리인을 둘 필요가 없기 때문에 부재자 규정이 적용될 여지가 없다. 부재자의 재산관리는 가정법원의 전속관할 사항이다[가사소송법 제2조 제1항 나 (1)2호, 제44조 2호].

(3) 재산관리의 종료(財産管理의 終了)

부재자가 후에 재산관리인을 정한 때에는 법원은 본인, 재산관리인, 이해관계인 또는 검사의 청구에 의하여 재산관리에 관하여 내려진 명령을 취소하여야 한다[제22조 제2항].

부재자가 스스로 자신의 재산을 관리하게 된 때 또는 부재자의 사망이 분명하게 되거나 실종선고가 있는 때에는 가정법원은 부재자 본인 또는 이해관계인의 청구에 의하여 종전의 처분명령을 취소하여야 한다[가사소송규칙 제50조]. 가정법원의 처분명령 취소는 장래를 향하여 효력이 생긴다[대법원 1970.1.27. 선고 69다719].

3. 실종선고(失踪宣告)

제27조(실종의 선고) ① 부재자의 생사가 5년간 분명하지 아니한 때에는 법원은 이해관계인이나 검사의 청구에 의하여 실종선고를 하여야 한다. ② 전지에 임한 자, 침몰한 선박 중에 있던 자, 추락한 항공기 중에 있던 자 기타 사망의 원인이 될 위난을 당한 자의 생사가 전쟁종지 후 또는 선박의 침몰, 항공기의 추락 기타 위난이 종료한 후 1년간 분명하지 아니한 때에도 제1항과 같다.

(1) 의의(意義)

부재자의 생사불명 상태가 오래 지속되는데도 부재자의 재산관계나 신분관계를 그대로 방치하여 두게 되면 부재자를 둘러싼 이해관계인(배우자 재혼, 재산상속)에게 불이익이 생길 수 있다. 민법은 이와 같은 불이익을 해소하기 위하여 일정한 요건하에 실종선고를 하고, 일정시기를 표준으로 사망한 것과 같은 효과를 발생하게 한다. 이것을 '실종선고제도'라고 한다.

(2) **요건(要件)**

가. 부재자의 생사불분명

부재자의 생사가 분명하지 않아야 한다. 즉, 생존도 사망도 증명할 수 없어야 한다. 부재자의 생사는 청구권자와 가정법원에만 불분명하면 된다.

나. 실종기간 경과

실종기간이 경과해야 한다. 즉, 생사불분명 상태가 일정기간 동안 계속되어야 하는데, 이를 '실종기간'이라고 한다. 실종은 보통실종과 특별실종으로 구분하는데, 특별실종은 사망의 가능성이 매우 높은 재난으로 인한 실종이다.

실종기간

■ **보통실종기간은 5년이다[제27조 제1항]**

보통실종기간의 기산점은 부재자가 살아있는 것을 증명할 수 있는 최후의 시기이다.

■ **특별실종기간은 1년이다[제27조 제2항]**

특별실종자는 전지에 임한 자, 침몰한 선박 중에 있던 자, 추락한 항공기 중에 있던 자, 기타 사망의 원인이 될 위난을 당한 자를 말한다. 특별실종기간의 기산점은, 전쟁이 종지한 때, 선박이 침몰한 때, 항공기가 추락한 때, 기타 위난(지진, 홍수)이 종료한 후부터이다. 전쟁이 종지한 때가 언제인가에 대해 학설은 강화조약을 체결한 때가 아니라 사실상 전쟁이 끝난 때 즉 항복선언, 정전선언, 휴전선언이 있는 때라고 본다.

다. 일정한 자의 청구

이해관계인이나 검사가 실종선고를 청구해야 한다[제27조 제1항, 제2항]. 여기서 '이해관계인'이란 실종선고에 의하여 권리를 취득하거나 의무를 면하게 되는 자로서, 부재자의 배우자, 추정상속인, 유증의 수증자, 연금채무자, 추정상속인의 채권자, 법정대리인, 부재자의 재산관리인, 생명보험금 수취인 등이다. 부재자의 채권자나 채무자가 이해관계인인지에 대하여는 견해가 나뉜다. 제1순위의 상속인이 있는 경우 제2순위의 상속인은 이해관계인이 될 수 없다[대결 1992.4.14. 92스4, 92스5]. 검사는 공익의 대표자로서 실종선고청구권자가 된다[상속세, 상속재산국가귀속 제1058조].

라. 공시최고

위의 요건을 갖추면 가정법원은 공시최고를 해야 한다. 공시최고는 6개월 이상 기간을 정하여 부재자 본인과 부재자의 생사를 아는 자가 신고하도록 공고하는 것이다[가사소송규칙 제53조~제55조, 제26조].

가사소송규칙

제54조(공시최고의 기재 사항) ① 공시최고에는 다음 사항을 기재하여야 한다.(2007.12. 31. 개정) 1. 청구인의 성명과 주소 2. 부재자의 성명, 출생연월일, 등록기준지 및 주소 3. 부재자는 공시최고 기일까지 그 생존의 신고를 할 것이며, 그 신고를 하지 않으면 실종의 선고를 받는다는 것 4. 부재자의 생사를 아는 자는 공시최고 기일까지 그 신고를 할 것 5. 공시최고 기일 ② 공시최고의 기일은 공고종료일부터 6월 이후로 정하여야 한다.

(3) 효과(效果)

실종선고가 확정되면 실종선고를 받은 자는 실종기간이 만료한 때에 사망한 것으로 본다[제28조]. 실종선고의 심판서에는 부재자가 사망한 것으로 간주(看做)되는 일자가 기재된다[가사소송규칙 제56조].

사망한 것으로 간주되므로, 반증을 들어 선고의 효과를 다투지 못하며, 실종선고를 취소하여야 한다. 즉 실종선고가 가정법원에 의해 취소되지 않는 한 사망의 효과는 그대로 존속한다.

실종선고는 종래의 주소나 거소를 중심으로 한 실종기간 만료시의 사법적 법률관계에 한하여 효력을 발생한다. 그러므로 실종자가 다른 곳에 살면서 한 법률관계는 실종선고의 효력이 미치지 않아 유효하고, 종래의 주소나 거소로 돌아와 새로운 사법적 법률관계가 발생한 경우에도 실종선고의 영향이 미치지 않는다.

실종선고제도는 사법적 법률관계에 한정되므로 선거권 같은 공법적 법률관계에는 영향을 미치지 않는다.

(4) 실종선고의 취소(失踪宣告의 取消)

실종선고가 있으면 실종자는 사망한 것으로 간주된다. 실종자가 살아서 돌아온다 해도 선고의 효과가 사라지는 것이 아니다. 이 경우 실종선고의 취소가 있어야 한다.

가. 실종선고 취소 요건

실종선고 취소의 요건은 다음 중 어느 하나의 증명이 있어야 한다.

실종선고 취소의 증명 사실

- 실종자가 생존하고 있다는 사실[제29조 제1항]
- 실종자가 실종기간이 만료된 때와 다른 시기에 사망한 사실[제29조 제1항]
- 실종기간의 기산점 이후의 어떤 시기에 생존하고 있었던 사실(민법에 규정은 없으나 이설 없음)

이 경우 본인 · 이해관계인 또는 검사의 청구가 있어야 한다[제29조 제1항]. 일정한 사실이 증명되었기 때문에 공시최고는 하지 않아도 된다. 이 요건을 갖추면 법원은 반드시 실종선고를 취소하여야 한다[제29조 제1항].

나. 실종선고 취소의 효과

① 원칙

실종선고가 취소되면 처음부터 실종선고가 없었던 것으로 된다. 즉 소급적 무효가 된다[제29조 제1항 단서]. 이 무효는 재산관계와 가족관계를 모두 포함한다. 실종자가 생존하고 있다는 사실로 실종선고가 취소된 경우에는 재산관계와 가족관계는 선고 전의 상태로 되돌아간다. 실종자가 실종기간이 만료된 때와 다른 시기에 사망한 사실로 실종선고가 취소된 경우에는 그 사망시기를 표준으로 법률관계가 확정된다. 실종기간의 기산점 이후의 어떤 시기에 생존하고 있었던 사실로 실종선고가 취소된 경우에는 선고 전의 상태로 되돌아간다. 이 때 이해관계인은 실종선고 요건에 따라 다시 실종선고를 청구할 수 있다.

② 예외

제29조 제1항에서는 "실종자의 생존한 사실 또는 전조의 규정과 상이한 때에 사망한 사실의 증명이 있으면 법원은 본인, 이해관계인 또는 검사의 청구에 의하여 실종선고를 취소하여야 한다. 그러나 실종선고 후 그 취소 전에 선

의로 한 행위의 효력에 영향을 미치지 아니한다."고 하여 소급효를 제한하는 단서규정을 두고 있다. 실종선고 취소의 소급효를 제한받는 경우로는 첫째, 법률행위가 실종선고 후 취소 전에 있어야 하며(실종기간 만료 후 선고 전에 있었던 행위는 보호대상이 아님), 둘째, 그 행위를 선의로 하였어야 한다. 이와 같은 요건을 갖춘 법률행위는 그대로 유효하다. 그리고 유효한 법률행위와 양립할 수 없는 구 관계는 부활하지 않는다. 실종선고취소의 선고가 있더라도 재산취득자에게 취득시효[제245조], 선의취득[제249조], 매장물발견[제254조], 부합[제256조] 등 다른 권리취득원인이 있는 경우에는 소유권 취득에 영향이 없다.

선의와 악의의 영향력

■ 단독행위의 경우 행위자가 선의이면 선고가 취소되어도 이전 행위의 효력에 영향을 미치지 않는다(통설). 상대방이 악의라도 행위자가 선의이면 그 행위는 유효하다.

■ 재산행위인 계약에서는 쌍방이 선의인 경우에만 선고가 취소되어도 영향을 받지 않는다(다수설). 다수설은 실종자 보호에 치중한다. 반면에 소수설은 각 관계 당사자별로 개별적 · 상대적으로 판단하여 선의자는 보호받고 악의자는 취득한 재산을 실종선고 취소를 받은 자에게 반환해야 한다고 한다. 소수설은 거래의 안전을 중시하는 견해다.

■ 가족법상 계약의 경우에는 당사자 쌍방이 선의일 경우에만 그 계약이 유효하다(통설). 그러므로 재혼 당사자의 일방이나 쌍방이 악의인 경우, 전혼이 부활되어 전혼에는 이혼사유[제840조 제1호]가, 후혼은 중혼이 되어 취소사유[제810조, 제816조, 제818조 전단]가 발생한다. 반면에 소수설은 민법 제29조 제1항 단서의 선의로 한 행위는 재산행위에 한하고, 가족법상의 행위에는 적용하지 않으며, 실종선고의 취소로 구혼은 부활하고 재혼은 선의 · 악의를 불문하고 중혼이 된다고 한다.

③ 이득의 반환범위

민법 제29조 제2항은 "실종선고의 취소가 있을 때에 실종의 선고를 직접원인으로 하여 재산을 취득한 자가 선의인 경우에는 그 받은 이익이 현존하는 한도에서 반환할 의무가 있고 악의인 경우에는 그 받은 이익에 이자를 붙여서 반환하고 손해가 있으면 이를 배상하여야 한다."고 규정하고 있다. 이 규정에 의하면 반환의무자는 실종선고를 직접원인으로 재산을 취득한 자, 즉 상속인, 수유자, 생명보험금 수령자 등에 한한다. 이들로부터 법률행위에 기한 전득자는 포함되지 않는다. 또한 반환의무자의 선의와 악의에 따라 반환범위를 달리 정하고 있는데, 선의자는 그 받은 이익이 현존하는 한도에서 반환하고, 악의자는 받은 이익에 이자를 추가하여 반환하며, 또 손해배상까지 해야 한다. 반환의무의 법적 성질은 부당이득의 반환이고 반환범위도 부당이득의 경우와 같다[제748조]. 그러므로 10년간 행사하지 않으면 소멸시효가 완성된다.

제3절 법인(法人)

I 법인 일반(法人 一般)

1. 법인의 의의(法人의 意義)

권리와 의무의 주체로는 사람인 자연인이 있다. 그런데 자연인이 아니면서 법에 의하여 권리능력이 부여된 것이 있는데 이를 '법인'이라고 한다. 법인으로는 일정한 목적을 위하여 결합한 사람의 단체인 사단에게 법인격을 부여한 사단법인과 일정한 목적을 위하여 출연된 재산인 재단에 대하여 법인격을 부여한 재단법인이 있는데, 민법은 사단법인과 재단법인에 관한 규정을 두고 있다.

민법이 법인제도를 규정하고 있는 이유는 사단이나 재단을 그 구성원과 별도로 법적 주체로 활동하게 하기 위함이다. 법인제도가 없다면 사단의 경우에는 사단의 구성원 각자가 법적 거래에 모두 참여해야 하는 번거로움이 생기고, 재단법인은 독자적인 활동이 불가능하기 때문이다. 사단과 유사한 것으로 조합이 있다. 사단은 구성원과 독립하여 단체 자체가 권리의 주체가 되는데 반해, 조합은 단체가 아닌 구성원 모두가 권리의 주체가 된다는 데 주된 차이가 있다. 민법은 조합을 법인으로 규율하지 않고 조합계약으로 규율하고 있다[제703조 · 제724조].

2. 법인의 본질(法人의 本質)

법인은 자연인이 아니면서 권리능력이 인정된다. 사람도 아니면서 권리능력이 인정되는 법인의 실체가 무엇인지에 대한 견해는 다양하다. 소위 '법인의 본질론'이 그것이다.

법인의 본질론

■ **법인의제설**

권리와 의무의 주체는 원래 자연인인 개인만이 될 수 있으나, 자연인 외에 권리와 의무의 주체가 되는 것은 법에 의하여 자연인으로 의제된 것이기 때문이라는 견해이다. 즉 법인은 자연인에 의제하여 만들어진 가상적 존재로 본다.

■ **법인실재설**

법인은 법에 의해 만들어진 것이 아니라, 자연인처럼 사회적 실체로 실재하고 있는 것을 법이 단지 승인한 것이라는 견해이다. 판례는 실재설의 입장에 있다[대법원 1978.2.28. 선고 77누155].

※ 법인의제설과 법인실재설 양쪽 견해는 법인은 자연인처럼 권리의 주체라는 것, 법률의 범위 내에서 권리능력이 인정되는 것, 법인은 구성원으로부터 독립된 권리의 주체라는 점에서 공통점을 보인다. 그러나 법인의 권리능력과 관련해서 제34조의 목적의 범위 내를 법인의제설은 엄격해석하는 반면, 법인실재설은 확장해석하는 태도를 보인다. 법인의 행위능력에 있어서는 법인과 대표기관의 관계를 법인의제설은 대리관계로 보나 법인실재설은 대표관계로 본다. 법인의 불법행위에 대해서도 법인의제설은 법인의 불법행위능력을 부정하고, 대표기관 개인의 책임만 인정되어야 하지만 피해자보호를 위해 법인의 불법행위책임을 인정하는 것이라고 한다. 반면에 법인실재설은 대표기관의 행위가 곧 법인의 행위이므로 법인의 불법행위책임은 당연히 인정된다고 한다.

3. 법인의 종류(法人의 種類)

법인은 공법인과 사법인, 영리법인과 비영리법인, 사단법인과 재단법인, 내국법인과 외국법인으로 나눌 수 있다.

(1) 공법인 · 사법인(公法人과 私法人)

공법인은 특정의 공공목적을 수행하기 위하여 공법에 의해 인성된 법인을 말한다. 넓은 의미(廣義)의 공법인에는 국가, 지방자치단체도 포함되나 일반적으로는 공공단체만을 공법인이라고 한다. 사법인이란 사적 목적을 위해 사법에 의해 설립된 법인이다.

공법인과 사법인을 구별하는 실익은 쟁송에 있어 공법인은 행정소송, 사법인은 민사소송으로 하며, 구성원으로부터 각종 부담을 징수하는 경우 공법인은 세법상의 강제징수절차에 의하고, 사법인은 민사집행법에 의한 민사집행에 의한다. 법인의 불법행위책임에 있어서는 공법인은 국가배상법에 의하여, 사법인은 민법에 의한다.

공법인과 사법인의 구별 기준

■ 공법인과 사법인의 구별 기준은 설립의 준거법이 공법인가 사법인가, 강제적으로 설립되었는가 임의적으로 설립되었는가, 법인이 누리는 권리가 공권인가 사권인가, 법인의 설립 목적이 공익목적인가 사익목적인가 등이다.

■ 지배적인 견해는 법인의 설립, 구성원의 가입이 강제되거나, 임원의 임명이 국가에 의하거나, 공무원으로 된 경우는 공법인으로 보고 그렇지 않으면 사법인으로 본다.

■ 그러나 농업협동조합, 한국은행, 한국주택공사, 노동조합, 사회복지법인처럼 공법인의 성질과 사법인의 성질을 모두 갖춘 중간적 성격의 법인도 있다. 여기서는 개개의 법률관계에 따라 적용 법규가 달라진다.

(2) 영리법인 · 비영리법인(營利法人과 非營利法人)

> 第32조(비영리법인의 설립과 허가) 학술, 종교, 자선, 기예, 사교 기타 영리 아닌 사업을 목적으로 하는 사단 또는 재단은 주무관청의 허가를 얻어 이를 법인으로 할 수 있다.
> 第39조(영리법인) ① 영리를 목적으로 하는 사단은 상사회사설립의 조건에 좇아 이를 법인으로 할 수 있다. ② 전항의 사단법인에는 모두 상사회사에 관한 규정을 준용한다.

사법인은 영리를 목적으로 하는 영리법인과 영리 아닌 사업을 목적으로 하는 비영리법인으로 나뉜다. 영리를 목적으로 한다는 것은 구성원(사원)의 이익을 목적으로 한다는 뜻이다. 그러므로 사업에 따른 영리를 사원에게 분배하면 영리법인이 될 것이고, 사업에 따른 영리를 분배하지 않는다면 영리사업을 해도 비영리법인이 될 것이다.

재단법인은 사원이 없어 영리법인이 될 수 없다. 영리법인은 사단법인만이 될 수 있다. 전형적인 것은 주식회사이나 이는 상법의 규율을 받는다. 영리재단법인은 인정되지 않는다. 비영리법인은 영리를 목적으로 하지 않는 사단법인, 재단법인이고 민법의 규율을 받는다.

민법 제32조에서는 비영리법인도 민법상 법인으로 규정하고 있으며, 「공익법인의 설립 · 운영에 관한 법률」은 민법 제32조의 비영리법인을 사회 일반의 이익에 이바지하기 위한 공익법인으로 본다[동법 제1조, 제2조, 제4조].

(3) 사단법인, 재단법인(社團法人, 財團法人)

사단법인은 일정한 목적을 위하여 결합한 사람의 단체에 법인격을 부여한 것이며, 재단법인은 일정한 목적에 바쳐진 재산에 법인격을 부여한 것이다.

사단법인은 사원총회에서 자율적으로 의사결정을 할 수 있으나, 사원이 없는 재단법인은 설립자의 의사에 구속된다. 재단법인은 모두 비영리법인이다[제32조]. 사람의 결합체로 사단 외에 조합이 있다. 조합은 계약의 법리에 기한 것으로 단체로서의 단일성보다 구성원의 개인성이 중시된다.

(4) 내국법인, 외국법인(內國法人, 外國法人)

내국법인(한국법인)이 아닌 것은 외국법인이다. 상법은 외국회사의 국내에서의 영업활동에 관하여 규정하고 있으나[상법 제614조~제621조], 민법은 외국법인의

내국법인과 외국법인의 구별 기준

■ **준거법설**
내국법에 의해 설립된 법인을 내국법인, 한국법에 의해 설립되지 않은 법인을 외국법인으로 본다.

■ **주소지설**
주된 영업소 소재지가 국내에 있는가 외국에 있는가에 따라 구별한다.

■ **설립자 국적표준설**
설립자가 외국인인가 내국인인가에 따라 구별한다.

■ **절충설**
준거법설과 주소지설을 고려하여 구별한다.

능력에 대해서 규정하고 있지 않다. 학설은 내·외국법인의 평등주의를 취하고 있는 것으로 본다.

Ⅱ 법인의 설립(法人의 設立)

법인도 권리능력을 가진다. 그런데 어떤 요건하에 권리 의무의 주체가 되는가가 문제이다. 민법은 "법인은 법률의 규정에 의함이 아니면 성립하지 못한다."고 하여[제31조], 법인법정주의(法人法定主義)를 취하고 있다.

법인설립의 입법주의

■ **자유설립주의**

법인의 설립에 아무런 제한을 두지 않고, 법인의 실질만 갖추면 당연히 법인으로 성립한다는 입법주의이다. 우리 민법은 "법인은 법률의 규정에 의함이 아니면 성립하지 못한다."고 하여 자유설립주의를 배제하고 있다.

■ **준칙주의**

법인의 설립에 관한 요건을 법률로 규정하고 그 요건을 충족하면 법인으로 성립한다는 입법주의이다. 준칙주의에서는 조직 내용의 공시를 위해 등기, 등록, 신고 등을 요하는 경우가 많다. 우리나라의 경우 회사[상법 제172조], 노동조합[노동조합 및 노동관계 조정법 제6조] 등은 준칙주의가 적용되고 있다.

■ **인가주의**

법률이 정한 요건을 갖추고 주무장관 기타 행정관청의 인가를 얻어야 법인으로 성립한다는 입법주의이다. 법무법인, 지방변호사회, 대한변호사협회, 상공회의소, 농업협동조합, 수산업협동조합, 여객자동차 운수사업조합 등은 인가주의에 의해 설립된다.

■ **허가주의**

법정요건을 갖추고 행정관청의 자유로운 재량에 의한 허가가 있어야 법인으로 성립한다는 입법주의이다. 민법은 비영리법인에 대하여 허가주의를 채택하고 있다[제32조]. 학교법인, 의료법인도 허가주의에 의한다.

■ **특허주의**

하나의 법인을 설립할 때마다 특별법의 제정을 필요로 하는 입법주의이다. 한국은행법, 도로공사법, 중소기업은행법, 대한석탄공사법, 한국가스공사법, 한국관광공사법, 한국철도공사법 등은 특허주의에 의한다.

■ **강제주의**

법인설립을 국가가 강제하는 것이다. 의사회, 대한약사회, 간호사회, 치과의사회, 조산사회 등은 강제주의에 의한다.

1. 법인의 설립에 관한 입법주의(法人의 設立에 關한 立法主義)

법인 설립에 관해서는 다양한 입법주의가 있다. 우리 민법은 법인의 목적과 기능에 따라 다양한 입법주의를 채택하고 있다.

2. 비영리 사단법인의 설립(非營利 社團法人의 設立)

제31조(법인성립의 준칙) 법인은 법률의 규정에 의함이 아니면 성립하지 못한다.
제32조(비영리법인의 설립과 허가) 학술, 종교, 자선, 기예, 사교 기타 영리 아닌 사업을 목적으로 하는 사단 또는 재단은 주무관청의 허가를 얻어 이를 법인으로 할 수 있다.
제33조(법인설립의 등기) 법인은 그 주된 사무소의 소재지에서 설립등기를 함으로써 성립한다.

비영리 사단법인을 설립하기 위해서는 목적의 비영리성, 설립행위(定款作成), 주무관청의 허가, 설립등기를 갖추어야 한다.

(1) 설립 요건(設立 要件)

가. 목적의 비영리성

비영리사단법인은 민법 제32조에서 "학술, 종교, 자선, 기예, 사교 기다 영리 아닌 사업을 목적으로 해야 한다."고 규정하고 있다. 영리 아닌 사업은 사원에게 사업에 따른 이익을 분배하지 못한다는 의미다. 목적을 달성하기 위한 부수적인 영리활동은 그것이 비영리 사단법인의 목적에 반하지 않는 한 할 수 있다.

나. 설립행위(정관작성)

사단법인을 설립하기 위해서는 2인 이상의 설립자가 법인의 근본규칙인 정관을 작성하고 기명날인을 해야 한다[제40조]. 정관을 작성하는 행위가 사단법인 설립행위이다. 사단법인 설립행위는 서면에 일정한 사항을 기재하고 기명날인을 해야 하는 요식행위이다.

정관의 기재사항에는 반드시 지재되어야 하는 필요적 기재사항과 임의로 기재할 수 있는 임의적 기재사항이 있다. 필요적 기재사항은 목적, 명칭, 사무소의 소재지, 자산에 관한 규정, 이사의 임면에 관한 규정, 사원자격의 득실에 관한 규정, 존립시기나 해산사유를 정하는 때에는 그 시기 또는 사유 등이다[제40조]. 임의적 기재사항은 제한이 없다[제41조, 제42조 제1항, 제58조 제2항, 제82조].

다. 주무관청의 허가

사단법인을 설립하기 위해서는 주무관청의 허가를 얻어야 한다[제32조]. 주무관청이란 법인이 목적으로 하는 사업을 관리하는 행정관청이다. 법인의 목적이 두 개 이상인 경우에는 어느 관청의 허가를 얻어야 하는지에 대해 견해가 대립한다. 이 경우 모든 관청의 허가를 받아야 한다는 것이 다수설의 견해이다. 실무상으로는 정관에 여러 가지 법인의 목적이 기재되어 있어도, 주된 목적을 관장하는 행정관청의 허가를 받는 것이 일반적인 관행이다. 허가의 성질과 다툼에 있어서도 견해가 나뉜다. 허가는 자유재량행위이고 불허가 처분은 행정소송의 대상이 되지 않는다는 견해, 사단법인의 성립요건을 갖추고 있는 한 주무관청은 반드시 허가하여야 하며 불허가에 대해서는 행정소송이 가능하다는 견해가 있다. 판례는 전자의 입장이다[1996.9.10. 95누18437].

라. 설립등기

법인은 그 주된 사무소의 소재지에서 설립등기를 함으로써 성립한다[제33조]. 이 등기는 권리능력을 취득하기 위한 요건, 즉 성립요건이다. 법인설립의 허가가 있는 때에는 3주간 내에 주된 사무소 소재지에서 설립등기를 하여야 한다[제49조 제1항]. 등기사항은 목적, 명칭, 사무소, 설립허가의 연 · 월 · 일, 존립시기, 해산사유를 정한 때에는 그 시기 또는 사유, 자산의 총액, 출자의 방법을 정한 때에는 그 방법, 이사의 성명, 주소, 이사의 대표권을 제한한 때에는 그 제한이다[제49조 제2항].

(2) 설립중의 사단법인(設立中의 社團法人)

설립중의 사단법인이란 법인의 실질은 가지고 있지만 아직 설립등기를 하지 않아 법인으로 되지 않은 사단을 말한다.

사단법인이 설립되는 과정을 보면, 1단계로 설립자들이 발기인 조합을 구성하고, 2단계로 정관을 작성하고, 3단계로 설립등기를 한다. 1단계에 있는 것이 설립자 조합(발기인 조합)인데, 이는 민법상 일종의 조합계약[제703조]이다. 이 조합은 법인설립에 필요한 여러 가지 준비행위를 하게 된다. 이 행위는 설립중의 행위와 구별되며 그 행위에 대해서는 조합 자체가 책임을 진다. 발기인 조합이나 발기인 개인이 취득한 권리나 의무의 부담은 발기인 조합, 발기인 개인에 속하기 때문에 이를 설립 후의 사단법인에 귀속시키기 위해서는 권리양도나 채무인수를 위한 별도의 이전행위가 있어야 한다[대법원 1990.12.26. 90누2536].

2단계로 설립자 조합이 정관을 작성하고 법인의 최초의 구성원을 확정하면 이때부터 설립중의 사단법인(권리능력 없는 사단)이 된다. 이 단계에서 발생한 권리와 의무가 특별한 이전행위 없이도 성립한 법인에 당연히 귀속되는가에 대하여 다툼이 있다.

설립중의 사단법인과 설립 후의 사단법인은 단지 등기가 있다는 차이가 있을 뿐 실질적으로 동일하므로 설립중의 사단법인의 행위는 설립 후의 사단법인의 행위로 된다는 견해가 있다. 또 설립중의 사단법인은 법인이 아니고 법인에 관한 규정이 유추적용되어야 하므로 설립중의 사단법인의 대표기관이 목적범위 내에서 한 행위만이 법인에 귀속된다고 보는 견해가 있다. 판례는 귀속의 범위에 관하여 설립 자체를 위한 비용에 한정하고 있다[대법원 1965.4.13. 64다1940].

3. 비영리 재단법인의 설립(非營利 財團法人의 設立)

비영리 재단법인의 설립요건도 비영리 사단법인과 마찬가지로 목적의 비영리성, 설립행위, 주무관청의 허가, 설립등기가 요건이다. 그러나 설립행위의 내용에서는 비영리 사단법인과 달리 재산출연에 차이가 있다.

(1) 설립 요건(設立 要件)

가. 목적의 비영리성

비영리 재단법인의 설립요건으로서 목적의 비영리성은 비영리 사단법인의 그

것과 같다.

나. 설립행위(재산출연 및 정관작성)

재단법인 설립자는 일정한 재산을 출연하고 정관을 작성해야 한다[제43조]. 재산출연과 정관작성이 재단법인의 설립행위이다. 재단법인의 설립행위는 요식행위이며, 상대방 없는 단독행위이다(다수설, 판례). 사단법인의 경우와는 달리 설립자가 1인이라도 상관없다. 그러나 설립자가 2인 이상인 경우에는 임의적 합동행위라는 소수설과 단독행위의 경합이라는 다수설이 있다. 재단법인의 설립행위는 생전처분으로 할 수 있고, 유언으로도 할 수 있다[제47조]. 착오를 이유로 출연의 의사표시를 취소할 수 있다[대법원 1999.7.9. 98다9045].

① 재산의 출연

설립자는 일정한 재산을 출연하여야 한다. 출연재산에는 제한이 없으므로 채권도 가능하다. 재산출연행위는 무상행위라는 점에서 증여, 유증과 비슷하므로 민법은 생전처분으로 재단법인을 설립하는 때에는 증여에 관한 규정을 준용하고[제47조 제1항], 유언으로 재단법인을 설립하는 때에는 유증에 관한 규정을 준용한다[제47조 제2항].

설립자가 출연한 재산이 언제 법인에 귀속되는가가 문제된다. 민법은 제48조 제1항에서 "생전처분으로 재단법인을 설립하는 때에는 출연재산은 법인이 성립된 때로부터 법인의 재산이 된다."고 규정하고, 같은 조 제2항에서는 "유언으로 재단법인을 설립하는 때에는 출연재산은 유언의 효력이 발생한 때로부터 법인에 귀속한 것으로 본다."고 규정한다. 법인의 성립 시기는 설립등기를 한 때이다. 유언의 효력이 발생하는 시기는 유언자가 사망한 때이므로 생전처분으로 인한 법인설립은 법인설립 등기시가 되고, 유언에 의한 법인설립은 유언자의 사망시에 법인에 귀속한다.

② 정관 작성

재단법인 설립자는 일정한 재산을 출연하는 것 외에도 정관을 작성하고 기명날인을 해야 한다[제43조]. 정관의 기재사항은 사단법인에서와 마찬가지로 필요적 기재사항과 임의적 기재사항이 있다. 재단법인은 사원이 없으므로 사원자격의 득실에 관한 규정은 해당사항이 아니다. 정관에 규정한 해산사유는 사단법인에 있어서는 필수적 기재사항이나, 재단법인에 있어서는 임의적 기재사항이다. 이를 제외한 나머지 사단법인의 필요적 기재사항인 목적, 명칭, 사무소의 소재지, 자산에 관한 규정, 이사의 임면에 관한 규정 등은 재단법인의 필요적 기재사항이다[제43조, 제40조]. 민법은 필요적 기재사항에 대해, 재단법인의 설립자가 필요적 기재사항 중 목적과 자산에 관한 규정을 정하고 있으며, 명칭, 사무소 소재지 또는 이사 임면의 방법을 정하지 아니하고 사망한 때에도 이해관계인 또는 검사의 청구에 의하여 법원이 이를 정하도록 하여 법인이 성립할 수 있도록 하고 있다[제44조].

다. 주무관청의 허가

비영리 재단법인을 설립하기 위해서는 주무관청의 허가를 얻어야 하는데, 이는 사단법인의 내용과 같다.

라. 설립등기

법인은 그 주된 사무소의 소재지에서 설립등기를 함으로써 성립하는데[제33조], 이는 사단법인의 내용과 같다.

(2) 설립중인 재단법인(設立 中인 財團法人)

재단법인 설립자가 재산을 출연하고 정관을 작성하면 설립중의 재단법인이 된다. 이 역시 사단법인에서와 같은 문제가 제기된다. 설립중의 재단법인과 후에 성립하는 재단법인은 동일성을 가지며 설립중의 재단법인이 행한 법률행위는 후에 성립한 재단법인의 행위로 된다.

판례는 재단법인의 설립자는 설립인가를 받기 위해 준비행위를 할 수 있고, 그에 따라 재산의 증여를 받거나 그 등기의 명의신탁을 할 수도 있으며, 이러한 법률행위의 효과는 법인의 성립시에 법인에 귀속된다고 한다[대법원 1973.2.28. 선고 72다2344 · 2345].

Ⅲ 법인의 능력(法人의 能力)

법인도 자연인처럼 권리능력, 행위능력, 불법행위능력을 가진다. 그러나 법인은 자연인과 본질적으로 다르기 때문에 자연인에게 인정되는 권리능력이 법인에게는 일정범위에서 제한된다.

법인이 권리를 취득하고 의무를 부담하는 경우, 그 주체, 행위의 범위가 어디까지인지 문제이다. 또한 법인의 불법행위는 그 주체가 누구인지, 어떤 행위에 대해 인정할 것인지가 문제된다. 법인의 능력에 관한 규정은 강행규정이다.

1. 법인의 권리능력(法人의 權利能力)

(1) 의의(意義)

민법은 제34조에서 "법인은 법률의 규정에 좇아 정관으로 정한 목적의 범위 내에서 권리와 의무의 주체가 된다."고 하고 있다. 이 규정에 의하면, 법인의 권리능력은 법률과 목적에 의해 제한된다. 이외에도 법인은 성질상 사람이 아니기 때문에 사람에게만 인정되는 성질의 권리능력은 제한을 받을 수밖에 없다.

(2) 권리능력의 제한(權利能力의 制限)

가. 법률에 의한 제한

법인의 권리능력은 법률에 의해 인정되므로 법인의 권리능력은 법률에 의해 제한된다[민법 제34조]. 그러나 법인의 권리능력을 일반적으로 제한하는 법률 규정은 없다. 다만 민법 제81조와 상법 제173조에서 개별적으로 제한하고 있다.

> 민법 제81조(청산법인) 해산한 법인은 청산의 목적범위 내에서만 권리가 있고 의무를 부담한다.
> 상법 제173조(권리능력의 제한) 회사는 다른 회사의 무한책임사원이 되지 못한다.

나. 목적에 의한 제한

법인의 목적은 정관에 기재되고 등기된다. 제34조에서 "법인은 법률의 규정에 좇아 정관으로 정한 목적의 범위 내에서 권리와 의무의 주체가 된다."고 규정하고 있는데, 이를 권리능력을 제한한 것이라는 견해(통설, 판례)와 목적에 의한 제한은 법인의 능력에 관한 것이 아니라 대표권의 제한에 관한 것으로 보는 견해(소수설)가 있다.

목적에 의한 제한을 법인의 권리능력 제한으로 본다면 목적의 범위를 어떻게 정할 것인지가 문제된다. 목적에 위반되지 않는 것을 모두 포함하는 것을 범위로 보는 견해, 목적달성에 직 · 간접적으로 필요한 것을 범위로 보는 견해가 있는데 판례는 전자의 입장이다[대법원 1987.9.8. 86다카1349].

다. 성질에 의한 제한

법인은 자연인이 가지는 성이나 친족관계는 가질 수 없다. 즉 생명권, 친권, 정조권의 주체가 될 수 없다. 민법은 상속인을 자연인에 한정하고 있으므로[제1000조~제1004조], 법인은 상속권의 주체가 될 수 없다. 그러나 법인에게 유증은 가능하다. 포괄유증으로 상속과 같은 효과를 낼 수 있다.

2. 법인의 행위능력(法人의 行爲能力)

법인이 권리를 얻고 의무를 부담하는 것은 자연인의 행위에 의한다. 그렇다면 법인의 누가 어떤 행위를 했을 때 법인의 행위로 되는가 하는 문제가 생긴다.

앞에서 언급했던 법인의 본질론과 관련하여 법인의제설에 의하면, 법인의 행위는 있을 수 없고, 법인이 권리 · 의무를 취득하는 것은 대리인의 행위에 의하게 된다. 반면에 법인실제설에 의하면 법인의 대표기관의 행위가 법인의 행위로 된다. 법인의 대표기관으로는 이사 · 임시이사 · 특별대리인 · 청산인 · 직무대행자 등이 있다. 대표는 대리보다 법인과 사이가 더욱 밀접하다. 그러나 대리와 유사하여 법인의 대표기관에 관해서는 대리의 규정이 준용된다[제59조 제2항]. 대표행위를 함에는 현명주의에 의해 일반적으로 '○○○법인 이사 k'라고 표시된다.

통설은 제34조가 권리능력을 제한하고 동시에 법인의 행위능력을 제한하는 것이라고 한다. 이러한 제한을 넘는 법인의 대표기관의 행위는 법인의 행위가 아니라 개인의 행위가 될 뿐이라고 한다.

법인은 스스로 완전한 법률행위를 할 수 있는 조직, 즉 사원총회, 이사, 감사 등의 기관이 있다. 그러므로 법인도 완전한 행위능력을 갖추고 있다고 할 수 있다. 법인의 행위능력에 대하여 의사능력의 불완전성을 문제 삼을 필요가 없기 때문에 법인은 권리능력이 있는 범위에서 행위능력을 가진다는 것이 통설의 견해다.

3. 법인의 불법행위능력(法人의 不法行爲能力)

(1) 의의(意義)

법인의 불법행위능력에 관하여 제35조 제1항에서는 "법인은 이사 기타 대표자가 그 직무에 관하여 타인에게 가한 손해를 배상할 책임이 있다. 이사 기타 대표자는 이로 인하여 자기의 손해배상책임을 면하지 못한다."고 규정하고 있는데, 이 규정은 법인의 불법행위능력을 규정한 것이다(통설).

제35조는 민법상 모든 법인에게 적용된다. 권리능력이 없는 사단에 대해서도 유추적용된다. 판례는 권리능력이 없는 사단인 종중[대법원 1994.4.12. 선고 92다49300], 노동조합[대법원 1994.3.25. 선고 93다32828 · 32835], 주택조합[대법원 2003.7.25. 선고 2002다27088]에게 불법행위책임을 인정하고 있다.

(2) 법인의 불법행위 요건(法人의 不法行爲 要件)

법인의 불법행위가 성립하기 위해서는 대표기관의 행위이어야 하고, 직무에 관한 행위이어야 하며, 불법행위의 일반적 성립요건을 갖추어야 한다.

가. 대표기관의 행위일 것

법인의 불법행위가 성립하려면 법인의 대표기관의 행위이어야 한다. 법인의 대표기관은 이사 · 임시이사 · 특별대리인 · 청산인 · 직무대행자 등이다. 대표기관이 아닌 지배인, 임의대리인이 한 행위에 대해서는 제35조의 법인의 불법행위가 성립하는 것이 아니라 제756조에 의한 사용자책임을 부담한다.

나. 직무에 관한 행위일 것

대표기관의 행위라고 하더라도 그 행위가 직무에 관한 행위가 아니라면 법인의 불법행위가 성립하지 않는다. 그것은 대표기관 개인의 행위가 될 뿐이다. 대표기관의 행위가 직무행위에 포함되는지의 판단기준은 외부에서 볼 때 대표기관의 직무행위라고 판단되면 충분하다. 즉 '외형이론'이 통설과 판례의 태도다.

법인의 대표기관이 자신의 이익을 꾀할 목적으로 대표권한을 남용하여 부정한 행위를 한 경우 판례는 이를 직무에 관한 행위가 된다고 하여 법인의 불법행위책임을 인정하고 있다[대법원 1990.3.23. 선고 89다카555]. 이에 관하여 표현대리에 관한 제126조를 우선 적용해야 한다는 견해, 제35조 제1항의 법인의 불법행위책임을 물어야 한다는 견해, 둘 다 가능하며 당사자의 선택에 맡기자는 견해가 있다.

다. 불법행위의 일반적 성립요건을 갖출 것

제35조 제1항은 제750조의 특별규정이므로 제750조에서 규정한 불법행위의 일반적 성립요건을 갖추어야 한다. 손해의 발생, 고의 · 과실로 인한 가해행위, 가해행위의 위법성, 가해행위와 손해발생 간의 인과관계 등이 요구된다.

(3) 효과(效果)

제35조 제1항 전문에 의하면, "법인은 이사 기타 대표자가 그 직무에 관하여 타인에게 가한 손해를 배상할 책임이 있다."고 하여 법인의 불법행위가 성립하면 법인은 피해자에게 손해배상책임을 진다. 제35조 제1항 후문은 "이사 기타 대표자는 이로 인하여 자기의 손해배상책임을 면하지 못한다."고 하여 대표기관 개인의 책임도 인정하고 있다. 피해자는 법인과 대표기관 개인에게 손해배상을 청구할 수 있고, 여기서 법인의 책임과 기관 개인의 책임은 부진정연대의 관계에 있다.

법인이 손해를 배상한 경우에 대표기관 개인에게 구상권을 행사할 수 있다[제65조 제61조].

법인의 불법행위가 성립하지 않는 경우에는 원칙적으로 대표기관 개인이 제750조에 의한 손해배상책임을 진다. 그러나 민법은 피해자 보호를 위해 제35조 제2항에서 "법인의 목적범위 외의 행위로 인하여 타인에게 손해를 가한 때에는 그 사항의 의결에 찬성하거나 그 의결을 집행한 사원, 이사 및 기타 대표자가 연대하여 배상하여야 한다."고 규정하고 있다.

Ⅳ 법인의 기관(法人의 機關)

법인은 독립된 권리의 주체이지만 법인 스스로 목적사업을 수행할 수 있는 것이 아니라 결국 자연인이 한다. 이때 자연인의 행위를 법인의 행위로 인정할 수 있는 법리가 요구되는데, 이를 '대표'라고 한다. 법률효과가 법인의 것으로 귀속되는 행위를 실제로 하는 사람을 '대표기관'이라 하고, 대표기관의 행위를 '대표행위'라고 한다. 따라서 대표기관의 행위는 법인의 행위가 된다.

법인의 기관에는 이사, 사원총회, 감사 등이 있다. 이사는 사단법인과 재단법인 모두에 있어 필수기관이며, 사원총회는 사단법인의 필수기관이며, 감사는 사단법인과 재단법인에 있어서 임의기관이다.

1. 이사(理事)

제57조(이사) 법인은 이사를 두어야 한다.
제58조(이사의 사무집행) ① 이사는 법인의 사무를 집행한다. ② 이사가 수인인 경우에는 정관에 다른 규정이 없으면 법인의 사무집행은 이사의 과반수로써 결정한다.
제59조(이사의 대표권) ① 이사는 법인의 사무에 관하여 각자 법인을 대표한다. 그러나 정관에 규정한 취지에 위반할 수 없고 특히 사단법인은 총회의 의결에 의하여야 한다. ② 법인의 대표에 관하여는 대리에 관한 규정을 준용한다.

(1) 이사의 지위(理事의 地位)

이사는 업무를 집행하는 상설필요기관으로서[제57조], 밖으로는 법인을 대표한다[제58조]. 사단법이이든 재단법인이든 반드시 이사를 두어야 한다.

이사의 수에는 제한이 없고[제58조 제2항], 정관에서 임의로 정할 수 있다[제40조, 제43조]. 이사는 자연인에 한하며, 자격상실이나 자격정지의 형을 받은 자는 이사가 될 수 없다[형법 제43조 제1항 4호].

(2) 이사의 임면 등(理事의 任免 등)

이사의 임면은 정관의 필요적 기재사항이다[제40조 제5호]. 이사선임의 법적 성질은 위임과 유사한 계약으로 본다(통설).

사임행위는 상대방 있는 단독행위이므로 사임의 의사표시는 수령 권한 있는 기관에 도달하면 효력이 생기고, 이사회의 결의나 관할관청의 승인 또는 법인의 승낙은 없어도 된다[대법원 2003.1.10. 선고 2001다1171]. 이사의 해임과 퇴임은 정관에 의한다. 그러나 정관에 규정이 없거나 있더라도 규정이 불충분한 경우에는 대리규정과 위임규정을 유추적용한다[제59조 제2항, 제127조, 제690조, 제691조].

이사의 성명 · 주소는 등기사항이다[제49조 제2항 8호]. 이를 등기하지 않으면 이사의 선임 · 해임 · 퇴임을 가지고 제3자에게 대항할 수 없다[제54조 제1항].

관련 판례

민법상 법인과 그 기관인 이사와의 관계는 위임자와 수임자의 법률관계와 같은 것으로서 이사의 임기가 만료되면 일단 그 위임관계는 종료되는 것이 원칙이고, 다만 그 후임 이사 선임시까지 이사가 존재하지 않는다면 기관에 의하여 행위를 할 수밖에 없는 법인으로서 당장 정상적인 활동을 중단하지 않을 수 없는 상태에 처하게 되므로 정관의 규정에 따라 또는 민법 제691조의 규정을 유추하여 구 이사로 하여금 법인의 업무를 수행케 함이 부적당하다고 인정할 만한 특별한 사정이 없고 종전의 직무를 구 이사로 하여금 처리하게 할 필요가 있는 경우에 후임 이사가 선임될 때까지 임기만료된 구 이사에게 이사의 직무를 수행할 수 있는 업무수행권이 인정된다[대법원 1996.1.26. 선고 95다40915 판결, 대법원 1996.12.10. 선고 96다37206 판결, 대법원 2010.6.24. 선고 2010다2107 판결 등 참조].

(3) 이사의 권한(理事의 權限)

이사는 대내적으로 법인의 사무를 집행하고 대외적으로 법인을 대표한다. 이사가 직무를 수행함에는 선량한 관리자의 주의로 해야 한다[제61조, 제681조]. 이 의무를 위반한 이사는 채무불이행을 이유로 손해배상책임을 지며, 여러 명의 이사가 임무를 해태한 때는 연대하여 배상책임을 진다[제65조].

가. 대내적 권한(직무집행권)

이사는 법인의 내부적 모든 사무를 집행한다[제58조 제1항]. 이사가 여러 명인 경우에는 정관에 다른 규정이 없으면 법인의 사무집행은 이사의 과반수로써 결정한다[제58조 제2항].

이사의 직무집행권(사무집행권)

■ **재산목록 작성**

이사는 법인이 성립한 때 및 매년 3월 내에 재산목록을 작성하여 사무소에 비치하여야 한다. 사업연도를 정한 법인은 성립한 때 및 그 연도 말에 이를 작성하여야 한다[제55조 제1항].

■ **사원명부 작성**

이사는 사원명부를 비치하고 사원의 변경이 있는 때에는 이를 기재하여야 한다[제55조 제2항].

■ **사원총회 소집**

이사는 매년 1회 이상 통상총회를 소집하여야 한다[제69조]. 이사는 필요하다고 인정한 때에는 임시총회를 소집할 수 있다[제70조 제1항].

■ **총회 의사록 작성**

이사는 총회의 의사에 관하여는 의사록을 작성하여야 한다[제76조 제1항]. 의사록에는 의사의 경과, 요령 및 결과를 기재하고 의장 및 출석한 이사가 기명날인하여야 한다[제76조 제2항]. 이사는 의사록을 주된 사무소에 비치하여야 한다[제76조 제3항].

■ **파산신청**

이사는 법인이 채무를 완제하지 못하게 된 때에는 지체 없이 파산신청을 하여야 한다[제79조].

■ **법인의 해산시 청산인이 됨**

법인이 해산한 때에는 파산의 경우를 제하고는 이사가 청산인이 된다. 그러나 정관 또는 총회의 결의로 달리 정한 바가 있으면 그에 의한다[제82조].

■ **등기**

이사는 각종의 법인등기를 하여야 한다.

나. 대외적 권한(대표권)

이사는 법인의 사무에 관하여 각자 법인을 대표한다[제59조 제1항]. 즉 이사는 단독으로 법인의 사무를 집행한다. 대표의 방식에는 대리에 관한 규정[제114조 이하]이 준용되므로[제59조 제2항], 의사표시에 있어 대표의 악의(惡意)는 법인의 악의가 되고[제116조 제1항], 대표행위에는 법인을 위한 것임을 표시해야 한다[제

114조 현명주의]. 권한을 넘은 표현대리[제126조]와 대리권 소멸 후의 표현대리 등 표현대리 규정과 권한이 없는 대표행위에 대해 무권대리 규정도 법인의 대표에 준용된다. 또한 정관 또는 총회의 의결로 제한하지 않은 사항에 대해서는 대리인을 둘 수도 있다[제62조]. 이사의 대표권은 법인의 모든 사무에 미치는 것이 원칙이다. 그러나 정관에 규정한 취지에 위반할 수 없고, 사단법인의 경우에는 총회의 의결에 의하여야 한다[제59조 제1항 단서].

다. 대표권의 제한

① 정관에 의한 제한

제59조 제1항 단서에 의하면 이사의 대표권은 정관이 정한 취지에 위반할 수 없다. 이 제한은 정관에 기재하지 않으면 효력이 없고[제41조], 등기하지 않으면 제3자에게 대항하지 못한다[제60조]. 여기서 '대항하지 못한다'는 것은 제3자가 선의인 경우에 한하는가에 대해 학설의 대립이 있다. 등기되지 않으면 악의의 제3자에게도 대항할 수 없다는 견해와 등기되지 않아도 악의의 제3자에게는 대항할 수 있다는 견해가 있다. 판례는 등기하지 않으면 제3자가 선의인가 악의인가의 구분 없이 대항할 수 없다는 입장이다[대법원 1992.2.14. 선고 91다24564].

② 사원총회의 의결에 의한 제한

제59조 제1항 단서를 근거로 사단법인 이사의 대표권은 사원총회의 의결에 의해서도 제한할 수 있고 이 제한은 정관에 기재될 필요는 없으나 등기되어야 제3자에게 대항할 수 있다[제60조]는 것이 통설이다. 그러나 사원총회에 의한 대표권의 제한은 원칙적으로 대내적 제한에 불과하며, 제41조에 비추어 대외적 제한은 정관에 기재하지 않으면 효력이 없다고 주장하는 견해도 있다.

③ 법인과 이사의 이해상반 사항

법인과 이사의 이익이 상반되는 사항이 있을 때 이사는 대표권이 없다. 이때는 이해관계인이나 검사의 청구에 의해 특별대리인을 선임하여야 한다[제

64조]. 이 사항에서는 특별대리인이 법인을 대표한다. 통설은 다른 이사가 있는 경우에는 특별대리인을 선임할 필요가 없다고 한다.

④ 복임권의 제한

복임권은 이사의 대리인 선임권을 말한다. 이사는 자신이 대표권을 행사하여야 한다. 따라서 복임권이 없는 것이 원칙이다. 그러나 이사는 정관 또는 총회의 결의로 금지하지 아니한 사항에 한하여 타인으로 하여금 특정한 행위를 대리하게 할 수 있다[제62조].

2. 임시이사(臨時理事)

이사가 없거나 결원이 있는 경우에 이로 인하여 손해가 생길 염려가 있는 때에는 법원은 이해관계인이나 검사의 청구에 의하여 임시이사를 선임하여야 한다[제63조]. 임시이사는 이사가 선임될 때까지 한시적으로 이사와 동일한 권한을 가지는 법인의 대표기관이며, 이사가 선임되면 임시이사의 권한은 소멸한다.

3. 특별대리인(特別代理人)

법인의 이익과 이사의 이익이 상반하는 사항에 관하여 이사는 대표권이 없으며, 이 경우 이해관계인 또는 검사의 청구에 의하여 법원이 선임한 특별대리인이 법인을 대표한다[제64조].

4. 직무대행자(職務代行者)

직무대행자는 이사의 선임행위에 흠결이 있는 경우 이해관계인의 신청에 의해 법원이 가처분으로 선임하는 임시기관이다. 직무대행자는 가처분명령에 다른 정함이 있는 경우 외에는 법인의 통상사무에 속하지 아니한 행위를 하지 못한다. 다만, 법원의 허가를 얻은 경우에는 그러하지 아니하다[제60조의2 제1항]. 직무대행자가 위 규정에 위반되는 행위를 한 경우에 법인은 선의의 제3자에 대하여 책임을 진다[제60조의2 제2항].

가처분재판에 의하여 법인 혹은 비법인사단 등의 대표자의 직무를 대행하는 자를 선임한 경우에 그 직무대행자는 단지 피대행자의 직무를 대행할 수 있는 임시의 지위에 놓여 있음에 불과하므로, 위 법인 등을 종전과 같이 그대로 유지하면서 관리하는 한도 내의 통상업무에 속하는 사무만을 행할 수 있을 뿐, 피대행자의 후임자 선출 등 위 법인 등의 근간인 임원진의 구성 자체를 변경하는 것은 가처분재판에 다른 정함이 있거나 법원의 허가를 받은 경우에 한해 허용이 된다 할 것이다[대법원 1995.4.14. 선고 94다12371 판결, 대법원 2000.2.11. 선고 99두2949 판결 등 참조]. 그런데 위 법인 등의 대표자의 직무대행자의 권한은 특별한 사정이 없는 한 통상의 사무로 제한되더라도 그 법인 등의 총회 자체의 권한마저 통상의 사무로 제한되는 것은 아니므로 적법한 절차에 따라 소집된 그 법인 등의 총회에서 피대행자의 해임 및 후임자의 선출 등의 결의는 자유롭게 할 수 있는 것이고, 이와 같이 선임된 후임자의 권한은 직무대행자와 달리 통상의 사무로 제한되는 것은 아니다[대법원 2005.1.29. 2004그113 결정 참조]. 다만, 법인 등 대표자의 직무대행자가 선임된 상태에서 피대행자의 후임자가 적법하게 소집된 총회의 결의에 따라 새로 선출되었다 해도 그 직무대행자의 권한은 위 총회의 결의에 의하여 당연히 소멸하는 것은 아니므로 사정변경 등을 이유로 가처분결정이 취소되지 않는 한 직무대행자만이 적법하게 위 법인 등을 대표할 수 있고, 총회에서 선임된 후임자는 그 선임결의의 적법 여부에 관계없이 대표권을 가지지 못한다[대법원 1992.5.12. 선고 92다5638 판결, 대법원 2004.7.22. 선고 2004다13694 판결 등 참조, 대법원 2010.02.11. 선고 2009다70395 판결].

4. 사원총회(社員總會)

(1) 사원총회의 지위(社員總會의 地位)

사원총회는 사단법인의 전체 사원으로 구성되는 의사결정기관이다. 재단법인에는 사원이 없으므로 사원총회도 없다. 재단법인의 최고의사는 정관에 규정된다.

(2) 사원총회의 종류(社員總會의 種類)

가. 통상총회

통상총회는 매년 1회 이상 일정한 시기에 소집된다[제68조]. 통상총회의 소집시기는 정관에 정함이 보통이나, 정관에 규정이 없으면 총회에서 결의할 수 있고, 총회의 결의가 없으면 이사가 임의로 정할 수 있다(통설).

나. 임시총회

임시총회는 사단법인의 이사가 필요하다고 인정한 때[제70조 제1항], 감사가 재산상황 또는 업무집행에 관하여 부정, 불비한 것이 있음을 발견하고 이를 보고할 필요가 있는 때[제67조 제4호], 총사원의 5분의 1 이상으로부터 회의의 목적사항을 제시하여 청구한 때[제70조 제2항]에 열린다. 총사원의 5분의 1이라는 수는 정관에서 증감할 수 있으며[제70조 제2항 후문], 소수사원의 총회 소집권은 박탈하지 못한다(통설). 이것을 '소수사원권'이라고 한다. 소수사원권에 기한 총회소집을 청구하였으나 청구 후 2주간 내에 이사가 총회소집의 절차를 밟지 아니한 때는 청구한 사원이 법원의 허가를 얻어 스스로 총회를 소집할 수 있다[제70조 제3항].

(3) 총회의 소집(總會의 召集)

총회의 소집은 1주간 전에 그 회의의 목적사항을 기재한 통지를 발하고 기타 정관에 정한 방법에 의하여야 한다[제71조]. 1주간의 기간은 단축하지 못하지만 정관에서 적당하게 연장하는 것은 가능하다(통설). 소집절차가 법률이나 정관에 위배되면 사원총회의 결의는 무효로 본다[대법원 1977.2.28. 선고 95다44986].

(4) 사원총회의 결의(社員總會의 決議)

사단법인의 사무는 정관으로 이사 또는 기타의 임원에게 위임한 사항 외에는 모두 사원총회의 결의에 의하여야 한다[제68조]. 사원총회의 결의라고 하더라도 강행법규나 사회질서, 법인의 본질에 반하는 결의는 할 수 없다. 정관의 변경[제42조]과 임의해산[제77조 제2항]은 총회의 전권사항이며, 이 권한은 정관에 의해서도 박탈할 수 없다.

총회를 성립시키는 구성원에 대하여는 민법에 규정이 없다. 정관에 의하는 것이 보통이나 정관에도 규정되지 않는 경우에는 2인 이상의 출석으로 족하다는 견해와 과반수의 출석을 요한다는 견해가 있다.

총회는 정관에 다른 규정이 없는 때에는 통지한 사항에 관하여서만 결의할 수 있다[제72조]. 의결권의 행사는 서면이나 대리인으로 행사할 수 있고[제73조 제2

항], 각 사원의 의결권은 평등하다[제73조 제1항]. 그러나 정관으로 달리 정할 수도 있다[제73조 제3항].

사단법인과 어느 사원의 관계사항을 의결하는 경우에 그 사원에게는 결의권이 없다[제74조]. 총회의 결의는 민법 또는 정관에 다른 규정이 없으면 사원 과반수의 출석과 출석사원의 결의권의 과반수로써 한다[제75조 제1항]. 정관변경의 경우에는 총사원 3분의 2 이상의 동의가 있어야 한다. 그러나 정관에 다른 규정이 있는 때에는 그 규정에 의한다[제42조 제1항]. 정관의 변경은 주무관청의 허가를 얻지 아니하면 그 효력이 없다[제42조 제2항]. 임의해산은 총사원 4분의 3 이상의 동의를 요한다[제78조]. 그러나 정관에 다른 규정이 있는 때에는 그 규정에 의한다[제78조 단서].

5. 감사(監事)

감사는 법인의 내부에서 이사의 사무집행을 감독하는 기관이다. 법인은 정관 또는 총회의 결의로 감사를 둘 수 있다[제66조].

감사의 직무는 제67조에서 규정하고 있는데, 법인의 재산상황을 감사하는 일, 이사의 업무집행의 상황을 감사하는 일, 재산상황 또는 업무집행에 관하여 부정, 불비한 것이 있음을 발견한 때에는 이를 총회 또는 주무관청에 보고하는 일, 보고를 하기 위하여 필요 있는 때에는 총회를 소집하는 일 등이다.

감사도 위임에 관한 제681조를 유추적용하여 선량한 관리자의 주의로 직무를 수행하며, 이를 위반하면 채무불이행을 이유로 손해배상책임을 진다[제390조].

V 법인의 주소(法人의 住所)

법인의 주소는 그 주된 사무소의 소재지에 있는 것으로 한다[제36조]. 법인설립의 허가가 있는 때에는 3주간 내에 주된 사무소 소재지에서 설립등기를 하여야 한다[제49조 제1항].

설립등기 이외의 등기사항은 그 등기 후가 아니면 제3자에게 대항하지 못하며

[제54조 제1항], 등기한 사항은 법원이 지체 없이 공고하여야 한다[제54조 제2항].

Ⅵ 정관변경(定款變更)

정관변경이란 법인의 동일성을 유지하면서 조직을 변경하는 것을 말한다. 사단법인의 정관은 사원총회에서 결의에 의해 변경이 가능하다. 그러나 재단법인에서는 설립자에 의해 정해진 목적이 있으므로, 원칙적으로는 정관변경이 불가능하다.

1. 사단법인의 정관변경(社團法人의 定款變更)

사단법인의 정관변경은 사원총회의 의결과 주무관청의 허가가 있어야 한다. 사단법인의 정관은 총사원 3분의 2 이상의 동의가 있는 때에 한하여 이를 변경할 수 있는데, 총사원의 3분의 2는 정관에서 달리 정할 수 있고 정관의 규정이 우선한다[제42조 제1항]. 정관의 변경은 주무관청의 허가를 얻어야 효력이 있다[제42조 제2항]. 정관변경이 등기사항이라면 등기하여야 제3자에게 대항할 수 있다[제54조]. 정관에 정관변경을 할 수 없다는 규정이 있더라도 법인의 동일성을 해하지 않고, 사단법인의 본질에 반하지 않으면 총사원의 동의로 정관변경이 가능하다(통설).

2. 재단법인의 정관변경(財團法人의 定款變更)

재단법인의 정관변경은 원칙적으로 할 수 없고 정관의 변경방법이 정관에 규정되어 있는 경우와 목적달성이 불가능한 경우, 기본재산을 처분할 경우에 예외적으로 인정된다.

재단법인의 정관은 그 변경방법을 정관에 정한 때에 변경할 수 있다[제45조 제1항]. 이때에는 주무관청의 허가가 있어야 정관변경의 효력이 생기며[제45조 제3항, 제42조 제2항], 등기하여야 제3자에게 대항할 수 있다[제54조 제3항]. 재단법인의 목적달성 또는 그 재산의 보전을 위하여 적당한 때에는 명칭 또는 사무소의 소재지를 변경할 수 있다[제45조 제2항]. 이 경우 주무관청의 허가가 있어야 하고, 등기가 있어야 제3자에게 대항할 수 있다. 재단법인의 목적을 달성할 수 없는 때에는 설립자나 이사는 주무관청의 허가를 얻어 설립의 취지를 참작하여 그 목적 기타 정관의 규정을 변경할 수 있다[제46조].

재단법인의 실체는 기본재산이다. 법원은 기본재산을 처분하는 경우에 이는 정관변경에 해당하고 주무관청의 허가가 있어야 효력을 발생한다고 한다[대법원 1974.6.11. 선고 73다1975]. 기본재산을 증가시키는 경우도 기본재산을 처분하는 경우와 같다[대법원 1978.7.2. 선고 78다783].

Ⅶ 법인의 소멸(法人의 消滅)

자연인은 사망한 때 권리능력을 상실한다. 반면에 법인은 소멸한 때 권리능력을 상실한다. 법인의 소멸은 일정한 절차를 거치게 되는데, 먼저 해산절차를 거치고 청산절차로 들어간다. 청산이 마무리된 때 법인은 소멸된다.

1. 해산(解散)

> 제77조(해산사유) ① 법인은 존립기간의 만료, 법인의 목적의 달성 또는 달성의 불능 기타 정관에 정한 해산사유의 발생, 파산 또는 설립허가의 취소로 해산한다. ② 사단법인은 사원이 없게 되거나 총회의 결의로도 해산한다.

(1) 의의(意義)

해산이란 법인이 본래의 목적을 달성하기 위하여 하는 적극적인 활동을 멈추고 청산절차로 들어가는 것을 말한다. 법인의 해산사유는 사단법인과 재단법인 양자에 공통적인 것이 있고 사단법인에 특별한 해산사유가 있다.

(2) 법인의 공통 해산 사유(法人의 共通 解散 事由)

법인은 존립기간 만료, 법인의 목적의 달성 또는 달성의 불능 기타 정관에 정한 해산사유 발생, 파산 또는 설립허가 취소로 해산한다[제77조 제1항].

법인의 공통 해산 사유

■ **존립기간 만료**

법인의 존립기간을 정관에 규정한 경우에 존립기간의 만료로 법인은 해산한다.

■ **법인의 목적 달성**

법인의 목적이 달성된 경우에도 법인은 해산한다. 목적의 달성은 사회관념에 의한다.

■ **법인의 목적달성 불능**

법인의 목적달성이 불가능한 경우에도 법인은 해산한다. 목적달성의 불능도 사회관념에 의한다. 목적달성이 불가능하더라도 정관을 변경하여 법인을 존립시킬 수 있다[제42조, 제45조 제2항].

■ **정관에 정한 해산사유 발생**

정관에 규정한 해산사유는 사단법인에 있어서는 필수적 기재사항이고, 재단법인에 있어서는 임의적 기재사항이다. 해산사유가 발생한 경우 법인은 해산한다.

■ **파산**

법인이 채무를 완제하지 못하게 된 때에는 이사는 지체 없이 파산신청을 하여야 한다[제79조]. 자연인은 지급불능이 파산원인이나[채무자 회생 및 파산에 관한 법률 제305조 제1항], 법인의 파산원인은 단지 부채의 총액이 자산의 총액을 초과하는 것으로 충분하다[채무자 회생 및 파산에 관한 법률 제306조 제1항].

■ **설립허가 취소**

법인이 목적 이외의 사업을 하거나 설립허가의 조건에 위반하거나 기타 공익을 해하는 행위를 하면 주무관청은 그 허가를 취소할 수 있다[제38조]. 설립허가가 취소되는 경우에 취소 효과는 소급효가 없다.

(3) 사단법인 특유의 해산 사유(社團法人 特有의 解散 事由)

사단법인 특유의 해산사유는 사단법인에 사원이 없게 된 경우, 총회에서 해산을 결의한 경우이다[제77조 제2항]. 총회의 결의로 해산하는 경우를 '임의해산'이라고 하는데, 이는 총회의 전권사항이다. 해산결의는 총사원의 4분의 3 이상의 동의를 요하나, 정관에서 다르게 규정하면 그에 따른다[제78조].

2. 청산(清算)

(1) 의의(意義)

청산이란 법인이 소멸할 때까지 해산한 법인에 잔존하는 사무와 재산을 정리하는 절차를 말한다. 법인이 파산에 의하여 해산하는 경우에는 「채무자 회생 및 파산에 관한 법률」이 정하는 절차에 의하고, 파산 외의 원인에 의하여 해산하는 경우에는 민법이 정하는 절차에 의해 청산절차를 밟는다. 법인의 청산절차에 관한 규정은 제3자의 이해관계에 중대한 영향을 미치게 되므로 강행규정으로 본다[대법원 2000.1.28. 선고 98두5279].

(2) 청산법인의 능력(清算法人의 能力)

청산법인은 청산의 목적범위 내에서만 권리가 있고 의무를 부담한다[제81조]. '청산의 목적범위 내'란 청산 목적과 직접 관련된 행위에만 국한할 것이 아니라, 널리 청산 목적과 관련이 있는 행위도 포함되는 것으로 본다(통설). 청산의 목적범위를 벗어난 행위는 무효가 된다[대법원 1980.4.8 선고 79다2036].

(3) 청산법인의 기관(清算法人의 機關)

청산법인이라도 해산 전의 법인과 동일성을 가진다. 법인의 기관이 그대로 유지되나 단지 해산 전의 이사에 갈음하여 청산인이 청산법인의 업무집행권과 대표권을 갖는다. 이사에 관한 규정들이 청산인에게 준용된다[제96조].

파산을 원인으로 법인이 해산한 경우를 제하고는 이사가 청산인이 된다. 그러나 정관 또는 총회의 결의로 달리 정한 바가 있으면 그에 따른다[제82조]. 이때 청산인이 될 자가 없거나 청산인의 결원으로 인하여 손해가 생길 염려가 있는 때에는 법원은 직권 또는 이해관계인이나 검사의 청구에 의하여 청산인을 선임할 수 있다[제83조]. 그리고 중요한 사유가 있는 때에는 법원은 직권 또는 이해관계인이나 검사의 청구에 의하여 청산인을 해임할 수 있다[제84조].

(4) 청산인의 직무(清算人의 職務)

가. 해산의 등기와 신고

파산의 경우가 아니라면, 청산인은 취임 후 3주간 내에 해산사유 및 연·월·일, 청산인의 성명 및 주소와 청산인의 대표권을 제한한 때에는 그 제한을 주된 사무소 및 분사무소 소재지에서 등기하여야 하고[제85조 제1항], 이를 주무관청에 신고하여야 한다[제86조 제1항]. 등기한 사항에 변동이 생기면 3주간 내에 변경등기를 해야 한다[제85조 제2항]. 청산중에 취임한 청산인은 그 성명 및 주소를 신고하면 된다[제86조 제2항]. 파산에 의한 청산의 경우에는 법원사무관 등이 등기를 촉탁하고, 법원이 주무관청에 통지를 하게 되므로[채무자 회생 및 파산에 관한 법률 제23조, 제314조], 청산인이 이를 하지 않아도 된다.

나. 현존사무 종결

청산인은 법인이 처리하지 않고 남은 사무를 처리한다. 남은 사무는 법률행위인 경우가 대부분이나 반드시 법률행위에 한하지는 않는다. 해산 전에 체결된 계약이 이행되지 않은 경우에 이를 이행하는 것도 현존사무의 종결에 포함된다.

다. 채권의 추심

청산인은 변제기가 도래한 채권을 추심한다. 변제기에 이르지 않은 채권이나 조건부 채권처럼 즉시 추심할 수 없는 채권은 양도 기타 환가처분 등으로 처리한다[제87조 제1항 2호].

특별한 현금화 방법[민사집행법 제241조 제1항]

압류된 채권이 조건 또는 기한이 있거나, 반대의무의 이행과 관련되어 있거나 그 밖의 이유로 추심하기 곤란할 때에는 법원은 채권자의 신청에 따라 다음 각 호의 명령을 할 수 있다. 1. 채권을 법원이 정한 값으로 지급함에 갈음하여 압류채권자에게 양도하는 양도명령 2. 추심에 갈음하여 법원이 정한 방법으로 그 채권을 매각하도록 집행관에게 명하는 매각명령 3. 관리인을 선임하여 그 채권의 관리를 명하는 관리명령 4. 그 밖에 적당한 방법으로 현금화하도록 하는 명령

라. 채무 변제

채무변제[제87조 제1항 제2호]는 청산인이 취임한 날로부터 2월 내에 3회 이상을 공고하고, 채권자에 대하여 2월 이상의 기간을 정하고 그 기간 내에 채권을 신고하도록 최고하여야 한다[제88조 제1항]. 공고내용에는 채권자가 정한 기간 내에 신고하지 아니하면 청산으로부터 제외된다는 것이 표시되어야 한다. 이때 공고는 등기사항의 공고와 동일한 방법으로 하여야 한다[제88조 제2항, 제3항]. 청산인은

알고 있는 채권자에게 대하여는 개별적으로 채권을 신고하도록 최고하는데, 청산인이 이미 알고 있는 채권자는 신고를 하지 않았더라도 청산으로부터 제외하지 못한다[제89조]. 청산인은 채권신고기간중에는 채권자에 대하여 변제하지 못한다[제90조 본문]. 채권신고기간중에 채권자에게 변제를 하게 되면 지급불능상태가 되어 다른 채권자들에게 불이익이 되기 때문이다. 그러나 법인은 채권자에 대한 지연손해배상의 의무를 면하지 못한다[제90조 단서]. 청산중의 법인은 변제기에 이르지 아니한 채권에 대하여도 변제할 수 있다[제91조 제1항]. 청산사무의 신속한 종결을 위하여 기한의 이익을 포기하고 변제가 가능하도록 규정한 것이다. 변제하는 경우 조건 있는 채권, 존속기간의 불확정한 채권, 기타 가액의 불확정한 채권에 관하여는 법원이 선임한 감정인의 평가에 의하여 변제하여야 한다[제91조 제2항]. 청산으로부터 제외된 채권자는 법인의 채무를 완제한 후 귀속권리자에게 인도하지 아니한 재산에 대하여서만 변제를 청구할 수 있다[제92조].

마. 잔여재산 인도

청산이 종료되고 잔여재산이 있는 경우에는 귀속자에게 인도되는데, 우선 정관으로 지정한 자에게 귀속된다[제80조 제1항]. 정관으로 귀속권리자를 지정하지 아니하거나 이를 지정하는 방법을 정하지 아니한 때에는 이사 또는 청산인은 주무관청의 허가를 얻어 그 법인의 목적에 유사한 목적을 위하여 그 재산을 처분할 수 있다. 그러나 사단법인에 있어서는 총회의 결의가 있어야 한다[제80조 제2항]. 이렇게 하고도 남은 재산은 국고에 귀속된다[제80조 제3항]. 비영리법인은 특성상 남은 재산이 있더라도 원칙적으로 구성원에게 분배되지 않는다. 반면에 영리법인에서는 주주의 주식 수에 비례하여 주주에게 분배된다[상법 제538조].

바. 파산신청

청산중에 법인의 재산이 채무를 완제하기에 부족한 것이 분명하게 된 때에는 청산인은 지체 없이 파산선고를 신청하고 이를 공고하여야 한다[제93조 제1항]. 이때 공고는 제88조 제3항의 규정을 준용한다[제93조 제3항]. 법인이 파산하고 파산관재인이 정해지면, 청산인은 파산관재인에게 그 사무를 인계함으로써 그 임무가 종료된다[제93조 제2항]. 종료되는 임무는 파산재단에 속하는 권리의무에 한정되며, 그 외의 사항은 청산인에게 존속한다(통설).

사. 청산종결의 등기와 신고

청산이 종결된 때에는 청산인은 3주간 내에 이를 등기하고 주무관청에 신고하여야 한다[제94조]. 그러나 청산종결의 등기가 된 경우라도 청산사무가 종결되지 않은 경우에는 청산법인은 존속한다고 보아야 하며[대법원 1980.4.8. 선고 79다2036, 대법원 2003.2.11. 선고 99다66427, 73371], 청산법인으로서의 당사자능력도 유지한다[대법원 1997.4.22. 선고 79다3408].

Ⅷ 법인의 등기(法人의 登記)

1. 법인의 공시(法人의 公示)

법인은 권리의무의 주체가 되므로 법인과 거래하는 제3자는 법인의 존재나 조직, 그리고 재산상태를 알아야 불측의 손해를 피할 수 있다. 이처럼 법인과 거래하는 제3자를 보호하기 위하여 법인의 목적과 기관 등을 공부에 기재하여 공시하도록 한 것이 법인의 등기제도이다.

비송사건절차법은 제60조에서 제67조까지 법인등기의 절차를 규정하고 있다.

2. 법인등기의 종류(法人登記의 種類)

(1) 설립등기(設立登記)

설립등기는 주무관청으로부터 법인설립의 허가가 있는 때에는 3주일 이내에 주사무소 소재지에서 등기하여야 한다[제49조 제1항]. 설립등기는 법인의 성립요건이므로 법인은 설립등기를 함으로써 비로소 성립한다. 법인의 등기 중 설립등기만이 법인의 성립요건이고[제33조], 기타 등기는 대항요건이다[제54조 제1항]. 등기한 사항은 법원이 지체 없이 공고하여야 한다[제54조 제2항].

(2) 분사무소 설치등기(分事務所 設置登記)

법인이 분사무소를 설치한 때에는 주사무소 소재지에서는 3주간 내에 분사무소를 설치한 것을 등기하고, 그 분사무소 소재지에서는 같은 기간 내에 제49조 제2항의 사항을 등기하고, 다른 분사무소 소재지에서는 같은 기간 내에 그 분사무소를 설치한 것을 등기하여야 한다[제50조 제1항]. 주사무소 또는 분사무소의 소재지를 관할하는 등기소의 관할구역 내에 분사무소를 설치한 때에는 제50조 제1항의 기간 내에 그 사무소를 설치한 것을 등기하면 된다[제50조 2항].

(3) 사무소 이전등기(事務所 移轉登記)

법인이 그 사무소를 이전하는 때에는 구 소재지에서는 3주간 내에 이전등기를 하고 신 소재지에서는 동 기간 내에 제49조 제2항에 기재된 사항을 등기하여야 한다[제51조 제1항]. 동일한 등기소의 관할구역 내에서 사무소를 이전한 때에는 그 이전한 것을 등기하면 된다[제51조 제2항].

(4) 변경등기(變更登記)

설립등기사항[제49조 제2항] 중에 변경이 있는 때에는 3주간 내에 변경등기를 하여야 한다[제52조].

이사의 직무집행을 정지하거나 직무대행자를 선임하는 가처분을 하거나 그 가처분을 변경 · 취소하는 경우에는 주사무소와 분사무소가 있는 곳의 등기소에서 이를 등기하여야 한다[제52조의2]. 등기할 사항으로 관청의 허가를 요하는 것은 그 허가서가 도착한 날로부터 등기의 기간을 기산한다[제53조].

(5) 해산등기(解散登記)

청산인은 파산의 경우를 제하고는 그 취임 후 3주간 내에 해산의 사유 및 연 · 월 · 일, 청산인의 성명 및 주소와 청산인의 대표권을 제한한 때에는 그 제한을 주된 사무소 및 분사무소 소재지에서 등기하여야 한다[제85조 제1항]. 청산중에 취임한 청산인은 그 성명 및 주소를 신고하면 된다[제86조 제2항].

Ⅸ 법인의 감독과 벌칙(法人의 監督과 罰則)

법인의 감독기관으로는 주무관청과 법원이 있다. 법인의 사무는 주무관청이 검사 · 감독하고, 법인의 해산 · 청산은 법원이 검사 · 감독한다.

1. 법인의 감독(法人의 監督)

(1) 사무 감독(事務 監督)

법인이 존속하고 있는 동안 법인의 사무는 설립허가를 해준 주무관청이 검사, 감독한다[제37조]. 그 내용은 허가취소, 재산상황, 업무집행 등이다. 법인이 목적 이외의 사업을 하거나, 설립허가의 조건에 위반하거나, 기타 공익을 해하는 행위를 하는 경우 주무관청은 그 허가를 취소할 수 있다[제38조].

(2) 해산, 청산 감독(解散, 淸算 監督)

법인의 해산 및 청산은 법원이 검사, 감독한다[제95조]. 청산인이 될 자가 없거나 청산인의 결원으로 인하여 손해가 생길 염려가 있는 때에는 법원은 직권 또는 이해관계인이나 검사의 청구에 의하여 청산인을 선임할 수 있다[제83조].

중요한 사유가 있는 때에는 법원은 직권 또는 이해관계인이나 검사의 청구에 의하여 청산인을 해임할 수 있다[제84조].

2. 벌칙(罰則)

법인에 대한 법적 규제와 업무감독을 철저하게 하기 위하여 일정한 사항을 위반한 경우 법인의 이사, 감사 또는 청산인에게 500만원 이하의 과태료에 처한다.

500만원 이하의 과태료 처분을 받는 사항

① 법인에 관한 등기를 해태한 때 ② 재산목록 또는 사원명부의 작성이나 비치에 위반하거나 재산목록 또는 사원명부에 부정기재를 한 때 ③ 주무관청과 법원의 검사, 감독을 방해한 때 ④ 주무관청 또는 총회에 대하여 사실이 아닌 신고를 하거나 사실을 은폐한 때 ⑤ 총회의 의사록작성과 비치의무를 위반하거나 청산인이 채권신고기간에

변제를 한 때 ⑥ 법인이 채무를 완제하지 못하게 된 때 ⑦ 이사가 파산신청을 해태한 경우와 청산중의 청산인이 파산신청을 해태한 때 ⑧ 청산인이 채권신고의 공고, 청산인의 파산선고 신청의 공고가 해태되거나 공고에 부정이 있을 때 등[제97조].

X 법인 아닌 사단과 재단(法人 아닌 社團과 財團)

법인 아닌 사단과 재단은 법인의 실체를 가지고 있으나 법인 등기를 하지 않아 법인격을 취득하지 못한 사단과 재단을 말한다. 민법이 법인설립에 허가주의를 취하고 있어 허가를 받지 못하고 있는 경우에는 법인의 실체를 가지고 있더라도 법인이 아닌 것이다.

법인 설립이 강제되지 않는 경우에는 주무관청의 다양한 규제를 피하기 위해 단체 스스로 법인격 취득을 기피할 수도 있다. 설립중의 법인은 아직 등기를 하지 못한 상태이므로 법인이라고 볼 수 없다.

1. 법인 아닌 사단(法人 아닌 社團)

(1) 의의(意義)

사단의 실체를 가지고 있으나 법인격을 취득하지 못한 단체를 '법인 아닌 사단'이라고 한다. 이를 '권리능력 없는 사단' 혹은 '인격 없는 사단'이라고도 한다.

법인 아닌 사단의 예를 보면 종중, 교회, 어촌계, 아파트입주자 대표회의, 재건축조합, 동, 리, 자연부락, 불교신도회, 아파트부녀회, 등록된 일반적인 사찰 등을 들 수 있다.

(2) 성립요건(成立要件)

법인 아닌 사단의 성립요건은 단체로서의 조직을 갖추어야 하고, 대표의 방법, 총회의 운영, 재산관리, 기타 단체의 중요한 점들이 정관이나 규칙으로 확정되어 있어야 한다[대법원 1999.4.23. 선고 99다4504].

사단법인의 기초가 될 수 있는 사회적 실체에는 사단 외에 조합도 있다. 사단과 조합의 구별은 단체성의 강약에 따른다[대법원 1997.9.12. 선고 97다20908].

사단과 조합

■ 사단은 단체가 구성원의 개별성보다 우월하며, 단체의 행동은 기관에 의하고, 법률효과도 단체에 귀속된다.
■ 조합은 구성원의 개성이 강하고, 단체행동은 구성원 전원 또는 대리권을 부여받은 자에 의하고, 법률효과도 구성원 전원에게 귀속된다.
■ 민법은 사단은 법인으로 될 수 있도록 규정하고 조합은 구성원 사이의 계약으로 규정한다[제703조~제724조].
■ 사단인가 조합인가는 명칭에 의해 구별할 것이 아니라 실질에 의해 판단하여야 한다[대법원 1994.4.26. 선고 93다51591].
■ 상법상 합명회사는 실질적으로 조합이나 법인격을 가지며[상법 제178조], 농업협동조합, 축산업협동조합, 수산업협동조합은 조합의 명칭을 가지고 있으나 실질은 사단법인이다.

(3) 법률관계(法律關係)

법인 아닌 사단에 대하여 민법은 제275조 제2항에서 법인이 아닌 사단의 사원이 집합체로서 물건을 소유할 때에는 총유로 한다고 규정하고 있다. 학설과 판례는 법인 아닌 사단이 사단의 실질을 가지고 있음을 이유로 사단법인에 관한 민법 규정 중에서 법인격을 전제로 하는 규정을 제외하고는 유추적용을 인정한다[대법원 1996.9.6. 선고 94다18522].

법인 아닌 사단의 내부관계는 정관에 의하고, 정관에 규정이 없으면 사단법인의 내부관계에 관한 민법의 규정이 유추적용된다. 외부관계에서도 사단법인의 외부관계를 규율하는 민법의 규정이 유추적용될 것이다.

「민사소송법」 제52조는 소송상의 당사자능력을 인정하고 있으므로 법인 아닌 사단도 소송에서 원고 또는 피고가 될 수 있다. 「부동산등기법」 제30조는 등기능력을 인정하므로, 법인 아닌 사단도 직접 그 명의로 등기할 수 있다.

2. 법인 아닌 재단(法人 아닌 財團)

(1) 의의(意義)

재단법인의 실체를 가지고 있으면서도 법인으로 되지 않는 것이 '법인 아닌 재단'이다. 여기서 재단은 일정한 목적을 위하여 출연된 재산을 말하며, 설립등기를 하지 않은 자선기금, 장학재단 등을 들 수 있다.

(2) 성립요건(成立要件)

법인 아닌 재단이 성립하려면 일정한 목적을 위하여 출연된 재산이 있어야 하고, 그 재산은 사회적으로 독립한 존재이어야 한다. 또한 재산을 관리할 기관을 갖추어야 하며, 주무관청으로부터 허가를 받지 아니하거나 등기를 하지 않아야 한다.

(3) 법률관계(法律關係)

법인 아닌 재단의 법률관계에는 법인 아닌 사단의 경우처럼 법인격을 전제로 하는 재단법인에 관한 규정을 제외하고는 유추적용된다(통설). 민법은 법인 아닌 사단의 재산귀속관계는 총유로 규정하고 있으나[제275조], 법인 아닌 재단에 대해서는 규정이 없다. 법인 아닌 재단에 대해서도 법인 아닌 사단의 경우처럼 당사자능력[민사소송법 제52조]과 등기능력[부동산등기법 제30조]이 인정된다. 판례는 법인 아닌 재단의 채무도 재단에 귀속되고 재단의 재산으로만 책임을 진다고 한다[대법원 1994.12.13. 선고 93다43545].

권리의 객체(權利의 客體)

제1절 권리의 객체와 민법의 규정(權利의 客體와 民法의 規定)

Ⅰ 권리의 객체(權利의 客體)

권리란 권리의 주체가 일정한 이익을 누릴 수 있도록 법에 의해 주어진 힘을 말한다(권리법력설). 이러한 힘의 대상 즉 일정한 이익의 대상을 '권리의 객체'라고 한다.

권리의 객체는 권리의 종류에 따라 다르다. 물권의 객체는 물건이고, 채권의 객체는 채무자의 일정한 행위가 된다.

Ⅱ 민법의 규정(民法의 規定)

민법은 권리의 객체를 규정함에 있어 객체 전부에 관한 일반적 규정을 두지 않았다. 그중 물건에 대해서만 통칙적 규정을 두면서[제98조~제102조], 부동산과 동산, 주물과 종물, 천연과실과 법정과실로 분류한다[제99조~제101조].

제2절 물건(物件)

I 물건의 의의(物件의 意義)

민법은 제98조에서 "본법에서 물건이라 함은 유체물 및 전기 기타 관리할 수 있는 자연력을 말한다."고 하고 있다. 이 규정에 의하면, 물건은 유체물, 전기, 기타 관리할 수 있는 자연력으로 나눌 수 있다.

(1) 유체물, 관리가능한 자연력(有體物, 管理可能한 自然力)

물건은 크게 유체물과 무체물로 구분할 수 있다. 유체물은 형체를 가지고 있는 물질을 말한다. 반면에 무체물은 형체가 없는 것으로서, 전기, 열, 빛, 소리, 향기, 에너지 등이 이에 해당한다.

민법은 유체물은 모두 물건으로 하고, 무체물은 그중에서 관리할 수 있는 것만 물건으로 한정한다. 여기서 '관리할 수 있는 것'이란 배타적인 지배가 가능한 것을 의미한다.

(2) 관리가능할 것(管理可能할 것)

물건은 관리할 수 있는 것이어야 한다. 민법은 관리할 수 있는 것을 자연력의 경우만 규정하고 있으나, 유체물도 관리할 수 있는 것이어야 물건이 될 수 있다고 보아야 한다. 관리할 수 있어야 이를 사용 · 수익 · 처분할 수 있기 때문이다.

바다, 별, 달은 유체물이지만 관리할 수 없다. 반면에 천연가스는 탱크에 저장하여 관리할 수 있다. 오늘날 과학의 발달로 관리할 수 있는 범위가 확대되고 있다. 따라서 물건의 개념도 유동적으로 보아야 할 것이다.

(3) 외계의 일부일 것(비인격성 | 外界의 一部일 것 [非人格性])

법은 인간의 존엄성을 기본원리로 한다. 그러므로 살아 있는 인간은 권리의 객체가 되지 않으며, 이에 대한 배타적 지배를 허용하지 않는다. 사람은 권리의 주체이지 객체가 될 수 없다. 따라서 살아 있는 사람의 신체의 일부에 대해서도 물건에 관한 규정을 적용할 수 없다.

인체에 부착된 의수 · 의족 · 의치는 물건이 아니다. 혈액이나 모발이 인체에서 분리되면 물건이 된다. 신체의 일부를 분리하는 계약이나 절단된 신체의 처분행위는 사회질서에 반하지 않는 한 유효하다. 즉, 수혈이나 장기이식은 허용될 수 있다. 절단된 신체의 처분행위에 강제이행은 허용되지 않으며, 타인의 신체와 결합하게 되면 물건이라고 할 수 없다.

사체 또는 유골이 물건인가에 대하여는 물건성을 인정하는 견해와 부인하는 견해로 나뉜다. 물건성을 인정하는 견해도 소유권처럼 사용 · 수익 · 처분권능이 따르는 것이 아니라, 매장 · 제사 · 공양 등을 할 수 있는 소유권의 객체로 이해한다.

(4) 독립성(獨立性)

물건이 배타적 지배의 객체가 되기 위해서는 독립된 존재이어야 한다. 그러므로 물건의 일부거나 구성부분이 아니어야 한다.

물건의 독립성의 판단은 물리적 형태에 의해서 결정되는 것이 아니라, 사회관념 또는 거래관념에 의해 결정된다. 물권에서는 하나의 물건에 하나의 물권만 인정하는 '일물일권주의'가 지배한다.

Ⅱ 물건의 일부, 단일물, 합성물, 집합물(物件의 一部, 單一物, 合性物, 集合物)

(1) 물건의 일부(物件의 一部)

물건의 일부는 원칙적으로 물권의 객체가 되지 못한다. 그러나 물건의 일부에 대해서도 물권을 인정해야 할 실익이 있고, 공시가 가능하거나 공시와 관계가 없는 경우에는 물건의 일부도 물권의 객체가 될 수 있다.

부동산의 일부는 용익물권의 객체가 될 수 있고, 미분리 천연과실과 수목의 집단, 개개의 수목은 명인방법으로 소유권과 양도담보물의 객체가 될 수 있다.

(2) 단일물(單一物)

단일물이란 형체상 단일한 일체를 이루고 있는 물건을 말한다. 단일물의 각각의 부분은 개성을 잃고 하나의 물건이 되지 못한다. 한 권의 책이나 한 마리의 소가 단일물이다.

(3) 합성물(合性物)

각 구성부분이 개성을 가지고 그들이 결합하여 단일한 형체를 이루는 물건을 합성물이라고 한다. 건물, 선박, 자동차 등이 합성물이며, 합성물도 법률상 단일물로 취급한다.

여러 개의 물건이 결합하여 하나의 물건이 되면 첨부(부합, 혼화, 가공)의 법리에 따라 소유권이 달라진다.

합성물과 첨부의 법리

■ 동산과 부동산의 부합물(소유자를 달리하는 여러 물건이 결합하여 하나의 물건으로 되는 것)은 부동산소유권자의 소유가 되나[제256조], 타인의 권원에 의하여 부속된 것은 그러하지 아니하다[제256조 단서].

※ 건물이 증축된 경우에 증축 부분이 기존건물에 부합된 것으로 볼 것인가 아닌가 하는 점은 증축 부분이 기존건물에 부착된 물리적 구조뿐만 아니라 그 용도와 기능의 면에서 기존건물과 독립한 경제적 효용을 가지고 거래상 별개의 소유권 객체가 될 수 있는지의 여부 및 증축하여 이를 소유하는 자의 의사 등을 종합하여 판단하여야 할 것이다. 건물의 증축 부분이 기존건물에 부합하여 기존건물과 분리하여서는 별개의 독립건물로서 효용을 가지지 못하는 이상, 기존건물에 대한 경매절차에서 경매목적물로 평가되지 아니하였다 하더라도, 경락인은 부합된 증축 부분의 소유권을 취득한다[대법원 2002.05.10. 선고 99다24256 판결].

■ 동산끼리의 부합물은 분리에 훼손이 있거나 막대한 비용이 들 경우, 주종을 구별할 수 있으면 주물의 소유자가 소유권을 가지며[제257조 전문], 주종의 구별이 불가능하면 각 동산의 가액비율로 합성물을 공유한다[제257조 후문].

■ 혼화는 동산끼리(곡물끼리, 기름끼리)의 부합으로 부합의 규정이 준용된다[제258조].

■ 가공물(타인의 물건에 노력을 가하여 새로운 물건을 만드는 것)의 경우 원재료의 소유자에게 소유권이 있다[제259조 제1항 본문]. 그러나 가공으로 인한 가액증가가 원재료보다 현저히 크다면 가공자의 소유가 된다[제259조 제2항].

4. 집합물(集合物)

집합물이란 단일물 또는 합성물이 집합하여 경제적으로 단일한 가치를 가지며, 거래상으로도 일체로 다루어지는 것을 말한다. 공장의 시설물, 도서관의 장서, 가게의 진열상품 등이다. 「공장 및 광업재단 저당법」에서는 일물일권주의의 예외를 인정하고 있다.

Ⅲ 부동산과 동산(不動産과 動産)

민법은 토지와 그 정착물을 부동산이라 하고[제99조 제1항], 부동산 이외의 물건을 동산이라고 한다[제99조 제2항]. 동산과 부동산을 구별하는 이유는 다양하다.

부동산과 동산의 구별실익

① 공시방법(부동산 등기[제186조], 동산 인도[제188조]) ② 시효취득의 요건(부동산 20년, 등기부취득시효 10년[제245조] / 동산은 10년, 선의무과실 5년[제246조]) ③ 공신의 원칙 인정 여부(동산에만 인정[제249조]) ④ 소유권 취득의 사유(무주의 부동산은 국유로 / 무주의 동산은 점유한 자의 소유로[제252조]) ⑤ 부합(부동산에의 부합[제256조] / 동산 간의 부합[제257조]) ⑥ 혼화 및 가공[제258조, 259조] ⑦ 제한물권의 허용범위(지상권[제279조], 지역권[제291조], 전세권[제303조] / 동산질권[제329조], 저당권[제356조]) ⑧ 환매기간(부동산 5년 / 동산 3년[제591조]) ⑨ 민사집행의 절차와 방법(부동산[민사집행법 제78조] / 동산[민사집행법 제188조])

1. 부동산(不動産)

민법은 "토지 및 그 정착물은 부동산이다."라고 규정하고[제99조 제1항], 토지와 그 정착물을 별개의 독립된 부동산으로 명시하고 있다.

(1) 토지(土地)

토지란 물건으로서 인위적으로 구분된(구분단위는 筆) 일정한 범위의 지면과 정당한 이익이 있는 그 지면의 상하(지하와 공중)를 말한다[제212조]. 지중의 암석이나 토사, 지하수 등은 토지의 구성부분으로 독립된 부동산은 아니다.

토지의 소유권

■ 바닷가(만조 수위선에서 지적공부에 등록된 지역 사이)와 하천구역은 개인소유가 될 수 없다[공유수면관리법 제2조, 하천법 제3조].

■ 포락지(지적공부에 등록된 토지가 물에 침식되어 수면 밑으로 잠긴 토지를 말함, [공유수면관리법 제2조 제3호])는 물리적, 사회통념상 회복이 불가능하면 소유권은 소멸한다[대법원 1995.11.7. 선고 93다25585].

■ 미채굴의 광물에 대하여 국유에 속하는 독립한 부동산이라는 견해와 토지의 구성부분이나 국가의 배타적인 채굴취득허가권의 객체라는 견해가 있다. 미채굴의 광물은 국가가 이를 채굴하고 취득할 권리를 부여한다[광업법 제2조].

※ 등록을 한 일정한 토지의 구역(광구)에서 등록을 한 광물과 이와 동일광상 중에 부존하는 다른 광물을 채굴 및 취득하는 권리를 광업권이라 하고[동법 제5조 제1항], 설정행위에 의하여 타인의 광구에서 광업권의 목적으로 되어있는 광물을 채굴 및 취득하는 권리를 조광권이라고 한다[동법 제5조 제2항].

(2) 토지의 정착물(土地의 定着物)

토지의 정착물이란 토지에 고정적으로 부착되어 쉽게 이동이 불가능하고 부착된 상태로 이용되는 것이 그 물건의 성질로 인정되는 것을 말한다. 건물 · 수목 · 다리 · 돌담 · 도로 · 포장 등이 이에 해당한다. 쉽게 이동이 가능한 가건물이나 가식의 수목은 정착물이 아니다. 토지의 정착물은 토지와 별개의 공시방법을 갖추고 있는지 여부에 따라 토지와 독립한 물건과 토지의 구성부분으로 나뉜다.

우리 민법은 토지의 정착물을 독립된 물건으로 취급하여 거래의 대상이 될 수 있도록 하였다.

가. 건물

건물은 토지의 정착물이나 토지와 별개의 부동산이다. 토지등기부와 따로 건물등기부를 두고 있다[부동산등기법 제14조 제1항]. 독립한 부동산으로 취급되는 건물은 건물의 형태를 갖추어야 한다. 판례는 최소한 기둥과 지붕, 주벽으로 이루어져 있다면 건물로 인정한다[대법원 1986.11.11. 선고 86누173]. 건물의 소유권은 건물이 되는 시점에 건축주가 등기 없이도 소유권을 취득한다[대법원 2002.4.26. 선고 2000다16350].

부동산등기법

제131조(건물의 보존등기) 미등기건물의 소유권보존등기는 다음 각 호의 어느 하나에 해당하는 자가 신청할 수 있다. 1. 건축물대장등본에 의하여 자기 또는 피상속인이 건축물대장에 소유자로서 등록되어 있는 것을 증명하는 자 2. 판결 또는 그 밖의 시 · 구 · 읍 · 면의 장의 서면에 의하여 자기의 소유권을 증명하는 자 3. 수용으로 인하여 소유권을 취득하였음을 증명하는 자

2007. 06. 25. 부동산등기과－2071 질의회답

건물소유권보존등기는 건축물대장등본에 의하여 자기 또는 피상속인이 건축물대장에 최초의 소유자로서 등록되어 있는 사실을 증명하는 자가 신청할 수 있으므로, 대장의 변동(이동)원인란이 공란으로 되어 있는 경우 그 소유자로 등록된 자가 폐쇄된 구 대장에 의하여 최초의 소유자로 등록된 사실을 증명하지 않는 한 대장상 변동(이동)원인란이 공란으로 되어 있는 건축물대장등본을 첨부하여서는 건물소유권보존등기를 신청할 수 없다.
(출처: 건물소유권보존등기의 가부 제정 2007.06.25. | 등기선례 제8-164호)

나. 수목

토지에 정착한 수목은 원칙적으로 토지의 구성부분이 된다. 즉 독립한 물건이 아니다. 그러나 특별법에 의해 명인방법을 갖춘 경우에는 토지와 독립된 부동산으로서 거래의 객체가 된다. 「입목에 관한 법률」에 의한 수목의 집단과 이 법에 의하여 소유권보존등기를 받은 수목의 집단을 '입목'[동법 제2조 제1항]이라고 한다. 수목의 집단의 범위는 대통령령으로 정하고 있는데, 대통령령 개정으로 모든 수종의 수목으로 확대되었다[동법 제2조 제2항, 동법 시행령 제1조]. 입목은 부동산으로 본다. 따라서 토지소유권 또는 지상권의 처분의 효력은 입목에 미치지 아니한다[동법 제3조 제1항, 제3항]. 그리고 입목의 소유자는 토지와 분리하여 양도하거나 저당권의 목적으로 할 수 있다[동법 제3조 제2항]. 「입목에 관한 법률」에 의해 입목등기를 하지 않은 수목이라도 명인방법을 갖추면 독립된 부동산으로 거래의 객체가 된다[대결 1998.10.28. 98마1817].

명인방법

관습법상 인정되는 공시방법인데, 소유권이 누구에게 있는지 명확히 인식할 수 있도록 나무껍질을 깎아 소유자의 이름을 쓰거나 나무 주위에 줄을 치고 소유자의 이름을 적은 표를 다는 것이다. 이 경우 지속성과 특정성이 있어야 한다.

다. 미분리 과실

미분리 과실은 수목으로부터 분리되지 않은 과실을 말한다. 수목으로부터 분리되면 천연과실[제101조 제1항]로서 원물인 수목과 독립된 동산이 되며, 과실의 수취권자에게 귀속된다[제102조 제1항]. 명인방법을 갖추지 않은 미분리 과실은 수목의 구성부분에 불과하지만 명인방법을 갖추면 독립한 물건이 된다. 미분리 과실이 동산인가 부동산인가에 대한 견해의 대립이 있다. 미분리 과실이 토지에 정착하고 있으며, 이를 동산으로 본다면 선의취득이 인정되므로 선의취득을 배제하여야 한다는 이유로 부동산으로 보는 견해가 다수설이다. 반면에 민사집행법 제189조가 동산으로 다루고 있다는 것을 근거로 동산으로 보는 소수의 견해도 있다.

민사집행법

제189조(채무자가 점유하고 있는 물건의 압류) ① 채무자가 점유하고 있는 유체동산의 압류는 집행관이 그 물건을 점유함으로써 한다. 다만, 채권자의 승낙이 있거나 운반이 곤란한 때에는 봉인(封印), 그 밖의 방법으로 압류물임을 명확히 하여 채무자에게 보관시킬 수 있다. ② 다음 각 호 가운데 어느 하나에 해당하는 물건은 이 법에서 유체동산으로 본다. 1. 등기할 수 없는 토지의 정착물로서 독립하여 거래의 객체가 될 수 있는 것 2. 토지에서 분리하기 전의 과실로서 1월 이내에 수확할 수 있는 것 3. 유가증권으로서 배서가 금지되지 아니한 것 ③ 집행관은 채무자에게 압류의 사유를 통지하여야 한다.

라. 농작물

토지에서 경작 · 재배되는 농작물은 토지의 정착물에 속한다. 농작물은 토지와 별개의 독립된 부동산인가가 문제이다. 임차권과 같이 정당한 권원에 의하여 타인의 토지에서 경작 · 재배된 농작물은 토지와 별개의 부동산이 된다[제256조 단서]. 그러나 판례에 따르면 타인의 땅에 아무런 권원 없이 위법하게 경작한 때에도 경작자에게 소유권이 있다고 한다[대법원 1979.8.28. 선고 79다784]. 여기에는 명인방법도 요구되지 않는다. 이와 같은 판례의 입장에 대하여는 찬반으로 견해가 나뉜다.

2. 동산(動産)

부동산 이외의 물건은 모두 동산이다[제99조 제2항]. 기타 관리할 수 있는 자연력도 동산이다. 선박 · 자동차 · 항공기 · 일정한 건설중장비도 실질은 동산이지만 등기 · 등록에 의해 권리관계가 공시되므로 부동산과 같이 취급한다. 상품권 · 승차권 등 무기명채권은 동산이 아니다.

금전도 동산에 속한다고 할 것이지만, 일반 동산과 달리 특수성이 인정된다. 동산에 관한 규정 중에 물권적 청구권이나 간접점유 등은 금전에 적용되지 않는데, 이는 금전의 소유권은 금전의 점유자에게 있다고 보기 때문이다. 또한 금전에 대해서는 채무불이행[제397조]과 선의취득[제249조]에서 다음과 같은 특칙[제250조]이 적용된다. 예외적으로 수집을 목적으로 하는 특정금전을 매매하는 경우에는 동산으로 취급된다.

제397조(금전채무불이행에 대한 특칙) ① 금전채무불이행의 손해배상액은 법정이율에 의한다. 그러나 법령의 제한에 위반하지 아니한 약정이율이 있으면 그 이율에 의한다. ② 전항의 손해배상에 관하여는 채권자는 손해의 증명을 요하지 아니하고 채무자는 과실 없음을 항변하지 못한다.
제249조(선의취득) 평온, 공연하게 동산을 양수한 자가 선의이며 과실 없이 그 동산을 점유한 경우에는 양도인이 정당한 소유자가 아닌 때에도 즉시 그 동산의 소유권을 취득한다.
제250조(도품, 유실물에 대한 특례) 전조의 경우에 그 동산이 도품이나 유실물인 때에는 피해자 또는 유실자는 도난 또는 유실한 날로부터 2년 내에 그 물건의 반환을 청구할 수 있다. 그러나 도품이나 유실물이 금전인 때에는 그러하지 아니하다.

Ⅳ 주물과 종물(主物과 從物)

1. 의의(意義)

제100조(주물, 종물) ① 물건의 소유자가 그 물건의 상용에 공하기 위하여 자기소유인 다른 물건을 이에 부속하게 한 때에는 그 부속물은 종물이다. ② 종물은 주물의 처분에 따른다.

물건의 소유자가 그 물건의 일상적인 사용에 이바지하기 위하여 자기 소유인 다른 물건을 부속시킨 경우에, 그 물건을 '주물'이라고 하고 부속된 물건을 '종물'이라고 한다[제100조 제1항]. 시계와 시곗줄, 주유소 건물과 주유기의 관계가 주물과 종물의 관계이다[대법원 1995.6.29. 선고 94다6345].

2. 종물의 요건(從物의 要件)

(1) 주물과는 독립된 물건일 것

종물은 주물의 구성부분이 아닌 독립된 물건이어야 한다. 정화조는 종물이 될 수 없다[대법원 1993.12.10. 선고 93다42399]. 주택에 딸린 창고는 주택의 종물이 된다. 독립한 물건이면 부동산이든 동산이든 종물이 될 수 있다.

(2) 주물의 일상적인 사용에 이바지할 것(主物義 日常的인 使用에 이바지할 것)

'주물의 상용에 이바지 한다는 것'은 사회관념상 계속하여 주물의 경제적 효용을 돕는 것을 의미한다. 주물의 소유자나 이용자의 일상적 사용에 이바지한다고 하더라도 주물 그 자체의 효용과 직접 관계가 없는 물건은 종물이 아니다[대법원 1997.10.10. 선고 97다3750]. 횟집의 수족관은 종물이며[대법원 1993.2.12. 선고 92도3234], 종물은 밀접한 장소적 관련성이 있어야 한다[대법원 1956.5.24. 선고 4288민상526].

(3) 주물과 종물이 동일인의 소유일 것(主物과 從物이 同一人의 所有일 것)

주물과 종물이 동일 소유자에게 속하여야 한다는 것은 주물과 종물이 법적 운명을 같이하므로 타인의 권리를 침해하는 일이 없도록 하기 위함이다. 그러나 제3자의 권리를 해하지 않는 범위 내에서 다른 소유자의 물건도 종물이 된다(통설).

3. 효과(주물과 종물의 구별 실익 | 效果 [主物과 從物의 區別 實益])

종물은 주물의 처분에 따른다[제100조 제2항]. 주물 위에 저당권이 설정되면 저당권 설정 당시의 종물에도 미치고, 저당권이 설정된 후의 종물에도 저당권의 효력이 미친다[제358조].

민법 제100조 제2항은 임의규정이므로 당사자 사이에 주물과 종물의 처분을 달리하는 약정은 유효하다[대법원 2012.1.26. 선고 2009다76546 판결]. 제100조는 물건끼리의 관계이므로 부동산과 동산도 주물과 종물이 될 수 있다. 이 규정은 권리 사이에도 유추적용이 된다(통설). 민사집행에서는 주된 권리인 주택소유권과 그에 종된 권리인 토지임차권은 법적 운명을 같이한다[대법원 1993.4.13. 선고 92다24950].

V 원물과 과실(元物과 果實)

I. 의의(意義)

제101조(천연과실, 법정과실) ① 물건의 용법에 의하여 수취하는 산출물은 천연과실이다. ② 물건의 사용대가로 받는 금전 기타의 물건은 법정과실로 한다.

물건으로부터 생기는 경제적 수익을 '과실'이라고 하고, 과실을 생기게 하는 물건을 '원물'이라고 한다. 민법은 물건의 과실만 인정하며, 권리의 과실(주식배당금, 특허권 사용료 등)은 인정하지 않는다. 민법은 과실을 천연과실과 법정과실로 나누어 규정하고 있다[제101조].

2. 천연과실(天然果實)

(1) 의의(意義)

물건의 용법에 의하여 수취되는 산출물이 천연과실이다[제101조 제1항]. 물건의 용법에 의한다는 것은 원물의 경제적 용도에 따른다는 의미이고, 자연적 · 유기적으로 생산되는 과수열매, 우유, 송아지뿐만 아니라 인공적 · 무기적으로 생산되는 토사와 석재도 포함된다. 미분리 과실은 독립한 물건이 아니지만 명인방법을 갖추면 독립한 소유권의 객체가 된다.

(2) 과실의 귀속(果實의 歸屬)

천연과실은 원물로부터 분리되는 때에 그것을 수취할 권리자에게 속한다[제101조 제2항]. 분리는 자연적 분리이든 인위적 분리이든 상관없다. 이 규정은 임의규정이다.

원칙적으로 수취권자는 원물의 소유자이다[제211조]. 그러나 선의의 점유자[제201조], 지상권자[제279조], 전세권자[제303조], 유치권자[제323조], 질권자[제343조], 저당권자[제359조], 매도인[제587조], 사용차주[제609조], 임차인[제618조], 친권자[제923조], 유증의 수유자[제1079조] 등도 예외적으로 수취권을 갖는다.

3. 법정과실(法定果實)

물건의 사용대가로 받는 금전 기타의 물건이 법정과실이다[제101조 제2항]. 건물의 사용료로 지불하는 차임이나 돈을 빌린 경우에 지급하는 이자 등이 법정과실이다. 이자에 대해서는 금전도 물건이므로 그 이용대가인 이자는 법정과실로 봐야한다는 것이 다수설이다. 반면에 이자는 원본채권의 수익이므로 법정과실이 아니라는 소수설이 있다.

법정과실은 수취할 권리의 존속기간 일수의 비율로 취득한다[제102조 제2항]. 이 규정은 임의규정이다.

법률상 원인 없이 물건을 사용하여 얻은 이익(사용이익)은 법정과실이 아니지만 법정과실에 준하여 민법 제102조와 제201조가 유추적용된다[대법원 1996.1.26. 95다].

Ⅵ 기타 분류(其他 分類)

1. 융통물 · 불융통물(融通物 · 不融通物)

사법상 거래의 객체가 될 수 있는 물건이 융통물이고, 그렇지 못한 것이 불융통물이다. 불융통물로는 지정문화재처럼 거래가 금지 또는 제한되는 것과 마약처럼 거래 · 소유 · 소지가 금지되는 것이 있다.

국가나 공공단체의 소유로 공적목적에 사용되는 관공서 건물 같은 공용물과 일반 공중이 사용하는 도로 같은 공공용물이 있다. 공용물과 공공용물은 공용폐지가 있은 후에는 공용물이 될 수 있다.

이와 같이 융통물과 불융통물을 구분하는 것은 그 물건이 시효취득의 대상이 될 수 있는가와 관련되어 있다. 융통물은 시효취득의 대상이 되지만 불융통물은 시효취득의 대상이 될 수 없다.

2. 가분물 · 불가분물(加分物 · 不可分物)

물건의 성질 또는 가치를 현저히 훼손시키지 않고 분리할 수 있는 금전 · 곡물 등과 같은 물건이 가분물이고, 그렇지 못한 가축 · 주택 같은 것이 불가분물이다. 이 구별의 실익은 공유물분할[제269조]과 다수 당사자의 채권관계[제408조]에서 나타난다.

제269조(분할의 방법) ① 분할의 방법에 관하여 협의가 성립되지 아니한 때에는 공유자는 법원에 그 분할을 청구할 수 있다. ② 현물로 분할할 수 없거나 분할로 인하여 현저히 그 가액이 감손될 염려가 있는 때에는 법원은 물건의 경매를 명할 수 있다.

3. 특정물 · 불특정물[特定物 · 不特定物]

거래를 함에 있어서 당사자가 다른 물건으로 바꾸지 못하게 한 물건이 특정물이고, 다른 물건으로 바꿀 수 있는 물건이 불특정물이다. 대체물과 부대체물의 구별은 객관적인 것이나, 특정물과 불특정물의 구별은 당사자의 의사에 의한 주관적인 것이다.

특정물과 불특정물을 구별하는 실익은 채권의 목적물 보관의무[제374조], 변제의 장소[제467조], 매도인의 하자담보 책임[제580조, 제581조]에 있어서 차이가 있기 때문이다.

4. 대체물 · 부대체물(代替物 · 不代替物)

곡물이나 과일류와 같이 거래상 물건의 개성이 중시되지 않고 동종 · 동질 · 동량의 물건으로 바꾸어도 당사자에게 영향이 없는 물건이 대체물이다. 반면에 골동품이나 특정인의 작품 등과 같이 대체성이 없는 물건이 부대체물이다. 손해배상에서 원상회복의 경우에 대체물인 경우는 가능하나 부대체물인 경우는 불가능하며 금전배상만 가능하다. 구별의 실익은 소비대차[제598조 이하], 소비임치[재702조 이하]에서 나타난다.

제598조(소비대차의 의의) 소비대차는 당사자 일방이 금전 기타 대체물의 소유권을 상대방에게 이전할 것을 약정하고 상대방은 그와 같은 종류, 품질 및 수량으로 반환할 것을 약정함으로써 그 효력이 생긴다.
제693조(임치의 의의) 임치는 당사자 일방이 상대방에 대하여 금전이나 유가증권 기타 물건의 보관을 위탁하고 상대방이 이를 승낙함으로써 효력이 생긴다.
제702조(소비임치) 수치인이 계약에 의하여 임치물을 소비할 수 있는 경우에는 소비대차에 관한 규정을 준용한다. 그러나 반환시기의 약정이 없는 때에는 임치인은 언제든지 그 반환을 청구할 수 있다.

5. 소비물 · 비소비물(消費物 · 非消費物)

음식물이나 곡물류처럼 물건의 성질상 한 번 사용하면 다시 그 용도로 사용할 수 없는 물건이 소비물이다. 주택이나 자동차처럼 같은 용도로 반복하여 사용이 가능한 물건이 비소비물이다. 금전은 반복해서 사용이 가능하나 한 번 사용하면 주체에 변경이 생겨 전 소유자가 다시 사용할 수 없기 때문에 소비물로 본다.

소비물과 비소비물의 구별은 소비대차, 사용대차, 임대차인 경우에 실익이 있다. 소비대차에서는 소비물만이 목적물이 될 수 있고, 사용대차와 임대차의 경우에는 비소비물이 목적물이 된다.

권리의 변동(權利의 變動)

제1절 권리변동 일반(權利變動 一般)

I 의의(意義)

법이 규율하는 생활관계가 법률관계이다. 법률관계는 권리와 의무의 관계로 나타난다. 법률관계는 변동된다. 즉, 권리 · 의무가 생기고, 변경되고, 소멸된다. 법률관계를 권리 중심으로 보면 권리의 발생, 권리의 변경, 권리의 소멸로 나타난다. 이를 권리변동이라 한다.

권리가 변동하는 것은 일정한 원인에 의하여 일정한 결과가 생겨서이다. 여기서 권리변동의 원인이 되는 것을 법률요건이라고 하고, 그 결과가 되는 것을 법률효과라 고 한다. 예컨대, 매매에 의하여 대금지급 청구권과 소유권이전 청구권이 생긴다. 이때 매매는 법률요건이 되며, 대금지급 청구권과 소유권이전 청구권은 법률효과가 된다.

II 권리변동의 모습(權利變動의 모습)

1. 권리의 발생(취득 | 權利의 發生 [取得])

권리의 발생은 권리가 없었던 자에게 권리가 새로 생기는 것을 말한다. 권리의 취득은 원시취득과 승계취득으로 나뉜다.

(1) 원시취득(절대적 발생 | 原始取得 [絶對的 發生])

원시취득은 타인의 권리에 기하지 않고, 권리를 원시적으로 취득하는 것을 말한다. 원시적 취득은 존재하지 않았던 권리가 새로 생겨난 것을 말한다. 건물을 새로 지으면 없던 건물이 생기고 그 건물에 소유권도 새로 생기는 것이다.

선점[제252조] · 습득[제253조] · 취득시효[제245조] · 선의취득[제249조]에 의한 소유권 취득과 인격권 · 가족권의 취득은 원시취득의 예이다.

제252조(무주물의 귀속) ① 무주의 동산을 소유의 의사로 점유한 자는 그 소유권을 취득한다. ② 무주의 부동산은 국유로 한다. ③ 야생하는 동물은 무주물로 하고 사양하는 야생동물도 다시 야생상태로 돌아가면 무주물로 한다.
제253조(유실물의 소유권취득) 유실물은 법률에 정한 바에 의하여 공고한 후 6개월 내에 그 소유자가 권리를 주장하지 아니하면 습득자가 그 소유권을 취득한다.
제245조(점유로 인한 부동산소유권의 취득기간) ① 20년간 소유의 의사로 평온, 공연하게 부동산을 점유하는 자는 등기함으로써 그 소유권을 취득한다. ② 부동산의 소유자로 등기한 자가 10년간 소유의 의사로 평온, 공연하게 선의이며 과실 없이 그 부동산을 점유한 때에는 소유권을 취득한다.
제249조(선의취득) 평온, 공연하게 동산을 양수한 자가 선의이며 과실 없이 그 동산을 점유한 경우에는 양도인이 정당한 소유자가 아닌 때에도 즉시 그 동산의 소유권을 취득한다.

(2) 승계취득(상대적 발생 | 承繼取得 [相對的 發生])

승계취득은 타인이 가지고 있는 권리에 기하여 권리를 취득하는 것이다. 매매로 인한 소유권취득, 재산상속은 기존의 권리를 바탕으로 한다. 승계취득은 이전적 승계와 설정적 승계, 특정승계와 포괄적 승계로 나뉜다.

가. 이전적 승계 · 설정적 승계

이전적 승계는 구 권리자의 권리가 동일성을 유지하면서 신 권리자에게 이전되는 것을 말한다. 이는 권리의 주체가 변경되는 것이다. 매매나 상속에 의한 권리취득을 예로 들 수 있다.

설정적 승계란 타인의 권리는 그대로 유지하면서 그 권리에 제약을 가하여 신 권리자에게 타인의 권리에서 제약된 권리가 생기는 것을 말한다. 타인의 소유권에 기한 저당권이나 전세권을 설정하는 것이 그 예다.

나. 특정승계 · 포괄승계

이전적 승계에는 개개의 취득원인에 의하여 개개의 권리를 취득하는 특정승계와 하나의 취득원인에 대하여 다수의 권리를 취득하는 포괄승계가 있다. 매매의 경우가 특정승계의 예이고, 상속의 경우는 포괄승계의 예이다.

다. 원시취득 · 승계취득의 차이

원시취득은 타인의 권리를 바탕으로 하지 않으나 승계취득은 타인의 권리를 바탕으로 한다. 원시취득에서는 구 권리자가 무권리자인 때는 선의취득 같은 권리취득이 가능하다. 그러나 승계취득에서는 구 권리자가 무권리자인 때에 논리상 권리취득이 불가능하다. 구 권리자의 권리에 제한이나 흠이 있는 경우 원시취득에 그 제한과 흠이 영향을 미치지 않으나, 승계취득의 경우에는 그 제한과 흠이 승계된다.

2. 권리의 변경(權利의 變更)

권리의 변경이란 권리의 동일성을 유지하면서 권리의 주체, 내용, 작용이 변경되는 것을 말한다.

권리주체의 변경은 권리의 승계에 해당한다. 내용의 변경은 소유권에 제한물권이 설정되는 것처럼 수량적 변경과 물건의 인도를 목적으로 하는 채권이 손해배상채권으로 변하는 것처럼 성질적 변경, 대항요건의 취득과 전당권의 순위가 상승되는 것처럼 작용의 변경으로 나뉜다.

3. 권리의 소멸(權利의 消滅)

권리의 소멸은 기존의 권리가 완전히 사라지는 절대적 소멸과 권리가 타인에게 이전되어 종전의 주체가 권리를 잃는 상대적 소멸이 있다.

절대적 소멸은 권리의 포기, 건물의 멸실에 의한 소유권 소멸을 예로 들 수 있다. 상대적 소멸은 매매에 의해 소유권이 이전되는 경우 전 소유자의 소유권 소멸을 예로 들 수 있다.

Ⅲ 권리변동의 원인(權利變動의 原因)

1. 법률요건(法律要件)

권리변동을 일으키는 원인이 법률요건이다. 법률요건에 의하여 권리변동이라는 법률효과가 발생한다. 법률요건은 두 가지로 나눌 수 있는데, 하나는 의사표시를 요소로 하는 법률행위이고, 다른 하나는 당사자의 의사표시와는 관련 없는 법률의 규정이다.

법률의 규정에 의한 권리변동원인으로는 소멸시효, 취득시효, 선의취득, 선점, 유실물습득, 매장물발견, 첨부, 사무관리, 부당이득, 불법행위 등이 있다.

2. 법률사실(法律事實)

(1) 의의(意義)

법률요건을 구성하는 개개의 사실을 '법률사실'이라고 한다. 법률요건을 구성하는 법률사실은 반드시 의사표시이어야 하는 것은 아니며, 그 종류나 모습이 다양하다. 법률사실은 사람의 정신작용에 기한 용태와 그렇지 않은 사건으로 나뉜다.

(2) 법률사실의 분류(法律事實의 分類)

가. 용태

용태(容態)는 인간의 의사가 밖으로 표현되는 외부적 용태(행위)와 내심의 의식에 지나지 않는 내부적 용태로 나뉜다. 의사가 외부로 표현되는 외부적 용태는 행위를 말한다. 행위에는 적극적 행위인 작위와 소극적 행위인 부작위가 있다.

외부적 용태와 내부적 용태

■ 외부적 용태(행위)

외부적 용태는 법적 평가에 따라 적법행위와 위법행위로 나뉜다.

1. 적법행위는 법률적 가치가 있는 것으로 평가되어 허용되는 행위를 말한다. 적법행위는 일정한 법률효과의 발생을 원하는 내심의 의사를 표시하고 그에 따른 법률효과가 발생하는 의사표시(청약, 승낙, 동의)와 행위자의 의사에 기하지 않고 법률의 규정에 의해 법률효과가 발생하는 준법률행위로 나뉘고, 준법률행위는 다시 표현행위와 비표현행위로 나뉜다.

(1) 표현행위는 일정한 의식의 내용을 타인에게 전하는 행위를 말하며 의사의 통지, 관념의 통지, 감정의 표시(용서)로 나뉜다.

① 의사의 통지는 자신의 의사를 타인에게 통지하는 것으로 각종의 최고, 거절이 해당된다.

② 관념의 통지는 어떤 사실을 알리는 행위를 말하며 각종의 통지로 채권양도의 통지나 승낙, 시효중단사유인 채무의 승인, 공탁의 통지, 사원총회 소집통지, 승낙의 연착통지 등이 있다.

③ 감정의 표시는 감정을 표시하는 것을 말하며 수증자의 망은행위에 대한 용서, 배우자 부정행위에 대한 용서 등이 해당된다.

(2) 비표현행위는 사실행위라고도 하는데 법률효과를 발생시킬 의사 없이 어떤 법률효과가 발생하는지에 대한 인식과 무관하게 사실적 결과의 발생만을 목적으로 한다. 법률상으로는 사건과 같이 취급된다. 비표현행위는 순수사실행위와 혼합사실행위로 나뉜다.

① 순수사실행위는 결과만 발생하면 되는 것으로 매장물발견, 가공, 주소설정 등이다.

② 혼합사실행위는 의식과정이 요구되는 것으로 점유취득, 사무관리, 부부의 동거 등이다.

2. 위법행위는 법률적 가치가 없는 것으로 평가되어 허용되지 않는 행위를 말한다. 위법행위를 한 자는 불이익을 받는다. 즉, 위법행위를 한 자는 채무불이행[제390조]과 불법행위[제750조 이하]에 기한 책임을 부담해야 한다(통설).

■ **내부적 용태**

내심의 의식 또는 내부적 관념이 내부적 용태이다. 내부적 용태는 그 자체만으로 법적 효과를 발생케 하는 것은 아니지만, 예외적으로 일정한 경우에 다른 법률사실과 관련하여 법률적 의미를 가진다. 내부적 용태는 다시 관념적 용태와 의사적 용태로 나뉜다.

1. 관념적 용태란 일정한 사실에 관념 또는 인식이 있느냐 없느냐에 대한 내심적 의식이다. 선의 · 악의, 정당한 대리인이라는 신뢰[제126조] 등이 그 예이다.
2. 의사적 용태란 일정한 의사를 가지고 있느냐 없느냐에 대한 내심적 의식을 말한다. 소유의 의사[제197조], 제3자 변제에 있어서 채무자의 허용 또는 불허의 의사[제469조], 사무관리상 본인의 의사[제734조]가 그 예이다.

나. 사건

사건(事件)은 사람의 정신적 작용에 기초하지 않은 법률사실을 말한다. 사람의 출생, 사망, 실종, 시간의 경과, 물건의 생성과 소멸 등이 그 예이다. 통설은 물건의 파괴, 천연과실의 분리, 부합 · 혼화와 같이 사람의 정신작용에 의하는 것이라도 정신작용을 문제 삼지 않고, 오직 결과의 발생만을 문제로 삼아서 일정한 법률효과를 부여하는 경우에도 사건에 포함시킨다. 그러나 소수설은 사람의 정신작용에 기초한 것은 사건이 아니라고 한다.

제2절 법률행위(法律行爲)

I 법률행위의 의의(法律行爲의 意義)

법률행위란 일정한 법률효과의 발생을 목적으로 하는 하나 또는 여러 개의 의사표시를 불가결한 구성요소로 하는 법률요건을 말한다. 법률행위에는 의사표시가 반드시 있어야 한다. 따라서 의사표시에 흠이 있어서 이를 무효로 하거나 취소할 수 있게 된다면 법률행위도 당연히 무효가 된다.

법률행위는 추상적 개념으로서 법률행위라는 이름으로 거래가 이루어지지 않는다. 그 구체적인 모습은 매매 · 채권양도 · 혼인 · 유언 등 개개의 행위 형태로 나타난다.

Ⅱ 법률행위의 요건(法律行爲의 要件)

당사자가 의욕한 대로 법률행위의 효력을 발생시키기 위해서는 법률행위가 일정한 요건을 갖추어야 한다. 법률행위의 요건은 두 가지로 나눌 수 있는데, 하나는 법률행위가 존재한다는 것을 인정하기 위한 최소한의 외형적 요건 즉 성립요건이고, 다른 하나는 성립요건을 전제로 법률행위의 효력을 발생시키기 위한 효력요건이 그것이다.

법률행위의 성립요건이 충족되어도 효력요건을 갖추지 못하면 법률행위는 당사자가 의욕한 바를 달성시키지 못한다.

1. 성립요건(成立要件)

법률행위의 성립요건에는 모든 법률행위에 공통적으로 요구되는 일반적 성립요건과 개개의 법률행위에 특별히 요구되는 특별성립요건이 있다.

법률행위의 성립요건

■ **일반적 성립요건**
법률행위의 주체인 당사자, 법률행위의 내용인 목적, 법률행위의 불가결한 요소인 의사표시가 있어야 한다.

■ **특별성립요건**
법률행위가 성립하기 위해서는 일정한 절차가 필요한 경우를 말한다. 법인의 성립을 위한 설립등기[제33조], 혼인에 있어서 신고[제812조], 유언에서의 방식[제1060조] 등이 일정한 방식을 요구하는 경우이고, 현상광고나 계약금계약에서는 현실적인 급부가 있어야 한다.

2. 효력요건(유효요건 | 效力要件 [有效要件])

효력요건은 이미 성립한 법률행위가 효력을 발생하는 데 필요한 요건을 말한다. 효력요건도 모든 법률행위에 공통적으로 요구되는 일반적 효력요건과 특별효력요건으로 나뉜다.

법률행위의 효력요건(有效要件)

■ **일반적 효력요건**

다음과 같은 세 가지 요건이 충족되어야 한다.

① 당사자는 능력자이어야 한다. 즉 당사자에게 권리능력, 의사능력, 행위능력이 있어야 한다.

② 법률행위의 목적이 확정가능하고, 실현가능하고, 적법하고, 사회적 타당성이 있어야 한다.

③ 의사표시는 의사와 표시가 일치하여야 하고, 의사표시에 하자가 없어야 한다.

■ **특별효력요건**

특별효력요건은 일정한 법률행위에 특유한 효력요건이다.

※ 대리행위에 있어서 대리권의 존재, 미성년자의 법률행위에 있어서 법정대리인의 동의, 유언에서 유언자의 사망, 정지조건부 법률행위에서 조건의 성취, 시기부 법률행위에서 기한의 도래, 학교법인의 기본재산 처분에 있어서 관할관청의 허가[사립학교법 제28조] 등을 들 수 있다.

Ⅲ 법률행위의 종류(法律行爲의 種類)

1. 계약, 단독행위, 합동행위(契約, 單獨行爲, 合同行爲)

법률행위는 기준에 따라 다양하게 나눌 수 있다. 법률행위는 의사표시의 수와 방향에 따라 계약, 단독행위, 합동행위로 나뉜다.

(1) 계약(契約)

계약은 둘 이상의 당사자가 서로 대립하는 의사표시의 합치에 의해 성립하는 법률행위를 말한다. 여러 개의 의사표시가 있어야 한다는 점에서 단독행위와 다르며, 의사표시의 방향이 대립적이라는 점에서 합동행위와도 다르다.

넓은 의미의 계약은 채권의 발생을 목적으로 하는 채권계약, 저당권 설정과 같은 물권계약, 채권양도 같은 준물권계약, 혼인이나 입양과 같은 가족법상의 계약이 포함되나 좁은 의미의 계약은 채권계약만을 의미한다.

계약의 성립은 계약 당사자의 의사표시가 일치해야 한다. 이를 '합의'라고도 하는데 의사표시의 해석에 의해 확정되는 표시행위들의 의미가 일치해야 한다는 것이다. 의사표시가 일치하지 않으면 계약은 성립하지 않는다. 계약을 성립시키는 합의는 청약과 승낙에 의하는 것이 보통이다.

그러나 민법은 의사실현[제532조], 교차청약[제533조]에 의해서도 계약이 성립함을 규정하고 있다. 의사실현이 의사표시인가에 대하여 의사실현이란 일정한 효과의사를 추단할 수 있는 행위이나 의사표시와는 구별된다는 견해와 의사실현은 추단적 행위에 의한 의사표시 즉 묵시적 의사표시로 보는 견해가 있다.

제532조(의사실현에 의한 계약성립) 청약자의 의사표시나 관습에 의하여 승낙의 통지가 필요하지 아니한 경우에는 계약은 승낙의 의사표시로 인정되는 사실이 있는 때에 성립한다.
제533조(교차청약) 당사자 간에 동일한 내용의 청약이 상호교차된 경우에는 양 청약이 상대방에게 도달한 때에 계약이 성립한다.

(2) **단독행위**(單獨行爲)

단독행위는 하나의 의사표시에 의해 성립하는 법률행위를 말한다. '일방행위'라고도 하는데, 복수의 의사표시가 있어야 하는 계약이나 합동행위와는 다르다.

단독행위는 일방의 의사표시에 의해 타인에게 의무를 부담시키게 되므로, 법률의 규정이 있거나, 당사자의 약정이 있는 경우에 한하여 인정되어야 한다. 권리의 포기와 같이 타인에게 아무런 영향을 주지 않는 경우는 자유롭게 할 수 있다. 또한 단독행위에는 상대방의 지위를 불안정하게 하는 조건이나 기한을 붙이지 못한다[제493조 제1항].

단독행위는 상대방이 있는지 여부에 의해 상대방 있는 단독행위와 상대방 없는 단독행위로 나뉜다.

상대방 있는 단독행위와 상대방 없는 단독행위

■ 상대방 있는 단독행위는 의사표시를 상대방에 대하여 한다. 동의 · 채무 · 면제 · 추인 · 취소 · 상계 · 해제 · 해지 등은 특정의 상대방에게 의사표시를 하는 경우이고, 현상광고를 단독행위로 본다면 이는 불특정 다수인에게 의사표시를 하는 경우이다.

■ 상대방이 없는 단독행위는 유언 · 재단법인 설립행위 · 권리의 포기 · 상소의 포기[제1041조] · 채권자에 의한 공탁의 승인[제489조] 등이 그 예이다.

(3) 합동행위(合同行爲)

합동행위는 다수의 의사표시가 방향을 같이하는 법률행위를 말한다. 여러 개의 의사표시가 있어야 한다는 점에서 단독행위와 다르고 의사표시의 방향이 대립적인 계약과도 다르다.

사단법인 설립행위에서는 사단법인 설립이라는 목적을 향해 다수의 의사표시가 결합하므로, 사단법인의 설립행위는 합동행위로 볼 수 있다.

2. 출연행위, 비출연행위(出捐行爲, 非出捐行爲)

재산행위는 출연행위와 비출연행위로 나뉜다. 출연행위는 자신의 재산의 감소로 타인의 재산의 증가를 가져오는 행위를 말하고, 비출연행위는 타인의 재산을 증가시키지 않고 자신의 재산을 감소시키거나 직접 재산의 증감이 일어나지 않는 행위를 말한다.

매매, 임대차, 소유권 양도, 저당권 설정, 채권양도 등은 출연행위에 해당된다. 반면에 소유권포기, 대리권 수여 등은 비출연행위에 속한다. 출연행위는 '출재행위'라고도 하는데 이는 다시 유상행위와 무상행위, 유인행위와 무인행위로 나뉜다.

(1) 유상행위, 무상행위(有償行爲, 無償行爲)

유상행위는 자기의 출연에 대하여 상대방으로부터 그에 상응하는 출연을 받는 것을 목적으로 하는 행위를 말한다. 매매, 임대차, 고용 등은 유상행위의 예가 된다.

무상행위는 자기의 출연에 대하여 상대방으로부터 그에 상응하는 출연이 없는 것을 말한다. 증여, 사용대차, 무이자 소비대차는 무상행위의 예가 된다.

유상행위와 무상행위의 구별은 보통 채권계약에서 나타나지만 단독행위도 부담부 유증[제1088조]의 경우에는 대가적 출연이 있으므로 유상행위로 본다. 그러나 부담부 증여는 상대방의 출연이 대가적인 것이 아니어서 무상행위로 본다. 유상계약에는 매매에 관한 규정이 준용된다[제567조].

(2) 유인행위와 무인행위(有因行爲와 無因行爲)

출연행위에는 그 원인이 되는 법률관계가 있는데 이를 '출연원인'이라고 한다. 출연행위가 출연원인에 의해 영향을 받는 경우에 이를 '유인행위'라고 하고 영향을 받지 않는 경우에는 '무인행위'라고 한다.

목적물의 소유권이전의 의무를 부담하는 매매계약이 취소되는 경우에 그 이행으로 처분행위인 물권행위가 무효로 된다면 물권행위가 유인행위(판례)가 되며, 매매계약의 취소와 상관없이 물권행위가 유효하다면 물권행위는 무인행위가 된다. 대체적으로 출연행위는 유인행위가 된다.

모든 경우를 유인행위로 한다면 거래의 신속과 안전을 해치게 된다. 무인행위의 전형적인 예로는 어음행위를 들 수 있다. 민법에서 유인행위와 무인행위의 대립은 채권행위와 물권행위 관계에서 뚜렷하게 나타난다.

3. 채권행위, 물권행위, 준물권행위(債權行爲, 物權行爲, 準物權行爲)

법률행위는 그에 의해 발생하는 효과에 따라서 채권행위, 물권행위, 준물권행위로 나뉜다.

(1) 채권행위(債權行爲)

채권행위는 채권을 발생시키는 행위를 말한다. '의무부담행위'라고도 하는데, 증여 · 매매 · 임대차 등이 그 예이다. 채권행위가 있으면 채권자는 채무자에 대하여 일정한 행위(급부)를 요구할 수 있다.

채권은 채무자가 일정한 행위를 이행하여야 그 목적을 달성하게 된다. 이처럼 채권행위는 이행이라는 절차를 남긴다는 점에서 물권행위나 준물권행위와 구별된다.

(2) 물권행위(物權行爲)

물권행위는 물권의 변동을 목적으로 하는 법률행위이다. 물권행위의 예를 들면 소유권 양도행위, 저당권 설정행위, 소유권 포기 등이다.

물권행위는 채권행위와 달리 직접 물권을 변동시키고 이행의 절차를 남기지 않기 때문에 '처분행위'라고도 한다. 처분행위가 유효하기 위해서는 처분행위자에게 처분권한과 처분능력이 있어야 하며, 물권행위는 공시방법을 갖추어야 물권변동이 생긴다. 처분권한이 없는 자가 한 처분행위는 무효이지만 이를 권리자가 추인하거나 동산인 경우에는 선의취득으로 유효하게 된다. 또한 제3자 보호규정[제107조 제2항, 제108조 제2항, 제109조 제2항, 제110조 제3항, 제548조 제1항 단서]의 적용으로 유효한 처분행위가 될 수 있다.

(3) 준물권행위(準物權行爲)

준물권행위는 물권 이외의 권리에 변동을 일으키는 것을 목적으로 하는 법률행위다. 준물권행위도 이행이라는 절차를 남기지 않기 때문에 처분행위에 속한다. 채권양도, 지적재산권 양도, 채무면제 등이 그 예이다.

4. 생전행위, 사후행위(사인행위 | 生前行爲, 事後行爲 [死因行爲])

법률행위의 효과가 행위자의 생존중에 발생하는 것을 생전행위라고 하고, 행위자의 사망에 의해 법률효과가 발생하는 것을 사후행위라고 한다. 법률행위는 대부분 생전행위이나 유언, 사인증여는 사후행위이다.

5. 요식행위, 불요식행위(要式行爲, 不要式行爲)

법률행위에 일정한 방식을 요구하는 행위가 요식행위이고, 어떠한 방식도 요구하지 않는 법률행위를 불요식행위라고 한다. 우리 민법상으로는 불요식행위가 원칙이다. 법률의 규정이나 당사자의 합의에 의하여 일정한 방식이 요구되는 때는 예외로 한다. 유언 · 법인설립 · 인지 · 입양 · 혼인 등이 요식행위에 해당한다. 또한 어음 · 수표 등 유가증권과 관련된 행위도 요식행위로 본다.

6. 독립행위, 보조행위(獨立行爲, 補助行爲)

직접 법률관계의 변동을 일어나게 하는 행위를 독립행위라고 한다. 대부분의 행위는 독립행위다. 반면에 단순히 다른 법률행위의 효과를 형식적으로 보충하거나 확정하는 목적을 가진 법률행위를 보조행위라고 하며, 동의 · 추인 · 대리권수여 등이 이에 해당한다.

7. 주된행위, 종된행위(主된行爲, 從된行爲)

법률행위가 유효하게 성립하기 위해서 다른 법률행위가 요구되는 경우에 그 다른 법률행위는 종된 행위이고 종된 행위로 유효하게 성립하는 법률행위는 주된 행위가 된다. 예컨대, 부부재산계약은 혼인의 종된 계약이고, 보증계약이나 질권설정계약, 저당권설정계약은 금전소비대차의 종된 계약이다. 원칙적으로 종된 행위는 주된 행위와 운명을 같이한다[제183조].

> 제183조(종속된 권리에 대한 소멸시효의 효력) 주된 권리의 소멸시효가 완성한 때에는 종속된 권리에 그 효력이 미친다.

Ⅳ 법률행위의 목적(法律行爲의 目的)

1. 의의(意義)

법률행위의 목적이란 법률행위의 당사자가 법률행위에 의해 달성하고자 하는 법률효과를 말한다. 법률행위의 목적은 법률행위의 내용과 같은 의미이다. 법률행위로 당사자 간에는 권리의무가 발생하는데 법률행위의 목적은 효과의사에 의해 결정된다. 법률행위가 유효하려면 법률행위의 목적이 일정한 요건을 갖추어야 하는데, 민법은 법률행위의 목적과 관련하여 사회적 타당성[제103조], 적법성[제105조]을 요구하고 있다. 또한 그 목적이 확정성, 실현 가능성이 있어야 한다.

2. 요건(要件)

(1) 목적의 확정성(目的의 確定性)

법률행위의 목적은 확정되어 있거나 또는 목적이 실현될 때까지 확정될 수 있어야 한다. 법률행위의 목적이 반드시 법률행위 당시에 확정되어 있지 않아도 장차 확정될 수 있는 표준이 있어야 한다. 법률행위의 해석에 의해서도 목적이 확정될 수 없다면 그 법률행위는 무효가 된다.

(2) 목적의 실현 가능성(目的의 實現 可能性)

법률행위의 목적은 실현 가능성이 있어야 한다. 실현 가능성이 없는 사유의 발생이 법률행위 당시에 있었다면 '원시적 불능'이라고 하고, 법률행위가 성립한 다음에 있었다면 '후발적 불능'이라고 한다. 실현 불가능한 것을 목적으로 하는 법률행위는 무효이다. 여기서 불능은 원시적 불능에 한한다[대법원1994.10.25. 선고 94다18232]. 실현 가능성 여부는 사회통념에 따라 결정된다.

불능

■ 후발적 불능인 경우에는 법률행위가 유효하게 성립하고, 불능에 관하여 채무자에게 책임 있는 사유가 있으면 채무불이행으로서의 손해배상[제390조] 및 계약해제[제546조]가 문제된다. 채무자에게 책임 없는 사유로 인한 때에는 대상청구권[제538조 제2항]과 위험부담[제537조] 문제가 생긴다.

■ 불능의 범위가 법률행위 목적의 전부인가 일부인가에 따라서 전부불능과 일부불능으로 나뉜다.

■ 원시적 불능이 전부불능인 경우: 법률행위는 전부 무효이다. 다만 불능인 것에 과실이 있는 당사자는 선의 · 무과실인 상대방에 대하여 계약체결상의 과실책임을 부담하여 신뢰이익을 배상할 의무가 있다[제535조].

■ 원시적 불능이 일부불능인 경우: 원칙적으로 법률행위의 전부가 무효로 되나 그 무효부분이 없었더라도 법률행위를 하였을 것이라고 인정될 때는 나머지 부분은 유효하다[제137조].

(3) 목적의 적법성(目的의 適法性)

가. 의의

법률행위가 유효하려면 그 목적이 적법하여야 한다. 목적이 강행규정에 위배되는 경우에는 그 법률행위는 무효이다. 민법은 제105조에서 "법률행위의 당사자가 법령 중의 선량한 풍속 기타 사회질서에 관계없는 규정과 다른 의사를 표시한 때에는 그 의사에 의한다."라고 하여 간접적으로 이를 규정하고 있다. 우리 민법은 사적 자치를 원칙으로 하고 있다. 그러나 이를 무제한 인정하는 것이 아니라 강행규정에 반하지 않는 사적 자치를 허용하고 있다.

나. 강행규정

① 의의

법률의 규정은 사법상의 효과에 의하여 강행규정과 임의규정으로 나뉜다. 강행규정은 선량한 풍속 기타 사회질서에 관계있는 규정으로서 당사자의 의사에 의해 그 적용을 배제할 수 없는 규정을 말한다[제105조의 반대해석]. 반면에 임의규정은 선량한 풍속 기타 사회질서와 관계없는 규정으로서 당사자의 의사에 의하여 배제될 수 있는 규정을 말한다[제105조].

② 판단의 기준

어떤 규정이 강행규정인지 임의규정인지를 판단하는 것은 쉽지 않다. 강행규정임을 명시적으로 언급하는 경우도 있지만[제289조, 제608조, 제652조], 보통은 규정의 성질과 입법 목적을 고려한 해석에 의해 판단해야 한다.

강행규정으로 볼 수 있는 경우

- 법질서 기본구조에 관한 규정(능력에 관한 규정, 법인제도)
- 제3자 내지 사회 일반의 이해에 직접 영향을 미치는 규정(물권법규정)
- 거래의 안전을 보호하기 위한 규정(유가증권제도 등)
- 경제적 약자를 보호하기 위한 규정([제104조], [제608조], [제652조], 임대차 · 고용 · 소비대차 일부규정과 특별법의 규정)
- 가족관계의 질서에 관한 규정(가족법규정)

③ 위반의 효과

법률행위의 목적이 강행법규에 위반한 경우 그 효과는 다음과 같이 직접적 위반의 경우와 간접적 위반의 경우 달리 나타난다.

직접적 위반과 간접적 위반

■ **직접적 위반**

법률행위가 효력규정에 정면으로 위배되는 경우를 말하며, 그 법률행위는 무효가 된다. 행위의 일부만이 효력규정에 위배되는 경우에는 일부무효의 법리[제137조]가 적용된다.

※ 강행규정은 당사자 쌍방에 적용되는 것이 원칙인데, 경우에 따라 일방 당사자에게 불리한 경우에만 무효로 하는 규정이 있다. 이를 편면적 강행규정이라고 한다[제289조, 제652조, 주택임대차보호법 제10조]. 무허가 음식점의 유흥영업행위, 신고 없이 하는 숙박업처럼 단속규정위반의 경우에는 무효가 되지 않는다.

■ **간접적 위반:**

강행규정을 정면으로 위반하는 것은 아니지만(위반하지 않는 형식을 갖추고 있음) 실질은 강행법규가 금지하고 있는 내용을 실현하는 행위를 말한다. 탈법행위라고도 한다.

※ 공무원의 연금을 받을 권리는 법률상 금융기관 이외에는 담보로 제공할 수 없는데, 채권자에게 연금증서와 연금추심의 대리권을 주고 채권변제에 충당하기로 약정한다면 이는 결국 담보로 제공하는 것과 같은 결과를 낳는다. 이런 탈법행위는 강행규정이 인정하지 않는 결과의 발생을 가져오기 때문에 무효이다.

⑷ 목적의 사회적 타당성(目的의 社會的 妥當性)

가. 사회질서 위반 행위

민법 제103조는 "선량한 풍속 기타 사회질서에 위반한 사항을 내용으로 하는 법률행위는 무효로 한다."라고 규정하고 있다. 이는 법률행위가 강행법규를 위반하지 않더라도 선량한 풍속이나 사회질서에 반하면 무효라는 의미이다.

① 사회질서 위반의 요건

- 당사자의 반사회질서 인식: 법률행위가 사회질서에 반하는 것으로 평가되려면 법률행위가 사회질서에 반한다는 것을 당사자가 인식해야 하는가가 문제된다. 법률행위가 반사회적 것을 모르는 자에게 그 행위의 결과를 부인하는 것은 타당하지 않으므로 인식해야 한다는 견해와 반사회적인 것까지 인식할 필요는 없고 적어도 그 기초사정은 인식해야 한다는 견해, 반사회성의 인식은 요건이 아니라는 견해가 있다.
- 동기의 반사회성: 법률행위 자체에 반사회성이 있는 것이 아니라 그 동기에 반사회성이 있는 경우가 있다. 이 경우 법률행위의 효력이 문제된다. 동기가

표시된 경우에 한하여 무효로 보는 견해, 동기가 표시되지 않았더라도 상대방이 알거나 알 수 있으면 무효로 보는 견해, 동기가 상대방에게 표시되거나 알려져 상대방이 동기의 실현에 가담한 한 경우에 무효로 보는 견해, 동기의 표시나 인식 여부를 묻지 않고 반사회성을 객관적으로 판단하는 견해, 여러 가지 요소를 종합적으로 고려해 판단해야 한다는 견해가 있다.

■ 행위시의 반사회성: 법률행위가 사회질서에 반하는지는 어느 시점을 기준으로 판단할 것인가가 문제된다. 법률행위 당시를 기준으로 판단해야 한다는 견해와 효력발생 당시를 기준으로 판단해야 한다는 견해가 있다. 전자에 의하면 법률행위 당시에 사회질서에 반하는 행위는 후에 사회질서 관념이 바뀌어도 여전히 무효가 되고 법률행위 당시에 사회질서에 반하지 않는다면 후에 사회질서 관념이 바뀌어도 여전히 유효하다. 전자가 다수설이며, 판례의 입장이다[대법원 2001.11.9. 2001다44987].

"매매계약체결 당시에 정당한 대가를 지급하고 목적물을 매수하는 계약을 체결하였다면, 비록 그 후 목적물이 범죄행위로 취득된 것을 알게 되었다고 하더라도, 계약의 이행을 구하는 것 자체가 선량한 풍속 기타 사회질서에 위반하는 것으로 볼 만한 특별한 사정이 없는 한, 그러한 사유만으로 당초의 매매계약에 기하여 목적물에 대한 소유권이전등기를 구하는 것이 민법 제103조의 공서양속에 반하는 행위라고 단정할 수 없고,"라고 하여 행위시를 기준으로 판단한다[대법원 2001.11.09. 선고 2001다44987].

② 사회질서 위반의 유형

민법 제103조는 사회질서 위반행위를 무효로 하고 있는데, 이 규정은 신의칙에 관한 제2조와 함께 대표적인 일반조항이다. 사회질서라는 추상적이고 불확정 개념으로 규율하기 때문이다. 일반조항의 구체성은 판례를 통해 축적된다.

사회질서 위반행위의 유형

■ 법률행위의 목적이 사회질서에 위반하는 경우

첩계약, 살인계약이 그 예이다. 동거생활의 종료를 해제조건으로 하는 증여계약은 부첩관계를 유지시키고 부첩관계의 종료에 지장을 주는 행위이므로 사회질서에 반한다[대법원 1966.6.21. 선고 66다530]. 이중양도가 사회질서에 반하는 행위가 되기 위해서는 제2의 양수인이 양도인의 배임행위에 적극 가담해야 한다[대법원 2002.9.6. 선고 2000다41820].

■ **법률적으로 강제됨으로써 사회질서에 반하게 되는 경우**

과도한 위약벌의 약정이 그 예이다[대법원 1993.3.23. 선고 92다46905].

■ **법률행위 자체는 사회질서에 반하지 않으나 그것이 금전적 이익과 결부됨으로써 사회질서에 반하게 되는 경우**

소송에서 사실대로 진술해 주면 통상적인 수준을 넘는 급부를 약정한 경우가 그 예이다[대법원 1994.3.11. 선고 93다49522].

■ **사회질서에 반하는 것을 조건으로 하는 경우**

명예훼손을 하지 않을 것을 조건으로 한 증여계약이 그 예이다.

■ **동기가 불법인 경우**

살인을 위한 흉기매매의 경우가 그 예이다. 판례는 동기가 표시되거나 상대방에게 알려진 경우에 제103조를 적용한다[대법원 2001.2.9. 선고 99다38613].

---

③ 사회질서 위반의 효과

사회질서에 반하는 것을 법률행위의 내용으로 하는 경우에 그 법률행위는 무효이다[제103조]. 사회질서에 반하는 무효의 효과는 절대적이어서 선의의 제3자에게도 대항할 수 있다. 법률행위의 일부만이 사회질서에 반하는 경우에는 일부무효의 법리[제137조]에 의하여 법률효과가 결정된다. 부동산의 이중매매가 사회질서에 반하는 경우, 제2매수인으로부터 부동산을 취득한 제3자는 이중매매의 유효를 주장할 수 없고, 제2매수인에게 타인의 권리를 매도한 자로서 담보책임을 물을 수 있을 뿐이다[제370조]. 다만 제3자가 시효취득하는 것은 별개의 문제이다. 사회질서에 반하여 무효인 경우에 추인의 법리가 적용되지 않으며[대법원 1973.5.22. 선고 72다2249], 이행이 있기 전이라면 이행할 필요가 없으며, 이미 이행하였다면 원칙적으로 부당이득 반환청구가 가능하다[제741조]. 사회질서 위반인 경우에는 불법원인급여[제746조]에 의해 반환청구가 배제된다. 이 경우에 급여된 물건의 소유권은 반사적으로 급여받은 자에게 귀속된다[대법원 1979.11.13. 선고 79다483].

나. 불공정한 법률행위(폭리행위)

① 의의

불공정한 법률행위란 상대방의 궁박, 경솔 또는 무경험을 이용하여 현저하게 폭리를 취하는 법률행위를 말한다. 민법 제104조에서는 "당사자의 궁박, 경솔 또는 무경험으로 인하여 현저하게 공정을 잃은 법률행위는 무효로 한다."고 규정하고 있다. 민법 제103조와 제104조의 관계에 대하여 다수설과 판례는 제104조의 폭리행위는 제103조의 사회질서 위반행위의 일종이라고 한다. 그러나 소수설은 별개의 제도로 본다. 또 제104조가 유상계약에 적용됨은 물론이나, 무상계약에도 적용되는가에 대해서는 견해가 나뉜다. 판례는 증여나 기부행위처럼 대가없이 일방적인 급부를 행하는 무상행위에는 공정을 논할 수 없다는 입장이다[대법원 2000.2.11. 선고 99다56833].

② 요건

불공정한 법률행위(폭리행위)가 성립하려면 다음의 요건이 갖추어져야 한다.

- 급부와 반대급부 사이에 현저한 불균형이 있어야 한다. 불균형을 판단하는 시기는 법률행위 당시로 봐야 한다는 견해가 다수설이며, 판례의 입장이다.
- 폭리행위자는 피해자의 궁박, 경솔 또는 무경험을 이용하였어야 한다. 여기서 '궁박'은 급박한 곤궁을 의미하는데, 경제적 궁박에 한정하지 않으며 정신적 · 신체적 원인에 의한 궁박도 포함된다. '경솔'은 신중하지 못한 것을 말한다. 의사결정시에 그 행위의 결과나 장래에 관하여 보통인이 하는 고려를 하지 않는 심리상태로 보는 견해가 다수설이다. '무경험'은 일반적인 생활체험이 불충분한 것으로 어느 특정영역의 경험부족이 아니라 거래 일반에 대한 경험부족을 의미한다[다수설, 대법원 2002.10.22. 선고 2002다38927]. 대리인에 의한 법률행위에서 경솔과 무경험은 대리인을 기준으로 판단하고, 궁박상태에 있었는지는 본인을 기준으로 판단해야 한다[대법원 2002.10.22. 선고 2002다38927].

③ 효과

성립요건이 구비되면 불공정한 법률행위는 무효이다. 폭리행위에 해당하여 무효가 되면, 이행하지 않은 경우에는 이행할 필요가 없고 이행을 한 경우에는 제746조 단서에 의하여 피해자는 반환을 청구할 수 있다. 그러나 폭리행위자는 제746조 본문에 의해 급부의 반환을 청구할 수 없다(다수설). 폭리행위에 대한 입증책임은 무효를 주장하는 자에게 있다. 궁박, 경솔 또는 무경험의 상태에 있었다는 것, 상대방이 이를 인식하고 있었다는 것, 급부와 반대급부가 현저하게 불균형의 상태라는 것을 전부 입증해야 한다[대법원 1991.5.18. 선고 90다19770].

제746조(불법원인급여) 불법의 원인으로 인하여 재산을 급여하거나 노무를 제공한 때에는 그 이익의 반환을 청구하지 못한다. 그러나 그 불법원인이 수익자에게만 있는 때에는 그러하지 아니하다.

V 법률행위의 해석(法律行爲의 解釋)

1. 의의(意義)

법률행위의 해석이란 법률행위의 내용을 명확하게 확정하는 것을 말하는데, 법

법률행위의 해석, 법률의 해석, 의사표시의 해석

■ **법률행위의 해석**
당사자가 행한 법률행위의 내용을 명확하게 확정하는 것이다.

■ **법률의 해석**
국회가 만든 성문법을 구체적 사례에 적용하기 위하여 추상적인 규범을 해석하는 것을 의미한다.

■ **의사표시의 해석**
법률행위의 필수불가결한 요소가 의사표시이기 때문에 법률행위의 해석과 의사표시의 해석을 동일하게 보는 견해가 있고, 양자는 개념상 다를 뿐만 아니라 법률행위의 해석은 의사표시해석보다 포괄적인 작업으로 보며 이를 구별하는 견해가 있다.

률행위는 의사표시의 효과의사 내용대로 효력이 발생한다. 계약에서 각 당사자의 의사표시의 진의가 일치하면 계약은 유효하게 성립한다. 진의의 일치 여부는 법률행위의 해석에 의하고, 법률행위의 해석은 계약 성립을 판단하기 위한 전제가 된다. 법률행위는 당사자의 의사표시의 내용이 그대로 법률효과가 되기 때문에 법률행위의 해석이 법률적용에 선행되어야 한다.

2. 해석의 목표 혹은 대상(解釋의 目標 혹은 對象)

법률행위가 존재하는 경우에는 그 내용이 무엇인지 명확하게 확정하여야 하는데, 무엇을 그 내용으로 인식할 것인가가 문제된다. 이를 '법률행위 해석의 목표'라고 한다. 법률행위 해석의 목표에 관하여 학설이 대립하고 있다.

법률행위 해석 목표에 관한 견해

1. 법률행위 해석의 목표는 표시행위가 가지는 객관적 의미를 밝히는 것에 있다고 보는 견해
2. 법률행위 해석의 목표는 표의자의 내심적 효과의사 즉, 진의(眞意)가 무엇인지를 밝히는 것에 있다고 보는 견해
3. 종래의 학설은 법률행위 해석의 목표와 대상을 혼동하고 있다면서 해석의 대상은 표시행위지만 해석의 목표는 표의자의 내심적 효과의사를 탐지하는 것이라는 견해
4. 법률행위의 유형과 특성을 고려하여 표의자의 진의가 중시되는 경우에는 표의자의 진의를, 상대방의 신뢰보호가 요구되는 경우에는 표시의 객관적 의미를 해석의 목표로 보는 견해

법률행위의 해석은 당사자가 그 표시행위에 부여한 객관적인 의미를 명백하게 확정하는 것으로서, 서면에 사용된 문구에 구애받는 것은 아니지만 어디까지나 당사자의 내심적 의사의 여하에 관계없이 그 서면의 기재 내용에 의하여 당사자가 그 표시행위에 부여한 객관적 의미를 합리적으로 해석하여야 하는 것이고, 당사자가 표시한 문언에 의하여 그 객관적인 의미가 명확하게 드러나지 않는 경우에는 그 문언의 내용과 그 법률행위가 이루어진 동기 및 경위, 당사자가 그 법률행위에 의하여 달성하려는 목적과 진정한 의사, 거래의 관행 등을 종합적으로 고려하여 사회정의와 형평의 이념에 맞도록 논리와 경험의 법칙, 그리고 사회일반의 상식과 거래의 통념에 따라 합리적으로 해석하여야 한다[대법원 2001. 3. 23. 선고 2000다40858 판결, 대법원 2005.02.24. 선고 2005다56186].

3. 해석의 방법(解釋의 方法)

(1) 자연적 해석(自然的 解釋)

자연적 해석이란 표의자의 진의를 밝히는 해석방법을 말한다. 표시행위의 외형에 제한받지 않고, 모든 사정을 종합하여 표의자의 진의를 밝히는 해석방법이다.

법원은 부동산 매매계약에서 당사자 쌍방이 지번에 착오를 일으켜 다른 토지를 매매계약서에 기재한 경우, 계약서에 기재된 토지가 아니라 당사자가 실제로 합의한 토지를 매매목적물로 보았다[대법원 1996.8.20. 선고 96다19581].

(2) 규범적 해석(規範的 解釋)

규범적 해석이란 표의자의 입장에서 그의 진의를 탐구하는 것이 아니라 그 상대방의 입장에서 표시행위가 가지는 객관적인 의미를 탐구하는 것을 말한다. 규범적 해석은 자연적 해석을 한 후 2차적으로 행하는 해석방법이다.

(3) 보충적 해석(補充的 解釋)

보충적 해석이란 법률행위의 내용에 틈이 있는 경우, 그 틈을 보충하여 법률행위 당사자 간에 문제된 법률관계를 해결하는 것을 말한다. 보충적 해석은 자연적 해석 또는 규범적 해석에 의하여 법률행위의 성립이 인정된 후에 비로소 문제된다.

제3절 의사표시(意思表示)

I 의사표시 일반(意思表示 一般)

1. 의의(意義)

의사표시란 일정한 법률효과를 발생시키려는 의사를 외부로 표시하는 행위를 말한다. 의사표시는 법률사실로서 법률행위의 불가결한 요소이다. 의사표시를 요소로 하여 성립한 법률행위는 법률요건으로서 법률효과를 발생하게 하는데, 그 효과는 의사표시의 내용이 된다.

2. 의사표시의 구성 요소(意思表示의 構成 要素)

의사표시는 일정한 법률효과의 발생을 원하는 내심의 의사와 내심의 의사를 외부로 표시하는 표시행위로 나뉜다.

내심의 의사와 표시행위가 일치하는 것이 보통이지만 일치하지 않는 경우에 의사표시의 효과를 어떻게 정할 것인지가 문제이다. 의사주의는 의사표시를 의사와 표시 두 요소로 구성하고 그중 의사가 효력근거라고 한다. 표시주의는 의사와 표시 두 요소로 의사표시를 구성하며, 효력의 근거는 표시라고 본다. 효력주의는 의사와 표시 두 요소로 분리하지 않고 법률효력의 근거는 의사와 표시에 공통적으로 존재한다고 본다. 다수설은 민법이 절충주의를 취하고 있다고 본다. 의사표시는 특히 착오의 문제와 관련하여 논의된다.

의사표시의 구성요소로서 통설은 효과의사, 표시의사, 표시행위로 구분하는데, 소수설은 여기에 행위의사를 더하여 설명하고 있다.

의사표시의 구성 요소

■ **행위의사**

행위의사란 어떤 행위를 한다는 인식을 말한다. 의사표시가 되기 위해서는 의식 있는 상태에서 한 행위이어야 한다. 의식불명상태의 행위나 최면상태, 항거불능의 행위는 행위의사가 결여되어 의사표시가 존재하지 않는다.

■ **효과의사**

효과의사란 일정한 법률효과를 원하는 표의자의 내부적 의사를 말한다. 효과의사는 구체적인 법률효과를 내용으로 하는 점에서 일반적인 법률효과를 의식하는 표시의식과 구별된다.

■ **표시의사**

표시의사는 효과의사를 외부에 발표하려는 의사를 말한다. 효과의사와 표시행위를 매개하는 의사이다.

■ **표시행위**

표시행위란 내적 의사를 외부에 표출하는 적극적이거나 소극적인 외부적 행위를 말한다. 말, 글, 몸짓으로도 가능하고, 심지어 침묵도 상황에 따라 표시행위가 된다고 한다. 표시행위의 방식에는 명시적 표시행위와 묵시적 표시행위로 구별할 수 있는데, 법적인 취급에 있어서 효력상의 차이가 없으므로 구별할 실익은 없다(다수설).

3. 민법상 의사표시가 의제되는 경우

(1) 침묵(沈默)

민법 제15조에서는 제한능력자의 상대방이 제한능력자측에 추인 여부의 확답을 촉구하였음에도 확답을 발송하지 않은 경우(침묵) 추인한 것으로 본다. 그러나 특별한 절차가 필요한 행위는 취소한 것으로 본다. 민법 제131조에서는 대리권 없는 자가 타인의 대리인으로 계약을 한 경우에 상대방은 상당한 기간을 정하여 본인에게 그 추인 여부의 확답을 최고할 수 있다. 본인이 그 기간 내에 확답을 발하지 아니한 때(침묵)에는 추인을 거절한 것으로 본다.

(2) 법정추인(法定追認)

민법 제145조에서는 취소할 수 있는 법률행위에 관하여 전조의 규정에 의하여 추인할 수 있는 후에 전부나 일부의 이행, 이행의 청구, 경개, 담보의 제공, 취소할 수 있는 행위로 취득한 권리의 전부나 일부의 양도, 강제집행 등의 사유가 있으면 추인한 것으로 본다. 그러나 이의를 보류한 때에는 그러하지 아니하다.

(3) 의사실현(意思實現)

민법 제532조에서는, 청약자의 의사표시나 관습에 의하여 승낙의 통지가 필요하지 아니한 경우에는 계약은 승낙의 의사표시로 인정되는 사실이 있는 때에 성립한다고 본다. 예를 들면 물품매매에서 청약과 함께 송부된 물품을 승낙의 의사표시 없이 소비하는 경우이다.

(4) 묵시의 갱신(默示의 更新)

민법 제639조 제1항에서는 임대차기간이 만료한 후 임차인이 임차물의 사용, 수익을 계속하는 경우에 임대인이 상당한 기간 내에 이의를 제기하지 아니한 때에는 전임대차와 동일한 조건으로 다시 임대차한 것으로 본다.

Ⅱ 흠 있는 의사표시(欠 있는 意思表示)

법률행위가 유효하려면 구성요소인 의사표시에 흠이 없어야 한다. 의사표시에서는 의사와 표시가 일치해야 하고, 그 의사가 형성되는 과정에 흠이 없어야 한다. 이처럼 흠이 있게 된다면 그 법률행위는 당사자가 원하는 바의 법률효과를 발생시킬 수 없다.

민법은 의사표시의 흠과 관련하여 제107조 내지 제110조에서 규정하고 있다. 의사와 표시의 불일치를 표의자가 알고 있는 진의 아닌 의사표시[제107조], 표의자가 알면서 상대방과 통정하여 허위의 의사표시를 한 경우[제108조], 표의자가 불일치를 알지 못하는 착오[제109조], 사기 · 강박에 의한 의사표시[제110조 제1항]가 그것이다.

> 제107조(진의 아닌 의사표시) ① 의사표시는 표의자가 진의 아님을 알고 한 것이라도 그 효력이 있다. 그러나 상대방이 표의자의 진의 아님을 알았거나 이를 알 수 있었을 경우에는 무효로 한다. ② 전항의 의사표시의 무효는 선의의 제삼자에게 대항하지 못한다.
> 제108조(통정한 허위의 의사표시) ① 상대방과 통정한 허위의 의사표시는 무효로 한다. ② 전항의 의사표시의 무효는 선의의 제삼자에게 대항하지 못한다.
> 제109조(착오로 인한 의사표시) ① 의사표시는 법률행위의 내용의 중요 부분에 착오가 있는 때에는 취소할 수 있다. 그러나 그 착오가 표의자의 중대한 과실로 인한 때에는 취소하지 못한다. ② 전항의 의사표시의 취소는 선의의 제삼자에게 대항하지 못한다.
> 제110조(사기, 강박에 의한 의사표시) ① 사기나 강박에 의한 의사표시는 취소할 수 있다. ② 상대방 있는 의사표시에 관하여 제삼자가 사기나 강박을 행한 경우에는 상대방이 그 사실을 알았거나 알 수 있었을 경우에 한하여 그 의사표시를 취소할 수 있다. ③ 전2항의 의사표시의 취소는 선의의 제삼자에게 대항하지 못한다.

1. 진의 아닌 의사표시(非眞意表示)

(1) 의의(意義)

진의 아닌 의사표시(비진의표시)란 표의자가 표시행위의 의미가 진의와 다르다는 것을 알면서 하는 의사표시를 말한다. 진의 아닌 의사표시는 의사와 표시의 불일치를 표의자가 알고 있다는 점에서 허위표시와 같다. 그러나 상대방과 통정이 없다는 점에서 통정 허위표시와 다르다.

민법은 제107조 제1항에서 "의사표시는 표의자가 진의 아님을 알고 한 것이라도 그 효력이 있다. 그러나 상대방이 표의자의 진의 아님을 알았거나 이를 알 수 있었을 경우에는 무효로 한다."고 하고, 제2항에서는 "전항의 의사표시의 무효는 선의의 제3자에게 대항하지 못한다."고 규정하고 있다.

(2) 요건(要件)

가. 의사표시가 있어야 한다

진의 아닌 의사표시가 성립하기 위해서는 일정한 효과의사를 추측하여 판단할 만한 가치가 있는 표시행위가 있어야 한다. 그러므로 사교상의 명백한 농담은 이 요건에 해당하지 않을 수 있다. 그러나 농담으로 자기가 타는 차를 주겠다고 한 경우처럼 진의와 다른 의사표시를 상대방도 알 것이라 생각하고 하는 의사표시는 비진의표시가 있었다고 본다. 그리고 의사표시는 사법상 의사표시이어야 한다. 공법상 의사표시에는 제107조가 적용되지 않는다[대법원 1978.7.25. 선고 76누276, 대법원 1994.1.11. 선고 93누10057].

나. 진의와 표시가 불일치해야 한다

내심적 효과의사와 표시상의 효과의사가 일치하지 않아야 한다. 판례는 근로자들이 사용자의 지시에 의해 사직서를 제출한 경우, 사직서를 제출할 당시에 의원면직으로 처리될지도 모른다고 인식하였더라도 그것만으로 내심에 사직의 의사가 있다고 볼 수 없다고 하였다[대법원 1991.7.12. 선고 90다11554, 대법원 1996.7.30. 선고 95누7765].

다. 표의자가 진의와 표시가 다르다는 것을 알고 있어야 한다

표의자가 스스로 내심의 의사와 표시가 다르다는 것을 모른다면, 착오 또는 사기에 의한 의사표시가 된다. 그리고 비진의 의사표시를 하게 된 동기나 목적은 묻지 않는다.

(3) 효과(效果)

비진의표시는 표시된 대로 효력을 발생하는 것이 원칙이다. 그러나 상대방이 표의자의 의사표시가 진의 아님을 알았거나 알 수 있었을 경우에는 무효이다. 상대방이 다수인 경우에 그 일부만 표의자의 진의가 아님을 안 경우 어떻게 처리될까? 이와 관련하여 그 일부의 상대방에 대해서만 무효로 보고, 다음으로 '제137조(일부무효의 법리)'를 적용하자고 하는 견해가 있다. 이 경우 무효를 주장하는 자가 비진의표시의 요건을 입증해야 한다. 판례도 같은 입장이다[대법원 1992.5.22. 선고 92다2295].

비진의표시가 무효가 되는 경우에도 그 무효로 선의의 제삼자에게 대항하지 못한다[제107조 제2항]. 이는 거래의 안전을 고려한 규정이다.

비진의표시가 무효로 되는 경우, 불법행위를 이유로 손해배상을 해야 하는가? 이와 관련하여 손해배상책임이 없다는 견해와 상대방이 선의이지만 과실로 모른 경우라면 불법행위 또는 계약체결상의 과실을 이유로 손해배상을 인정해야 한다는 견해가 있다.

관련 판례

진의 아닌 의사표시가 대리인에 의하여 이루어지고 그 대리인의 진의가 본인의 이익이나 의사에 반하여 자기 또는 제3자의 이익을 위한 배임적인 것임을 그 상대방이 알았거나 알 수 있었을 경우에는 민법 제107조 제1항 단서의 유추해석상 그 대리인의 행위에 대하여 본인은 아무런 책임을 지지 않는다고 보아야 하고, 그 상대방이 대리인의 표시의사가 진의 아님을 알았거나 알 수 있었는가의 여부는 표의자인 대리인과 상대방 사이에 있었던 의사표시 형성 과정과 그 내용 및 그로 인하여 나타나는 효과 등을 객관적인 사정에 따라 합리적으로 판단하여야 할 것이다[대법원 2001.1.19. 선고 2000다20694 판결 등 참조]. 그리고 미성년자의 법정대리인인 친권자의 법률행위에 있어서도 이는 마찬가지라 할 것이므로, 법정대리인인 친권자의 대리행위가 객관적으로 볼 때 미성년자 본인에게는 경제적인 손실만을 초래하는 반면, 친권자나 제3자에게는 경제적인 이익을 가져오는 행위이고, 그 행위의 상대방이 이러한 사실을 알았거나 알 수 있었을 때에는, 민법 제107조 제1항 단서의 규정을 유추적용하여 그 행위의 효과는 자(子)에게는 미치지 않는다고 해석함이 상당하다[대법원 2011.12.22. 선고 2011다64669 판결].

(4) 적용범위(適用範圍)

제107조는 계약과 상대방 있는 단독행위에 적용된다. 그러나 본인의 의사가 존

중되는 가족법상의 행위, 공법상 의사표시, 소송행위, 유가증권에 관한 행위, 거래의 안전이 중시되는 주식인수의 청약에 관하여는 제107조가 적용되지 않는다.

2. 허위표시(虛僞表示)

(1) 의의(意義)

표의자가 상대방과 합의하여 행하는 허위의 의사표시를 허위표시라고 한다. '통정허위표시' 또는 '가장행위'라고도 한다. 채무자가 자기재산에 대한 민사집행을 면하기 위하여 타인과 합의하에 자기소유 부동산을 그 타인의 소유로 이전 등기를 한 경우가 그 예이다.

민법은 제108조 제1항에서 "상대방과 통정한 허위의 의사표시는 무효로 한다."고 하면서, 제2항에서는 "전항의 의사표시의 무효는 선의의 제3자에게 대항하지 못한다."고 규정하고 있다.

(2) 요건(要件)

가. 의사표시가 있을 것

허위표시가 성립하기 위해서는 제3자가 보아서 사회통념상 의사표시가 있었다고 할 만한 외관 내지 외형이 있으면 족하다.

나. 의사와 표시가 불일치할 것

표시상 효과의사와 내심적 효과의사가 일치하지 않아야 한다. 즉, 표시상 효과의사는 소유권의 이전으로 보이지만 내심적 효과의사는 강제집행을 피하기 위한 재산의 은닉수단인 경우를 예로 들 수 있다.

다. 표의자가 진의와 표시가 다르다는 것을 알고 있을 것

표시상 효과의사와 내심적 효과의사가 일치하지 않다는 것을 표의자가 스스로 알고 있어야 한다.

라. 표의자와 상대방 간 통정이 있을 것

통정이 있다고 하기 위해서는 표시상 효과의사와 내심적 효과의사가 일치하지 않다는 것을 표의자가 스스로 알고 있는 것에 그치지 않고 표의자와 상대방 사이에 합의가 있어야 한다[통설, 판례 : 대법원 1998.9.4. 선고 98다17909]. 이처럼 합의가 요구되는 점에서 허위표시는 비진의표시와 구별된다.

(3) 허위표시와 구별해야 할 개념(虛僞表示와 區別해야 할 槪念)

가. 은닉행위

어떤 행위를 숨기기 위하여 다른 행위로 위장하는 것을 은닉행위라고 한다. 즉 자기 부동산을 남편에게 증여하면서 증여세를 면탈하기 위해 매매의 형식을 빌려 소유권을 이전하는 경우 외형상의 매매는 가장행위가 되고 증여는 은닉행위가 된다. 당사자의 의사가 일치하는 경우 이를 우선해야 하는 법률행위의 원칙으로 보면 은닉행위(증여)가 유효요건을 갖추고 있다면 당사자 간에는 증여가 유효한 행위가 된다.

나. 신탁행위

신탁행위는 일정한 경제적 목적을 위하여 목적달성에 요구되는 한도를 넘는 권리를 이전하고 양수인은 목적달성의 한도 안에서 행사할 의무를 지는 것을 말한다. 동산의 양도담보, 채권추심을 위한 채권양도가 예가 될 것이다. 신탁행위는 권리를 양도하려는 진의가 있기 때문에 허위표시가 아니다.

부동산 명의신탁은「부동산 실권리자 명의 등기에 관한 법률」에 의해 규율되는데, 동법 제4조 제1항에서 "명의신탁약정은 무효로 한다."고 규정하고 있다.

(4) 효과(效果)

허위표시는 무효이다. 그러나 선의의 제삼자에 대해서는 대항하지 못한다. 당사자 간에는 이행하지 않은 경우에 이행할 필요가 없고, 이미 이행한 경우에는 부당이득을 이유로 반환청구를 할 수 있다. 이때 불법원인급여를 규정한 제746조는 적용되지 않는다.

당사자 쌍방은 허위표시 외관 제거에 협력할 것을 청구할 수 있다. 허위표시가 민법 제406조의 채권자취소권의 요건을 갖춘 경우에는 허위표시를 한 채무자의 채권자는 채권자취소권을 행사할 수 있다.

민법 제108조 제2항에서 "전항의 의사표시의 무효는 선의의 제삼자에게 대항하지 못한다."고 규정하고 있는데, 이 규정은 선의취득이 인정되지 않는 부동산거래에서 사실상 공신의 원칙을 인정하는 것이 되어 신중한 고찰이 필요하다.

일반적으로 제3자는 당사자와 포괄승계인 이외의 자를 말한다. 그러나 여기서는 허위표시를 기초로 새로운 이해관계를 맺은 자만을 의미한다는 것이 통설과 판례의 견해이다[대법원 1982.5.25. 선고 80다1403]. 가장매매의 매수인으로부터 다시 매수하거나, 저당권을 설정받은 자, 가장전세권에 기해 저당권을 설정받은 자 등이 이에 해당한다. 여기서 '선의'란 의사표시가 허위표시임을 알지 못하는 것을 말한다. 제삼자의 선의와 악의를 결정하는 기준이 되는 시기는 법률상 새로운 이해관계를 맺는 때이다. 선의의 제삼자로부터 전득한 자가 악의라고 할지라도 선의인 경우와 같이 대항하지 못한다. 이때 '대항하지 못한다'라는 것은 허위표시의 당사자가 무효인 허위표시를 주장할 수 없다는 뜻이다. 제3자가 무효를 주장하는 것은 상관없다는 것이 다수설이나, 거래의 안전을 위해 제3자라도 무효를 주장할 수 없다고 보는 소수설도 있다.

허위표시는 무효이므로 그것의 철회는 무의미하다. 그러나 제3자와의 관계에서는 유효할 수도 있으므로 철회도 가능하다는 것이 통설이다. 물론 철회가 있더라도 철회 이전에 이해관계를 가지게 된 선의의 제삼자에게는 대항할 수 없다.

제108조는 계약과 상대방 있는 단독행위에 적용된다. 그러나 상대방 없는 단독행위에는 적용되지 않는다(통설). 또한 진의를 중시하는 가족법상의 법률행위에도 적용될 여지가 없다.

3. 착오(錯誤)

(1) 의의(意義)

민법 제109조는 착오에 관하여 규정하고 있는데, 제1항은 "의사표시는 법률행위의 내용의 중요 부분에 착오가 있는 때에는 취소할 수 있다. 그러나 그 착오가 표의자의 중대한 과실로 인한 때에는 취소하지 못한다."고 하며, 제2항은 "전항의 의사표시의 취소는 선의의 제삼자에게 대항하지 못한다."고 하고 있다.

착오의 개념에 대해서는 견해가 대립한다. 다수설에 의하면, 표시로부터 추단되는 의사(표시상의 효과의사)와 진의(내심적 효과의사)가 일치하지 않고 그 불일치를 표의자가 모르는 것을 착오라고 한다.

(2) 착오의 형태(錯誤의 形態)

착오는 표시상의 착오, 내용의 착오, 표시상의 착오로 구분할 수 있다.

착오의 형태

■ **표시상의 착오**

표시행위 자체를 잘못하여 내심의 의사와 표시가 다른 경우를 말한다. 즉 주택을 매입하면서 매매계약서에 1억 1000만원을 1억 100만원으로 잘못 적은 경우를 말한다.

■ **내용의 착오**

표의자가 표시행위의 의미를 잘못 이해한 것을 말한다. 즉 우리나라의 원화가치와 일본의 엔화가치를 같다고 생각하고 100만원을 100만엔으로 잘못 적은 것을 말한다.

■ **동기의 착오**

동기의 착오는 의사형성과정에서 생긴 착오를 말한다. 내심의 의사와 표시가 일치하지만 내심의 의사를 결정하는 과정에 착오가 생긴 것을 말한다. 4차선 대로가 생길 것으로 알고 맹지를 매수하였으나 도로가 개설되지 않은 경우가 예가 된다.

※ 동기의 착오를 이유로 의사표시를 취소할 수 있는가 하는 문제에서 동기의 착오는 본래 고려되는 착오는 아니지만 그 동기가 표시되어 상대방이 그 동기를 알고 있는 경우에는 의사표시의 내용이 되어 동기의 착오를 이유로 취소할 수 있다는 것이 다수설이다.

동기의 착오가 법률행위의 내용의 중요 부분의 착오에 해당함을 이유로 표의자가 법률행위를 취소하려면 그 동기를 당해 의사표시의 내용으로 삼을 것을 상대방에게 표시하고 의사표시의 해석상 법률행위의 내용으로 되어 있다고 인정되면 충분하고 당사자들 사이에 별도로 그 동기를 의사표시의 내용으로 삼기로 하는 합의까지 이루어질 필요는 없다. 한편, 일반적으로 계약의 해석에 있어서는 형식적인 문구에만 얽매여서는 안 되고 쌍방 당사자의 진정한 의사가 무엇인가를 탐구해야 하며, 당사자 사이에 계약의 해석을 둘러싸고 이견이 있어 처분문서에 나타난 당사자의 의사해석이 문제되는 경우에는 문언의 내용, 그와 같은 약정이 이루어진 동기와 경위, 약정에 의하여 달성하려는 목적, 당사자의 진정한 의사 등을 종합적으로 고찰하여 논리와 경험칙에 따라 합리적으로 해석해야 한다[대법원 2010.7.22. 선고 2010다1456].

(3) 취소할 수 있는 착오의 요건(取消할 수 있는 錯誤의 要件)

가. 의사표시에 착오가 있을 것

의사표시가 있어야 하고 그 의사표시에 착오가 있어야 한다. 착오의 존재시점은 의사표시 당시를 기준으로 판단한다. 그리고 동기의 착오는 현재사실뿐만 아니라 장래의 불확실한 사실도 착오의 대상에 포함된다.

부동산의 양도가 있은 경우에 그에 대하여 부과될 양도소득세 등의 세액에 관한 착오가 미필적인 장래의 불확실한 사실에 관한 것이어서 민법 제109조 소정 착오에서 제외되는 것이라고도 말할 수 없다[대법원 1994.6.10. 선고 93다24810].

나. 법률행위 내용의 중요 부분에 착오가 있을 것

법률행위의 내용이란 법률행위의 목적을 말한다. 법률행위를 하게 된 동기는 원칙적으로 법률행위의 목적이 아니므로 그 동기에 착오가 있다고 하더라도 제109조는 적용되지 않는다. 그러나 표의자가 그 동기를 표시하고 상대방이 이를 알고 법률행위의 내용으로 인지되었다면 제109조가 적용되어 취소할 수 있다는 것이 법원의 입장이다. '법률행위 내용의 중요 부분의 착오'란 표의자가 그러한 착오가 없었더라면 그 의사표시를 하지 않을 정도로 중요한 것이어야 하고, 일반인도 표의자와 같은 위치에 있었더라면 그러한 의사표시를 하지 않을 정도로 중요한 것이어야 한다.

관련 판례

민법 제109조에서 규정한 바와 같이 의사표시에 착오가 있다고 하려면 법률행위를 할 당시에 실제로 없는 사실을 있는 사실로 잘못 깨닫거나 아니면 실제로 있는 사실을 없는 사실로 잘못 생각하듯이 표의자의 인식과 그 대조사실이 어긋나는 경우라야 하므로, 표의자가 행위를 할 당시 장래에 있을 어떤 사항의 발생이 미필적임을 알아 그 발생을 예기한 데 지나지 않는 경우는 표의자의 심리상태에 인식과 그 대조사실의 불일치가 있다고 할 수 없어 이를 착오로 다룰 수 없다[대법원 1972. 3. 28. 선고 71다2193 판결, 대법원 2012. 12. 13. 선고 2012다65317 판결 등 참조].

※ 원심판결 이유: 주식회사 케이피이엔(이하 '소외 회사'라 한다)이 피고와 사이에 이 사건 분양계약을 체결한 2007. 4. 12.경 탕정지구는 대상 면적이 16,867,000㎡인 택지개발예정지구로 지정 고시되었다가 2011. 6. 28.경 대상 면적을 5,160,097㎡로 축소하는 택지개발예정지구 지정변경이 고시된 사실을 알 수 있는 바, 이 사건 분양계약 체결 당시 탕정지구 개발계획에 관한 소외 회사의 인식 자체에는 오류가 있었다고 보기 어렵고, 소외 회사가 탕정지구 개발사업이 당초 계획대로 진행될 것으로 예상하였다고 하더라도 이는 장래에 대한 단순한 기대에 지나지 아니하므로, 위와 같은 사업축소로 그 기대가 이루어지지 않았다고 하여 법률행위 내용의 중요 부분에 착오가 있는 것으로 볼 수 없다[대법원 2013.11.28. 선고 2013다202922 판결].

① 동기의 착오

매매계약 체결 당시에 이 사건 토지 중 20~30평 정도의 토지 이상은 분할되어 도로로 편입되지 않을 것이라고 믿은 것은 이 사건 매매계약과 관련하여 동기의 착오라고 할 것이지만, 원 · 피고 사이에 매매계약의 내용으로 표시되었다고 볼 것이고 나아가 기록에 의하면, 일반인이라도 원고의 입장에서라면 이 사건 토지 중 전체 면적의 약 30%가 분할되는 것을 알았다면 이 사건 토지를 매수하지 아니하였으리라는 사정이 엿보이므로, 결국 원고는 이 사건 매매계약을 체결함에 있어 그 내용의 중요 부분에 관한 착오가 있었다고 보아야 할 것이다[대법원 2000.5.12. 선고 2000다12259].

매매계약 당시에는 임야가 도시관리계획상 '관리지역'으로 지정되어 있었을 뿐 세부용도지역으로 구분되어 있지 않았고, 공고는 위 임야를 '계획관리지역'으로 지정함에 대한 주민 및 이해관계인의 의견청취를 위한 공고에 불과하므로, 매매계약 당시 객관적 상황에 대한 원고의 인식 자체에는 오류가 없는 것으로 보인다. 또한, 원고가 이 사건 임야가 장차 계획관리지역으로 지정되어 공장설립이 가능할 것으로 생각하였다고 하더라도 이는 장래에 대한 단순한 기대에 지나지 않는 것이므로, 그 기대가 이루어지지 아니하였다고 하여 이를 법률행위의 내용의 중요 부분에 착오가 있는 것으로는 볼 수 없다[대법원 2010.5.27. 선고 2009다94841].

② 사람의 동일성에 대한 착오

사람의 동일성에 대한 착오는 사람이 달라져도 중요시되지 않는 현실매매와 같은 경우에는 중요 부분의 착오가 되지 않는다. 그러나 사람이 중요시되는 증여, 임대차, 고용인 경우에는 중요 부분의 착오가 된다.

관련 판례

갑이 채무자란이 백지로 된 근저당권설정계약서를 제시받고 그 채무자가 을인 것으로 알고 근저당권설정자로 서명날인을 하였는데 그 후 채무자가 병으로 되어 근저당권설정등기가 경료된 경우, 갑은 그 소유의 부동산에 관하여 근저당권설정계약상의 채무자를 병이 아닌 을로 오인한 나머지 근저당설정의 의사표시를 한 것이고, 이와 같은 채무자의 동일성에 관한 착오는 법률행위 내용의 중요 부분에 관한 착오에 해당한다[대법원 1995.12.22. 선고 95다37087].

③ 법률행위 객체의 동일성(法律行爲 客體의 同一性)에 관한 착오

법원은 법률행위 객체의 동일성에 대하여 착오를 일으킨 경우에는 중요 부분의 착오에 해당한다고 본다. 그러나 객체를 오인한 부동산중개업자의 중개행위로 인한 매수인의 객체의 착오는 중대한 과실로 보지 않는다.

관련 판례

원고가 매매 목적물인 점포를 이 사건 점포와 다른 점포인 창신상회로 오인한 것은 동기의 착오가 아니라 내용의 착오 중 목적물의 동일성에 대한 착오로서 중요 부분의 착오에 해당한다고 할 것이나, 부동산중개업자에게 중개를 의뢰하여 매매 등의 계약을 체결하는 일반인으로서는 부동산중개업자가 전문적인 지식과 경험을 가진 것으로 신뢰하고 그의 개입에 의한 거래 조건의 지시, 설명에 과오가 없을 것이라고 믿고 거래하는 것이라는 점, 매수인이 중개업자의 말을 믿어 착오에 빠지게 되었지만 중개업자가 착오에 빠지게 된 과정에 명확하게 해당 점포를 지적하지 아니하였던 매도인의 잘못도 개입되어 있는 점, 중개인을 통하여 하는 부동산 매매 거래에 있어 언제나 매수인측에서 매매 목적물을 현장에서 확인하여야 할 의무까지 있다고 할 수 없을 뿐만 아니라 매매 당사자에게 중개업자가 매매 목적물을 혼동한 상태에 있는지의 여부까지 미리 확인하거나 주의를 촉구할 의무까지는 없다고 할 것인 점 등 매매 중개와 계약 체결의 경위 및 부동산 매매 중개업의 제반 성질에 비추어 볼 때, 매수인이 다른 점포를 매매계약의 목적물이라고 오인한 과실이 중대한 과실이라고 단정하기는 어렵고, 매수인과 매도인 쌍방을 위하여 중개행위를 한 중개업자 스스로 매매계약의 목적물을 다른 점포로 오인한 채 매수인에게 알려 준 과실을 바로 매수인 자신의 중대한 과실이라고 평가할 수도 없다[대법원 1997.11.28. 선고 97다32772, 32789].

가. 표의자에게 중대한 과실이 없을 것

중대한 과실이란 표의자의 직업, 행위의 종류, 목적 등에 비추어 해당 행위에 일

반적으로 요구되는 주의를 현저하게 결여한 것을 말한다[대법원 2000.5.12. 선고 2000다12259].

민법 제109조 제1항 단서에서 규정하고 있는 '중대한 과실'이라 함은 표의자의 직업, 행위의 종류, 목적 등에 비추어 보통 요구되는 주의를 현저히 결여한 것을 말하고, 공인된 중개사나 신뢰성 있는 중개기관을 통하지 않고 개인적으로 토지 거래를 하는 경우, 매매계약 목적물의 특정에 대하여는 스스로의 책임으로 토지대장, 임야도 등의 공적인 자료 기타 공신력 있는 객관적인 자료에 의하여 그 토지가 과연 그가 매수하기 원하는 토지인지를 확인하여야 할 최소한의 주의의무가 있다[대법원 2009.9.24. 선고 2009다40356, 40363].

나. 착오를 이유로 한 취소권 배제사유가 없을 것

법률행위에 당사자들이 착오를 이유로 취소권을 배제할 것에 합의하는 경우에는 임의규정인 제109조가 적용되지 않는다. 구체적 사안에 비추어 취소권의 행사가 신의칙에 반하면 제2조에 의하여 취소권이 배제될 수 있다.

(4) 효과(效果)

가. 착오에 의한 의사표시의 효과

착오에 의한 의사표시도 유효하다. 그러나 제109조의 요건을 충족하는 경우에는 표의자는 착오에 의한 의사표시를 취소할 수 있다[제109조 제1항]. 의사표시의 취소는 선의의 제삼자에게 대항하지 못한다[제141조]. 여기서 '제삼자'란 당사자 이외의 자가 아니라, 착오에 의한 의사표시로 발생한 법률관계를 바탕으로 새로운 이해관계를 가지게 된 자를 말한다.

상대방이 후에 표의자의 진의를 알고 이에 따른 법률효과를 양해한 경우에도 착오에 의한 의사표시의 취소가 배제된다. 이 규정에서 '대항하지 못한다'라는 것은 착오에 의한 의사표시를 가지고 선의의 제삼자에게 무효를 주장할 수 없다는 의미이다. 즉 표시된 대로 법률효과가 발생한다는 것이다. 선의의 제삼자로부터 전득한 사가 진득시에 악의인 경우라고 하더라도 취소를 가지고 대항하지 못한다. 착오를 이유로 의사표시가 적법하게 취소되면 그 의사표시를 요소로 하는 법률행위는 처음부터 무효인 것으로 본다[제109조 제2항].

나. 적용 범위

제109조는 원칙적으로 모든 사법상의 법률행위에 적용된다. 재단법인의 설립행위 같은 상대방 없는 단독행위에도 적용된다. 그러나 소송행위나 공법행위에는 적용되지 않는다.

민법 제47조 제1항에 의하여 생전처분으로 재단법인을 설립하는 때에 준용되는 민법 제555조는 "증여의 의사가 서면으로 표시되지 아니한 경우에는 각 당사자는 이를 해제할 수 있다."고 함으로써 서면에 의한 증여(출연)의 해제를 제한하고 있으나, 그 해제는 민법총칙상의 취소와는 요건과 효과가 다르므로 서면에 의한 출연이더라도 민법 총칙규정에 따라 출연자가 착오에 기한 의사표시라는 이유로 출연의 의사표시를 취소할 수 있고, 상대방 없는 단독행위인 재단법인에 대한 출연행위라고 하여 달리 볼 것은 아니다[대법원 1999.7.9. 선고 98다9045].

가족법상의 행위에 대하여도 제109조가 적용되는지 의문이다.

가족법의 특성상 당사자의 의사가 절대적으로 존중되어야 하므로 적용되지 않는다(통설). 화해계약은 원칙적으로 착오를 이유로 취소하지 못하나, 화해 당사자의 자격 또는 화해의 목적인 분쟁 이외의 사항에 착오가 있는 때에는 제109조가 적용될 수 있다[제733조].

민법 제733조는 "화해계약은 착오를 이유로 하여 취소하지 못한다. 그러나 화해 당사자의 자격 또는 화해의 목적인 분쟁 이외의 사항에 착오가 있는 때에는 그러하지 아니하다."고 규정하고 있고, 여기서 '화해의 목적인 분쟁 이외의 사항'이라 함은 분쟁의 대상이 아니라 분쟁의 전제 또는 기초가 된 사항으로서 쌍방 당사자가 예정한 것이어서 상호 양보의 내용으로 되지 않고 다툼이 없는 사실로 양해된 사항을 말하므로[대법원 2005.8.19. 선고 2004다53173 등 참조], 실제로는 위 보험금에 관한 권리가 원고들에게 귀속됨에도 피고가 착오로 자신에게 귀속되는 것으로 잘못 알고 있었고 피고로부터 그러한 말을 들은 원고들 역시 위 보험금에 관한 권리가 피고에게 귀속되는 것으로 잘못 알고 있었다면 위 보험금에 관한 권리가 피고에게 귀속된다는 사실은 화해의 목적인 분쟁의 대상이 아니라 그 전제사항으로 당사자 사이에 예정된 것이어서 상호 양보의 대상이 되지 않고 다툼이 없는 사실로 양해된 사항이었음이 명백하고 또한 그것이 원고들의 의사표시에 있어 법률행위의 내용의 중요 부분에 해당하는 것 역시 분명하여 원고들은 착오를 이유로 위 의사표시를 취소할 수도 있다고 할 것이다[대법원 2007.12.27. 선고 2007다70285].

다. 제109조(착오)와 제110조(사기)의 경합

기망행위로 인하여 의사결정의 동기에 착오를 일으킨 경우, 착오와 사기의 요건을 모두 갖춘 경우에 표의자는 어느 쪽이든 그 요건을 입증하여 취소할 수 있다는 것이 통설의 견해이다.

라. 제109조(착오)와 제569조 이하(담보책임)의 경합

매수인이 목적물에 권리의 흠결이나 물건의 하자가 있는 것을 모르고 매입한 경우에 제109조를 적용할 것인지, 제569조 이하의 담보책임 규정을 적용할 것인지 의문이다. 매도인의 담보책임은 착오 규정의 특칙으로 담보책임이 성립하는 범위 내에서는 제109조가 적용되지 않는다는 것이 통설의 입장이다. 그러나 착오와 하자담보책임의 요건과 효과가 다르므로 두 가지 요건을 모두 구비한 경우에는 양자를 경합적으로 인정하자는 견해도 있다.

피고 소송대리인은 원고와 피고 사이에서 매매가 체결될 당시 매도인인 피고도 이 사건 토지가 국가 소유였음을 모르고 매매계약을 체결하였으니 의사표시의 중요 부분에 관한 착오가 있을 때에 해당하므로 위 매매계약을 취소한다고 주장함으로써 마치 착오에 기하여 위 매매계약을 취소하고, 그 취소로 말미암아 피고의 담보책임이 면하게 된다는 취지의 주장을 하고 있으므로 살피건대, 민법상 타인의 권리의 매매로 인한 매도인의 담보책임에 관한 규정이 민법총칙의 착오에 관한 규정보다 우선 적용되어야 할 성질의 것이므로 이 사건에서 매도인인 피고는 착오에 기한 취소를 주장할 수 없다고 볼 것이니 결국 피고 소송대리인의 위 주장은 이유가 없다[서울고법 1980.10.31. 선고 80나2589].

마. 해제와 취소

매매계약이 적법하게 해제된 경우라도 취소권을 행사하여 매매계약 전체를 무효로 할 수 있다.

매도인이 매수인의 중도금 지급채무불이행을 이유로 매매계약을 적법하게 해제한 후라도 매수인으로서는 상대방이 한 계약해제의 효과로서 발생하는 손해배상책임을 지거나 매매계약에 따른 계약금의 반환을 받을 수 없는 불이익을 면하기 위하여 착오를 이유로 한 취소권을 행사하여 위 매매계약 전체를 무효로 돌리게 할 수 있다고 할 것이므로[대법원 1991.8.27. 선고 91다11308 참조], 원심으로서는 이 사건 매매계약 체결 당시 원고에게 위 주장과 같은 착오가 있었는가 하는 점과 그 착오가 이 사건

매매계약에 있어서 중요 부분에 해당하는가 하는 점에 관하여 심리 · 판단을 하였어야 할 것이다. 그럼에도 불구하고 이와 같은 점에 관하여는 심리 · 판단함이 없이 위와 같은 이유로 취소권행사에 관한 원고의 위 주장을 배척한 원심은 착오로 인한 법률행위의 취소에 관한 법리를 오해한 잘못을 저질렀다고 할 것이다[대법원 1996.12.6. 선고 95다24982, 24999].

바. 당사자 쌍방의 착오

제109조는 당사자 일방이 착오로 의사표시를 한 경우를 규율한다. 만일 당사자 양쪽에 착오로 의사표시를 한 경우에도 제109조를 적용할 수 있는지 의문인데, 판례는 쌍방착오의 경우에도 제109조를 적용할 수 있다고 한다.

관련 판례

매도인이 납부하여야 할 양도소득세액 등을 매수인이 부담하기로 하고 양도소득세 등의 세액이 금 532,399,720원뿐이라고 생각하고 매매계약을 체결하였는데, 추가세금이 금 377,802,450원 부과되자 매도인은 추가된 세금도 매수인이 부담해야 된다고 주장하고, 매수인은 매매계약서에 기재된 세금만 부담하겠다고 다투는 사안에서, 양자는 추가세금이 부과되는 것까지 무시하고 계약을 체결한 것은 아니고, 이는 쌍방이 착오를 일으킨 경우이며, 매매계약의 내용의 중요 부분에 관한 것에 해당하는 것으로 다른 특별한 사정이 없는 한 위 착오를 이유로 매도인은 매매계약을 취소할 수 있다고 보아야 할 것이며, 부동산의 양도가 있은 경우에 그에 대하여 부과될 양도소득세 등의 세액에 관한 착오가 미필적인 장래의 불확실한 사실에 관한 것이어서 민법 제109조 소정 착오에서 제외되는 것이라고도 말할 수 없다고 하였다[대법원 1994.6.10. 선고 93다24810].

4. 사기 · 강박에 의한 의사표시(詐欺 · 强迫에 의한 意思表示)

(1) 의의(意義)

사기에 의한 의사표시란 속임수에 의해 의사표시를 하게 된 것을 말하고 강박에 의한 의사표시란 협박에 의해 의사표시를 하게 된 것을 말한다. 민법 제110조 제1항은 "사기나 강박에 의한 의사표시는 취소할 수 있다."고 하고, 제2항에서는 "상대방 있는 의사표시에 관하여 제3자가 사기나 강박을 행한 경우에는 상대방이 그 사실을 알았거나 알 수 있었을 경우에 한하여 그 의사표시를 취소할 수 있다."고 규정하고 있다. 제3항은 "전2항의 의사표시의 취소는 선의의 제삼자에게 대항하지 못한다."고 규정한다.

이 규정은 의사표시가 타인의 부당한 간섭으로 행해진 경우, 즉 사기나 강박에 의해 의사표시를 한 경우 표의자가 자유로운 상태에서 의사표시를 한 것이 아니므로 이를 취소할 수 있도록 한 것이다.

(2) **요건(要件)**

가. 사기에 의한 의사표시

사기란 고의로 사람을 기망하여 착오에 빠지게 하는 위법행위를 말하며, 사기에 의한 의사표시는 타인의 고의적인 기망행위로 착오에 빠져서 한 의사표시를 말한다.

사기에 의한 의사표시의 요건

■ **사기자의 고의**

사기에 의한 의사표시에는 표의자를 기망하여 착오에 빠지게 하려는 고의와 착오에 기하여 의사표시를 하게 하려는 고의, 즉 2단계의 고의를 가지고 있어야 한다. 이 두 가지 고의 중에 어느 하나라도 고의가 없다면 사기에 의한 의사표시가 성립되지 않는다.

■ **기망행위**

기망행위란 표의자에게 사실과 다른 그릇된 관념을 형성하게 하거나 이를 유지 또는 강화하게 하는 일체의 행위를 말한다. 작위에 의한 적극적인 기망행위뿐만 아니라 부작위에 의한 기망행위도 포함된다. 다만 부작위에 의한 기망이 성립하려면 고지의무 또는 설명의무가 있어야 한다.

■ **기망행위의 위법성**

기망행위의 위법성이란 기망행위가 신의칙 및 거래관념에 비추어 용인될 수 없는 경우를 의미한다. 기망행위의 위법성은 개별적 · 구체적으로 평가된다.

■ **인과관계의 존재**

기망행위와 착오 사이에 인과관계가 있어야 한다. 착오와 의사표시 사이에도 인과관계가 있어야 한다.

관련 판례

상품의 선전 · 광고에 있어 다소의 과장이나 허위가 수반되는 것은 그것이 일반 상거래의 관행과 신의칙에 비추어 시인될 수 있는 한 기망성이 결여된다고 하겠으나, 거래에 있어서 중요한 사항에 관하여 구체적 사실을 신의성실의 의무에 비추어 비난받을 정도의 방법으로 허위로 고지한 경우에는 기망행위에 해당한다[대법원 1993.8.13. 선고 92다52665 판결, 대법원 2008.10.23. 선고 2007다44194 판결 등 참조].

나. 강박에 의한 의사표시

강박이란 고의로 해악을 가하겠다고 위협하여 공포심을 일으키는 위법행위를 말하며, 강박에 의한 의사표시란 표의자가 타인의 강박행위로 공포심에서 한 의사표시를 말한다.

강박에 의한 의사표시의 요건

■ **강박자의 고의**

사기에서 고의와 마찬가지로 여기서도 2단계의 고의가 요구된다. 강박행위에 의하여 표의자가 공포심에 젖게 하려는 고의와 공포심에서 의사표시를 하게 하려는 고의가 요구된다. 강박자가 실제로 강박행위를 하려는 고의는 요구되지 않는다.

■ **강박행위**

강박행위는 해악을 가하겠다고 위협하여 공포심을 일으키게 하는 행위를 말한다. 해악의 종류나 강박행위의 방법은 공포심을 일으키게 하는 한 제한이 없다.

■ **강박행위의 위법성**

강박행위가 강박행위 당시의 거래관념이나 제반사정에 비추어 해악의 고지로서 추구하는 이익이 정당하지 않거나, 강박의 수단으로서 상대방에게 고지하는 해악이 법질서에 위배된 경우에 해당하여야 한다.

■ **인과관계의 존재**

강박행위와 공포심 사이에 인과관계가 있어야 하며, 공포심과 의사표시 사이에 인과관계가 있어야 한다.

강박에 의한 의사표시라고 하려면 상대방이 불법으로 어떤 해악을 고지함으로 말미암아 공포를 느끼고 의사표시를 한 것이어야 하는바, 여기서 어떤 해악을 고지하는 강박행위가 위법하다고 하기 위하여는 강박행위 당시의 거래관념과 제반 사정에 비추어 해악의 고지로써 추구하는 이익이 정당하지 아니하거나 강박의 수단으로 상대방에게 고지하는 해악의 내용이 법질서에 위배된 경우 또는 어떤 해악의 고지가 거래관념상 그 해악의 고지로써 추구하는 이익의 달성을 위한 수단으로 부적당한 경우 등에 해당하여야 한다[대법원 2000. 3. 23. 선고 99다64049 판결 참조]. 이 사건에 있어 피고 등이 원고에게 매출액 누락 등을 법적으로 문제 삼을 수 있고 이 사건 계약을 해제하여 손해배상을 청구할 수 있다는 취지로 말하였다고 하더라도, 앞서 본 이 사건의 제반 정황에 비추어 보면 그것이 '위법한 해악의 고지'에 해당한다고까지 할 수는 없다[대법원 2010.02.11. 선고 2009다72643 판결].

(3) **효과(效果)**

가. 표의자의 취소권

의사표시의 상대방이 표의자에게 사기 또는 강박을 가하여 표의자가 이에 기한 의사표시를 한 경우에는 그 의사표시를 취소할 수 있다[제110조 제1항]. 의사표시의 상대방이 아닌 제삼자가 사기나 강박으로 표의자가 의사표시를 한 경우에는 상대방이 제삼자의 사기나 강박을 알았거나 알 수 있었을 경우에 한하여 그 의사표시를 취소할 수 있다[제110조 제2항]. 상대방의 선의와 악의 또는 과실 유무는 상대방이 의사표시를 요지(了知)한 때를 기준으로 판단한다. 취소권이 배제된다고 하더라도 표의자가 손해를 입게 되는 경우에는 사기 또는 강박을 한 자에게 불법행위로 인한 손해배상청구권을 행사할 수 있다. 사기 또는 강박을 이유로 한 의사표시의 취소는 선의의 제삼자에게 대항하지 못한다[제110조 제3항].

상대방 있는 의사표시에 관하여 제3자가 사기나 강박을 한 경우에는 상대방이 그 사실을 알았거나 알 수 있었을 경우에 한하여 그 의사표시를 취소할 수 있음은 상고이유의 주장과 같으나, 상대방의 대리인 등 상대방과 동일시할 수 있는 자의 사기나 강박은 여기서 말하는 제3자의 사기 · 강박에 해당하지 아니한다[대법원 1999.02.23. 선고 98다60828 판결].

민법 제733조의 규정에 의하면, 화해계약은 화해 당사자의 자격 또는 화해의 목적인 분쟁 이외의 사항에 착오가 있는 경우를 제외하고는 착오를 이유로 취소하지 못하지만, 화해계약이 사기로 인하여 이루어진 경우에는 화해의 목적인 분쟁에 관한 사항에 착오가 있는 때에도 민법 제110조에 따라 이를 취소할 수 있다[대법원 2008.9.11. 선고 2008다15278].

나. 착오와의 관계(제109조와 제110조의 경합)

기망행위로 인하여 의사결정의 동기에 착오를 일으킨 경우로서, 착오와 사기의 요건을 모두 갖춘 경우에 표의자는 어느 쪽이든 그 요건을 입증하여 취소할 수 있다(통설).

다. 담보책임과의 관계

매매계약에서 제110조의 취소권과 제570조 이하의 하자담보책임이 경합하는 경우에 매수인은 양자 중 하나를 선택하여 행사할 수 있다. 기망을 당한 자가 의사표시를 취소하였다면 더 이상 담보책임을 물을 수 없다. 담보책임은 계약의 유효를 전제로 하는 것이기 때문이다.

라. 불법행위책임과의 관계

사기나 강박에 의하여 의사표시를 한 경우 이것이 불법행위의 성립요건을 충족한다면 표의자는 취소권과 손해배상청구권[제750조] 중에서 선택하여 행사할 수 있다. 그러나 중첩적으로 행사할 수는 없다[대법원 1993.4.27. 선고 92다56078].

Ⅲ 의사표시의 효력발생(意思表示의 效力發生)

1. 의사표시의 효력발생시기(意思表示의 效力發生時期)

격지자에게 의시표시를 하면 상대방이 이를 수령하기까지 시간이 걸린다. 일반적으로 표의자가 서면을 작성하고(表白), 이를 우체통에 넣고(發信), 이것이 상대방에게 도착하여(到達), 상대방이 이를 읽게 된다(了知). 이런 단계를 거치는 의사표시에 언제 의사표시의 효력이 발생하는지에 대하여는 표백주의, 발신주의, 도달주의, 요지주의가 있다.

2. 의사표시의 도달주의(원칙 | 意思表示의 到達主義 [原則])

제111조(의사표시의 효력발생시기) ① 상대방이 있는 의사표시는 상대방에게 도달한 때에 그 효력이 생긴다. ② 의사표시자가 그 통지를 발송한 후 사망하거나 제한능력자가 되어도 의사표시의 효력에 영향을 미치지 아니한다.

(1) 의의(意義)

민법은 제111조 제1항에서 "상대방이 있는 의사표시는 상대방에게 도달한 때에 그 효력이 생긴다."고 규정하여 도달주의를 원칙으로 한다. 여기서 상대방에게 의사표시가 도달했다고 하기 위해서는 사회통념상 상대방이 표시의 내용을 알 수 있는 객관적 상태에 놓여 있다고 인정되는 경우를 말한다(통설, 판례).

관련 판례

계약의 해제와 같은 상대방 있는 의사표시는 그 통지가 상대방에게 도달한 때 효력이 생기는 것이고[민법 제111조 제1항], 여기서 도달이라 함은 사회통념상 상대방이 통지의 내용을 알 수 있는 객관적 상태에 놓여 있는 경우를 가리키는 것으로서, 상대방이 통지를 현실적으로 수령하거나 통지의 내용을 알 것까지는 필요로 하지 않는 것이므로[대법원 1983.8.23. 선고 82다카439 참조], 상대방이 정당한 사유 없이 통지의 수령을 거절한 경우에는 상대방이 그 통지의 내용을 알 수 있는 객관적 상태에 놓여 있는 때에 의사표시의 효력이 생기는 것으로 보아야 한다. 즉 피고가 원고에게 매매계약을 이행할 것과 이행하지 아니할 경우에는 이 사건 매매계약을 해제하겠다는 내용이 담긴 내용증명우편을 보내어 원고에게 도착하였으나 원고가 그 우편물의 수취를 거절하고 매매계약을 이행하지 아니한 사실을 인정하고, 매매계약은 원고의 잔금지급 거절을 원인으로 한 피고의 계약해제 의사표시에 의하여 적법하게 해제되었다고 판단한 원심은 정당하고 위법이 없다[대법원 2008.6.12. 선고 2008다19973].

(2) **의사표시 발신 후 사정변경(意思表示 發信 後 事情變更)**

의사표시를 발신한 자가 후에 사망하거나 제한능력자가 되어도 그 의사표시의 효력은 유효하다. 민법 제111조 제2항은 "의사표시자가 그 통지를 발송한 후 사망하거나 제한능력자가 되어도 의사표시의 효력에 영향을 미치지 아니한다."고 규정하여 의사표시의 효력에 영향이 없음을 명확하게 밝히고 있다.

표의자가 사망하는 경우에는 상속인에게 의사표시의 효력이 승계되고, 제한능력자가 되어도 이를 이유로 취소할 수 없다. 그러나 당사자의 인격 내지 개성이 중시되는 위임, 고용, 조합 등의 계약에서 청약자가 사망한 경우 그 상속인이 승계한 것으로 볼 수 없고, 반대로 표의지의 상대방이 의사표시의 도달 전에 사망한 경우 그 상속인이 승계할 성질의 것이냐에 따라 결정되고, 제한능력자가 된 때에는 의사표시 수령능력의 문제가 된다.

표의자가 법률행위 당시 심신상실이나 심신미약상태에 있어 금치산 또는 한정치산선고를 받을 만한 상태에 있었다고 하여도 그 당시 법원으로부터 금치산 또는 한정치산선고를 받은 사실이 없는 이상 그 후 금치산 또는 한정치산선고가 있어 그의 법정대리인이 된 자는 금치산 또는 한정치산자의 행위능력 규정을 들어 그 선고 이전의 법률행위를 취소할 수 없다[대법원 1992.10.13. 선고 92다6433].

(3) **의사표시의 연착과 미도달(意思表示의 延着과 未到達)**

도달주의의 경우, 일정한 시기까지 의사표시를 하여야 하는 경우에 도달이 지연되거나 도달되지 아니한 경우 그 의사표시는 효력을 발생하지 않는다. 연착이나 미도달의 불이익은 표의자가 부담한다. 그러나 발신주의의 경우에는 발신만으로 효력이 발생하기 때문에 연착이나 미도달의 불이익은 상대방이 부담한다.

관련 판례

자신의 유고 시 그 소유의 모든 재산을 특정인에게 기부한다는 내용의 유언장을 작성하는 것은 사인증여로서 청약의 의사표시는 있었다고 할 것이나, 표의자가 위 유언장을 은행의 대여금고에 보관해 둔 채 사망하였다면 위 청약의 의사표시가 상대방에게 도달되었다고 볼 수 없을 뿐만 아니라 발신조차 되었다고 볼 수 없으므로 사인증여계약이 성립되지 않았다[서울중앙지법 2005.7.5. 선고 2003가합86119, 89828].

⑷ **의사표시의 철회(意思表示의 撤回)**

도달주의에서는 발신 후라도 도달하기 전이라면 임의로 의사표시를 철회할 수 있다. 도달이 되지 않으면 의사표시의 효력이 발생하지 않기 때문에 철회가 가능하다. 그러므로 의사표시가 도달하기 전에 철회의 통지가 상대방에게 도달하거나, 또는 의사표시가 철회의 의사표시와 동시에 도달한 때에는 의사표시는 효력이 생기지 않는다.

⑸ **수령거절(受領拒絶)**

상대방이 정당한 사유 없이 수령을 거절하는 경우라도 도달주의 원칙상 상대방이 그 통지의 내용을 알 수 있는 객관적인 상태에 있다면 의사표시의 효력이 생기는 것으로 본다[대법원 2008.06.12 선고 2008다19973].

3. 의사표시의 발신주의(예외 | 意思表示의 發信主義 [例外])

발신주의에 의하면 격지자 간 계약에서 청약에 대한 승낙의 의사표시는 이를 발송한 때 그 효력이 생긴다[제531조]. 다수의 상대방에게 동일한 통지를 하는 경우 통지를 받아야 하는 다수의 사람 가운데 1인에게 도달하지 않아도 전부가 무효로 되지 않는 편리함이 있다. 민법은 예외적으로 발신주의를 채택하고 있다.

발신주의 관련 민법의 규정

무능력자 상대방의 최고에 관한 확답[제15조], 사원총회소집의 통지[제71조], 무권대리인의 상대방의 최고에 대한 본인의 확답[제131조], 채무인수의 승낙 여부 최고에 대한 확답[제455조 제2항], 연착승낙 도달 전에 연착의 통지[제528조 제2항 · 제3항] 등

4. 대화자 사이의 의사표시(對話者 사이의 意思表示)

민법은 격지자 사이의 의사표시에 대하여는 도달주의를 채택하고 있지만 대화자 사이의 의사표시에 대해서는 규정이 없다. 대화자 사이의 의사표시도 도달주의에 의한다(통설). 격지자와 대화자의 개념은 거리적 · 장소적으로 구별하는 것이 아니라 시간적으로 구별한다. 그러므로 제주와 서울에서 전화로 통화를 한다면 대화자 사이의 의사표시가 된다.

5. 상대방 없는 의사표시(相對方 없는 意思表示)

민법은 상대방 없는 의사표시에 대해서도 규정이 없다. 소유권포기의 경우라면 어떤 형태로든지 포기의 의사표시가 있다면 이로써 효력을 발생한다고 할 것이다.

6. 공시송달에 의한 의사표시(公示送達에 의한 意思表示)

민법 제113조는 "표의자가 과실 없이 상대방을 알지 못하거나 상대방의 소재를 알지 못하는 경우에는 의사표시는 민사소송법 공시송달의 규정에 의하여 송달할 수 있다."고 규정하고 있다. 표의자의 과실 없이 상대방을 알지 못하거나 상대방의 소재를 알 수 없는 경우에는 의사표시를 유효하게 도달시킬 수 없다. 이런 경우에 유효한 의사표시의 도달을 위해 공시송달의 방법이 이용된다.

공시방법으로 의사표시가 인정되려면 표의자의 과실 없이 상대방을 알지 못하거나 상대방의 소재를 알 수 없어야 한다.

공시송달

■ 공시송달은 법원사무관 등이 송달할 서류를 보관하고 그 사유를 법원게시판에 게시하거나, 그 밖에 대법원규칙이 정하는 방법에 따라서 하여야 한다[민사소송법 제195조].

■ 이 경우에 법원사무관 등은 송달할 서류를 보관하고, 법원게시판 게시하거나, 관보 · 공보 또는 신문 게재하거나, 전자통신매체를 이용한 공시의 방법 중 어느 하나의 방법으로 그 사유를 공시하여야 한다[민사소송규칙 제54조 제1항].

■ 첫 공시송달은 위의 방법으로 실시한 날부터 2주가 지나야 효력이 생기며, 같은 당사자에게 하는 그 뒤의 공시송달은 실시한 다음 날부터 효력이 생긴다[민사소송법 제196조 제1항].

7. 의사표시의 수령능력(意思表示의 受領能力)

제112조(제한능력자에 대한 의사표시의 효력) 의사표시의 상대방이 의사표시를 받은 때에 제한능력자인 경우에는 의사표시자는 그 의사표시로써 대항할 수 없다. 다만, 그 상대방의 법정대리인이 의사표시가 도달한 사실을 안 후에는 그러하지 아니하다.

의사표시가 도달에 의하여 효력을 발생하기 위해서는 그 의사표시의 수령자가 그 내용을 요지할 수 있는 능력을 가지고 있어야 한다. 민법 제112조는 "의사표시의 상대방이 의사표시를 받은 때에 제한능력자인 경우에는 의사표시자는 그 의사

수령능력

■ 도달과 요지상태를 구별하는 견해에 의하면 수령능력이 없는 경우에도 의사표시의 도달은 아무런 문제가 없다. 지배영역에 진입만 하면 되므로 상대방이 제한능력자인 경우에는 가혹한 것이 된다. 그래서 제112조가 의미를 갖게 된다.

■ 요지할 능력이 요구된다는 견해에 의하면 수령무능력자에게의 도달은 도달로 보지 않게 되므로 제112조와 같은 규정이 필요 없게 된다. 수령무능력자가 의사표시를 수령한 경우에 표의자는 그 의사표시의 유효를 주장할 수 없다. 이런 경우라도 수령무능력자측에서 의사표시의 유효를 주장하는 것은 상관없다(통설).

■ 예외적으로 제한능력자에게 행위능력이 인정되는 경우에는 수령능력도 인정된다고 본다[제5조 제1항 단서의 단순히 권리만을 얻거나 의무만을 면하는 행위, 제6조의 범위를 정하여 처분이 허락된 재산의 처분행위, 제140조의 제한능력을 이유로 법률행위의 취소, 제117조, 제1061조, 근로기준법 제68조 등].

■ 판례는 만 11세 6월의 아이에게 사리를 변식할 지능이 있다고 하여 송달수령능력을 인정한 예가 있다[대법원 1990.2.14. 선고 89재다카9].

표시로써 대항할 수 없다. 다만, 그 상대방의 법정대리인이 의사표시가 도달한 사실을 안 후에는 그러하지 아니하다."고 하여, 제한능력자는 의사표시의 수령능력이 없음을 규정하고 있다.

제한능력자를 수령무능력자로 규정하는 것은 상대방에게 그 의사표시의 내용을 알 수 있는 능력이 있어야 그 의사표시의 내용을 알 수 있다는 것을 전제로 하는 것이다. 그러므로 의사표시의 수령자가 의사표시를 이해할 수 없다면 도달이라고 할 수 없게 된다.

제4절 대리(代理)

I 대리제도 일반(代理制度 一般)

1. 대리의 의의(代理의 意義)

제114조(대리행위의 효력) ① 대리인이 그 권한내에서 본인을 위한 것임을 표시한 의사표시는 직접 본인에게 대하여 효력이 생긴다. ② 전항의 규정은 대리인에게 대한 제삼자의 의사표시에 준용한다.

법률행위는 의사표시를 구성요소로 하며, 법률행위의 효과는 의사표시를 한 당사자에게 귀속되는 것이 원칙이다. 그런데 이러한 원칙의 예외가 대리제도이다. 대리는 타인(대리인)이 본인의 이름으로 의사표시를 하거나, 의사표시를 수령함으로써 법률효과가 직접 본인에게 귀속되는 제도를 말한다. 즉, 의사표시를 한 자와 법률효과가 귀속되는 자가 다르다.

갑이 을에게 자기 소유의 주택을 매각할 수 있는 권한을 주고 을은 병과 매매계약을 체결했다. 매매계약은 을과 병 간에 있었지만 매매계약의 효력은 갑과 병 사이에 발생한다. 그 결과 갑은 금전채권을 취득하고 병은 주택인도청구권을 취득한다.

2. 대리의 기능(代理의 機能)

모든 법률관계를 스스로 행하기에는 어려운 점이 많다. 이런 경우에 대리제도는 개인의 사적 자치를 확장하는 역할을 한다. 이 기능은 임의대리에서 강하게 나타난다.

또한 제한능력자는 독자적인 법률행위가 불가능하므로 법정대리인의 행위에 의해 법률관계를 맺을 수 있다. 이 경우 대리제도는 제한능력자의 사적 자치를 보충하는 역할을 한다. 이 기능은 법정대리에서 강하게 나타난다.

3. 대리의 법적 성질(代理의 法的 性質)

대리제도는 법률행위를 한 자와 그 법률효과가 귀속되는 자가 분리되는 현상이 나타난다. 이러한 대리제도의 법적 성질에 관해서는 통합요건설, 행위 · 규율분리설, 대리인행위설이 있는데, 통설은 대리인행위설이다.

대리제도의 법적 성질

■ **통합요건설**

본인의 수권행위와 대리인의 대리행위가 별개의 법률행위로서 적법한 대리행위를 위한 통합요건이 된다는 견해이다.

■ **행위 · 규율분리설**

법률행위는 행위와 규율로 나눌 수 있고 행위로서 법률행위를 하는 자는 대리인이고 규율로서 법률행위의 주체는 본인이라는 견해이다. 대리행위의 법률효과가 본인에게 귀속하는 것은 본인이 대리에 의하여 그의 법률효과를 형성하려는 본인의 자기결정 때문이라는 것이다.

■ **대리인행위설**

제114조 이하의 규정이 본인에게 대리행위의 법률효과가 귀속된다는 것을 인정하고, 대리행위의 하자에 대하여 제116조 제1항의 규정이 "의사표시의 효력이 의사의 흠결, 사기, 강박 또는 어느 사정을 알았거나 과실로 알지 못한 것으로 인하여 영향을 받을 경우에 그 사실의 유무는 대리인을 표준하여 결정한다."라고 규정하고 있음을 근거로 대리에서 행위자는 대리인이고 대리인의 대리의사에 의해 본인에게 대리행위의 법률효과가 귀속된다는 것이다.

4. 대리가 인정되는 범위(代理가 認定되는 範圍)

대리는 원칙적으로 의사표시를 하거나 의사표시를 받는 법률행위에 인정된다. 사실행위(선점, 습득, 동거)나 불법행위에는 인정되지 않는다.

그러나 법률행위 중에서도 대리가 허용되지 않는 경우가 있는데 이를 '대리와 친하지 않는 행위'라고 한다. 본인의 의사를 중시하는 혼인, 이혼, 인지, 유언과 같은 가족법상의 법률행위가 그 예이다. 그러나 양자가 될 사람이 13세 미만인 경우에는 법정대리인이 그를 갈음하여 입양승낙을 한다[제869조 제2항].

원칙적으로 준법률행위는 의사표시가 아니기 때문에 대리제도가 적용되지 않는다. 그러나 준법률행위 가운데 의사의 통지(최고)나 관념의 통지(채권양도의 통지)에 관하여는 대리규정이 유추적용될 수 있다(통설). 판례도 채권양도의 통지와 같은 관념의 통지에 대하여 대리를 인정하고 있다[대법원 2004.2.13. 선고 2003다43490 판결].

5. 대리와 구별해야 할 개념(代理와 區別해야 할 槪念)

(1) 간접대리(間接代理)

타인의 계산으로 법률행위를 하지만 타인의 이름이 아닌 자기의 이름으로 하는 것을 말한다. 이 경우 법률효과는 우선 행위자 자신에게 생기며 후에 타인에게 이전하게 된다. 위탁매매업[상법 제101조]이 그 예이다. 민법상 대리는 본인을 위하여 법률행위를 한다는 대리적 효과의사에 의하여 본인에게 직접 법률효과가 발생한다는 점에서 간접대리와 구별된다.

(2) 사자(使者)

사자는 전달기관으로서의 사자와 표시기관으로서의 사자로 구분된다. 전자는 본인의 완성된 의사를 전달하는 것에 불과하며, 후자는 본인이 결정한 의사를 상대방에게 표시하여 그 의사표시를 완성하는 것을 말한다.

사자에게 의사능력이나 행위능력이 있어야 하는 것은 아니다. 따라서 어린아

이에게 심부름을 시킬 수도 있다. 이때 의사표시는 본인을 중심으로 판단해야 하고 사자가 기준이 되지는 않는다. 사자가 본인으로부터 지시받은 내용을 잘못 전달한 경우에는 사자의 표시행위와 본인 내심의 효과의사가 일치하지 않는 결과가 되는데, 이에 대해서는 착오의 문제가 발생한다.

관련 판례

대리인이 사자 내지 임의로 선임한 복대리인을 통하여 권한 외의 법률행위를 한 경우, 상대방이 그 행위자를 대리권을 가진 대리인으로 믿었고 또한 그렇게 믿는 데에 정당한 이유가 있는 때에는, 복대리인 선임권이 없는 대리인에 의하여 선임된 복대리인의 권한도 기본대리권이 될 수 있을 뿐만 아니라, 그 행위자가 사자라고 하더라도 대리행위의 주체가 되는 대리인이 별도로 있고 그들에게 본인으로부터 기본대리권이 수여된 이상, 민법 제126조를 적용함에 있어서 기본대리권의 흠결 문제는 생기지 않는다[대법원 1998.3.27. 선고 97다48982].

(3) 대표(代表)

법인의 경우 대표기관의 행위에 의해 법인이 직접 권리의무를 취득한다. 이 점에서 대표와 대리는 비슷하다. 그러나 대리인은 본인과 별개의 지위를 갖는 데 반해 대표기관은 법인과 별개의 지위를 갖는 것이 아니라 대표기관의 행위가 바로 법인의 행위로 간주된다. 대리와는 달리 대표는 사실행위나 불법행위에 관하여도 인정된다(다수설).

관련 판례

甲회사가 특허권자인 乙회사와 특허전용사용승인계약을 체결하였는데, 乙회사 대표이사 丙이 직접 위 전용사용승인계약을 체결하고 甲회사에 특허전용실시권을 설정하였음에도 이후 제3자에게 위 특허에 관한 통상실시권을 설정하여 특허기술이 적용된 공사를 수주할 수 있도록 한 사안에서, 丙은 甲회사의 전용실시권을 침해하는 불법행위를 한 자로서 甲회사에 대하여 손해배상책임이 있고, 丙의 행위가 乙회사의 직무에 관하여 이루어진 것이라고 하여 위 책임을 면할 수 없다[대법원 2011.5.13. 선고 2010다58728].

(4) 재산관리인(財産管理人)

타인의 재산사무를 처리하는 자를 재산관리인이라 한다. 재산관리인에는 타인의 위임에 의한 위임관리인, 법률의 규정에 의한 법정관리인, 법원에 의해 선임된 선임관리인 등이 있다. 선임관리인이 타인의 대리인인가 하는 문제에 대해서는 견해가 나뉜다. 판례는 대리인으로 본다.

관련 판례

선임에 의한 부재자 재산관리인이 권한을 초과하여 체결한 부동산 매매계약에 관하여 허가신청절차를 이행할 것을 약정하는 것은 관리권한행위에 해당한다. 재산관리인이 부재자를 대리하여 부재자 소유의 부동산을 매매하고 매수인에게 이에 대한 허가신청절차를 이행하기로 약정하고서도 그 이행을 하지 아니하여 매수인으로부터 허가신청절차의 이행을 소구당한 경우, 재산관리인의 지위는 형식상으로는 소송상 당사자이지만 그 허가신청절차의 이행으로 개시된 절차에서 만일 법원이 허가결정을 하면 재산관리인이 부재자를 대리하여서 한 매매계약이 유효하게 됨으로써 실질적으로 부재자에게 그 효과가 귀속되는 것이다[대법원 2002.1.11. 선고 2001다41971].

6. 대리의 종류(代理의 種類)

(1) 유권대리와 무권대리(有權代理와 無權代理)

대리권의 유무에 따라 유권대리와 무권대리로 구분할 수 있다. 유권대리란 대리인으로 행위하는 자가 유효한 대리권을 가진 경우를 말하고, 무권대리란 대리행위를 하는 자가 정당한 대리권이 없는 경우를 말한다. 유권대리인의 경우에만 법률효과가 본인에게 귀속된다[제114조]. 무권대리인의 행위라 하여 반드시 무효가 되는 것은 아니다[제125조 이하 표현대리 참조]. 이를 '유동적 무효'라고 한다.

(2) 임의대리와 법정대리(任意代理와 法定代理)

대리권의 수여 근거에 따라 임의대리와 법정대리로 구분할 수 있다. 대리권이 법률행위에 의해 수여된 경우를 임의대리라고 하고, 대리권이 법률의 규정 등에 의해 수여된 경우(제한능력자에게 친권자나 후견인)를 법정대리라고 한다. 이 구별은 대리인의 복임권, 대리권의 소멸원인, 표현대리에 관한 규정의 적용 여부에 그 실익이 있다.

(3) 능동대리와 수동대리(能動代理와 受動代理)

대리행위의 내용에 따른 구별로 능동대리(적극대리)와 수동대리(소극대리)가 있다. 능동대리는 본인을 위하여 제삼자에게 의사표시를 하는 것을 내용으로 하는 대리를 말하고[제114조 제1항], 수동대리는 본인을 위하여 제삼자의 의사표시를 수령하는 것을 내용으로 하는 대리를 말한다[제114조 제2항].

민법은 능동대리를 원칙으로 하며 능동대리권이 있으면 특별한 사정이 없는 한 수동대리권도 있다는 것이 통설이다. 그러나 모든 범위의 수동대리가 인정되는 것이 아니라 목적달성을 위한 범위 내에서 존재하고 목적달성으로 소멸하는 것으로 본다.

관련 판례

계약을 대리하여 체결하였다 하여 곧바로 그 사람이 체결된 계약의 해제 등 일체의 처분권과 상대방의 의사를 수령할 권한까지 가지고 있다고 볼 수는 없다[대법원2008.1.31. 선고 2007다74713].

7. 대리의 3면 관계(代理의 3面 關係)

대리제도에서는 실제로 법률행위를 하는 자와 그 효과의 귀속주체가 분리되는 현상이 나타난다. 그리하여 본인과 대리인 관계, 대리인과 상대방 관계, 본인과 상대방 관계의 3면관계가 성립한다.

대리관계는 이와 같은 3면관계에서 고찰되어야 한다. 본인과 대리인 사이의 대리권, 대리인과 상대방 사이의 대리행위, 본인과 상대방 사이의 대리의 효과가 그것이다.

Ⅱ 대리권(代理權)

1. 대리권의 의의(代理權의 意義)

대리권이란 타인이 본인의 이름으로 의사표시를 하거나 제삼자의 의사표시를 수령함으로써 직접 본인에게 그 법률효과를 귀속시킬 수 있는 법률상의 자격 또는 지위를 말한다. 자격설이 통설이며, 통설에 의하면 대리권은 권리가 아니라 권한으로 이해한다.

대리권의 존재는 대리행위의 효과가 본인에게 귀속되기 위한 요건이 되므로 대리행위의 효과를 주장하는 자가 입증책임을 진다.

2. 대리권 발생원인(代理權 發生原因)

(1) 법정대리권 발생원인(法定代理權 發生原因)

법정대리권은 본인의 의사와 관계없이 대리권이 발생하는 경우를 말한다. 법률의 규정에 의하여 대리인이 되는 경우, 지정권자의 지정으로 대리인이 되는 경우, 법원의 선임으로 대리인이 되는 경우가 있다.

법정대리권 발생원인

■ **법률의 규정에 의하여 대리인이 되는 경우**
일상가사대리권을 가지는 부부[제827조], 친권자[제911조, 제920조] 등
■ **지정권자의 지정으로 대리인이 되는 경우**
미성년자의 부모의 유언에 의한 지정[제931조], 유언자의 유언집행자 지정[제1093조] 또는 위탁자의 지정[제1094조] 등
■ **법원의 선임으로 대리인이 되는 경우**
부재자 재산관리인[제23조], 미성년후견인[제932조], 성년후견인[제936조], 상속재산관리인[제1023조, 제1040조, 제1044조, 제1047조, 제1053조], 유언집행자[제1096조] 등

(2) 임의대리권 발생원인(任意代理權 發生原因)

가. 의의

임의대리권은 대리권수여행위에 의해서 발생한다. 본인이 대리인에게 대리권을 수여하는 행위를 '수권행위(授權行爲)'라고 하는데, 수권행위는 본인이 대리인에게 대리권을 수여하는 행위를 말한다. 보통은 본인과 대리인간에 위임, 고용, 도급, 조합 등과 같은 내부적 법률관계가 성립되어 있고 이를 실현하기 위하여 대리권을 수여한다. 그러므로 수권행위는 기초적 법률관계가 없더라도 있을 수 있고, 기초적 법률관계와 결합할 수도 있다.

수권행위의 법적 성질에 대해서는 상대방 있는 단독행위로 보는 것이 통설이다. 이 견해는 수권행위가 대리인에게 일정한 지위나 자격을 주는 데 불과하고, 권리를 취득하거나 의무를 부담하는 것이 아니라는 점, 대리인은 행위능력자가 아니어도 된다는 점, 본인은 수권행위를 철회할 수 있다는 것을 근거로 한다.

나. 수권행위의 독자성

수권행위는 기초적 법률관계(위임, 고용 등)가 없어도 있을 수 있고, 기초적 법률관계와 결합하여 존재할 수도 있다. 수권행위가 기초적 법률관계와 결합하여 행해진 경우 본인과 대리인 사이의 기초적 내부관계를 발생하게 하는 행위(위임)와 별개로 수권행위를 독립된 법률행위로 보는데, 이를 '수권행위의 독자성'이라고 한다. 수권행위와 기초적 내부관계 양자를 구별하는 것이 통설과 판례의 견해이다.

다. 수권행위의 유인성과 무인성

보통은 내부관계를 발생시키는 행위가 있고 그에 대한 의무를 이행하게 하기 위하여 수권행위가 뒤따른다. 이런 경우에 내부관계를 발생시키는 행위(위임, 고용, 도급, 조합계약)가 무효이거나 취소되어 효력을 잃게 된다면 그에 따라 수권행위도 효력을 잃게 되는지가 문제된다. 이것이 수권행위의 무인성과 유인성의 문제이다.

수권행위의 무인성 · 유인성

■ **유인설**

제128조 "법률행위에 의하여 수여된 대리권은 전조의 경우 외에 그 원인된 법률관계의 종료에 의하여 소멸한다."라는 규정을 근거로 원인행위가 실효되면 당연히 수권행위도 효력을 잃는다고 본다.

■ **무인설**

기초적 내부관계를 발생케 하는 행위와 수권행위는 구분된다는 것을 근거로 원인행위가 실효되어도 수권행위는 유효하다고 본다.

■ **절충설**

수권행위를 내부적 수권행위(대리인에 대하여 하는 수권행위)와 외부적 수권행위(내부적 수권행위가 있음을 대리행위의 상대방에 대하여 표시하는 것)로 구분하고, 전자의 경우에는 유인설을 취하고, 후자의 경우에는 무인설을 취한다.

라. 수권행위의 방식

수권행위는 불요식행위로 방식에 제한이 없다. 구두로도 할 수 있고, 서면으로도 가능하다. 명시적 의사에 의할 수도 있고 묵시적 의사에 의할 수도 있다. 보통은 위임장이 주어지는데 이는 하나의 증거에 불과하다.

백지위임장

백지위임장은 대리인의 성명이나 대리권의 내용을 적지 않은 것이다. 백지위임장이 전전하여 정당한 소지인이 대리인 성명을 적으면 수권행위가 그와 성립하는 동시에 위임계약이 성립하는 것으로 해석된다. 또한 대리인이 위임받지 않은 사항을 보충하였다면 그 대리인은 본래 받은 일정범위를 넘어서는 것으로 표현대리가 성립할 수 있다. 정당하지 않은 소지인(백지위임장을 절취한 자)이 대리인 성명이나 내용을 기입할 경우 수권행위는 성립되지 않는다.

마. 수권행위의 하자

대리행위의 하자는 대리인을 기준으로 결정된다. 그러나 수권행위의 하자는 본인을 기준으로 제107조 이하의 규정에 의해 규율된다. 수권행위가 비진의표시, 허위표시, 착오에 의한 의사표시, 사기 · 강박에 의한 의사표시인 경우에는 무효가 되거나 취소될 수 있다. 대리인은 제한능력자라도 관계가 없지만 본인이 제한능력자인 경우에는 제한능력을 이유로 수권행위를 취소할 수 있다. 수권행위 자체가 소급적으로 실효되면 그 수권행위에 기초한 대리행위는 소급적으로 무권대리행위가 된다. 상대방은 선의 여부에 따라 보호될 것이다.

바. 수권행위의 철회

기초적 법률관계가 종료되기 전이라도 본인은 수권행위를 철회할 수 있다. 철회를 하게 되면 임의대리권은 장래를 향하여 소멸한다[제128조]. 철회의 의사표시는 대리인에게 해도 되고, 상대방에게 해도 무방하다는 것이 통설의 입장이다.

3. 대리권의 범위(代理權의 範圍)

(1) 법정대리권의 범위(法定代理權의 範圍)

법정대리권은 법률의 규정에 의해 그 범위가 결정된다.

법정대리권의 범위

- 또는 미성년후견인은 미성년인 자의 재산상의 법률행위에 관하여 대리할 권한을 가진다[제920조, 제949조].
- 유증의 목적인 재산의 관리 기타 유언의 집행에 필요한 행위를 할 권한을 가진다[제1101조, 제1103조].
- 부재자의 재산관리인과 상속재산관리인은 원칙적으로 관리행위(보존, 이용, 개량)를 할 권한을 가진다[제25조, 제118조, 제1023조 제2항, 제1044조 제2항, 제1047조 제2항, 제1053조 제2항].

(2) 임의대리권의 범위(任意代理權의 範圍)

가. 원칙

임의대리권은 수권행위에 의해 그 범위가 결정된다. 본인은 대리인에게 일정 사항에 한정하여 대리권을 주거나, 포괄적으로 대리권을 줄 수도 있다. 따라서 대리권의 범위는 결국 수권행위의 해석에 의해 결정된다. 수권행위를 해석함에는 위임장의 문언, 대리인과 본인과의 관계, 대리의 목적인 사항의 성질, 거래관행 등이 고려된다.

관련 판례 1

임의대리권은 통상의 내용으로서 그 권한에 부수하여 필요한 한도에서 상대방의 의사를 수령하는 권한도 포함한다[대법원 1994.2.8. 선고 93다39379].

관련 판례 2

부동산소유자로부터 매매계약을 체결할 수 있는 대리권을 수여받은 자는 특별한 사정이 없는 한, 그 매매계약에서 약정한 바에 따라 중도금이나 잔금을 수령할 권한이 있다고 보아야 한다[대법원 1994.2.8. 선고 93다39379].

관련 판례 3

매매계약체결과 이행에 관하여 포괄적 대리권을 수여받은 자는 특별한 사정이 없는 한 약정된 매매대금지급기일을 연기하여 줄 권한도 가진다[대법원 1992.4.14. 선고 91다43107].

관련 판례 4

예금계약의 체결을 위임받은 자의 대리권에 당연히 그 예금을 담보로 하여 대출을 받거나 이를 처분할 수 있는 대리권이 포함되는 것은 아니다[대법원 1995.8.22. 선고 94다59042, 대법원 2002.6.14. 선고 2000다38992].

관련 판례 5

사업자등록 명의와 통장을 빌려준 등의 사정이 있다 하여 당연히 거액의 차용행위까지 할 수 있는 포괄적인 대리권을 수여한 것으로 볼 수는 없다[대법원 2009.5.28. 선고 2009다7779].

나. 제118조의 보충규정

제118조(대리권의 범위) 권한을 정하지 아니한 대리인은 다음 각 호의 행위만을 할 수 있다. 1. 보존행위 2. 대리의 목적인 물건이나 권리의 성질을 변하지 아니하는 범위에서 그 이용 또는 개량하는 행위

민법 제118조는 수권행위의 해석에 의해서도 대리권의 범위가 불명한 경우 그 해결을 위한 보충규정이다. 이 규정에 의하면, 권한을 정하지 아니한 대리인은 보존행위, 이용행위, 개량행위 등의 관리행위만 할 수 있고 처분행위는 할 수 없다. 보존행위, 이용행위, 개량행위에 해당하는지 여부는 성질 자체를 기준으로 판단하며, 본인에게 이익이 되는가를 묻지 않는다. 이 범위를 벗어난 행위는 표현대리 또는 무권대리가 된다.

관리행위

■ **보존행위**

가옥의 수선, 소멸시효의 중단, 미등기 부동산의 등기처럼 재산의 현상을 유지하는 행위를 말한다. 기한이 도래한 채무의 변제나 부패하기 쉬운 과일과 생선을 처분하고 금전으로 바꾸는 행위도 보존행위에 해당한다.

■ **이용행위**

부동산을 임대하거나 금전을 이자부로 대여하는 경우처럼 재산의 수익을 꾀하는 행위를 말한다. 개량행위는 무이자의 금전대여를 이자부의 금전대여로 전환하는 행위처럼 사용가치나 교환가치를 증가시키는 행위를 말한다.

■ **개량행위**

물건 또는 권리의 사용가치 또는 교환가치를 높이는 행위를 말한다. 이용행위처럼 물권 또는 권리의 성질에 반하지 않아 제118조의 범위에 포함된다. 가옥의 증축이나 무이자부 채권을 이자부 채권으로 전환하는 경우가 그 예이다.

※ 이용행위와 개량행위는 대리의 목적물이나 목적권리가 성질을 변하지 않는 범위 내에서만 가능하다. 예금을 주식으로 바꾸거나 은행에 저축한 예금을 개인에게 빌려주는 것, 전지(田地)를 택지(宅地)로 하는 경우는 사회관념에 의할 때 객체의 성질을 변하게 하는 것이 된다.

나. 대리권의 제한과 예외

대리권이 제한되는 경우는 공동대리, 자기계약 · 쌍방대리와 이익상반행위가 있다.

① 공동대리

■ 의의: 대리행위는 각자대리가 원칙이다[제119조]. 대리인이 여러 명인 경우에 각자대리인가 공동대리인가는 법률의 규정 또는 수권행위의 해석에 의해 결정된다. 공동대리란 여러 명의 대리인이 있는 경우에 여러 명이 공동으로

대리행위를 해야 대리의 효과가 발생하는 것을 말한다. 대리인이 대리행위에 참여하지 않거나 대리인 1인에게 의사의 흠결이 있는 경우에는 대리행위 자체에 하자가 발생하게 된다. 공동대리에서 공동의 의미에 대한 해석이 나뉜다. 의사결정을 공동으로 해야 하는가, 아니면 표시행위가 공동이어야 하는가이다.

공동대리에 관한 견해

■ **의사결정이 공동이라는 견해**
공동의 의사결정이면 충분하고 그 실행행위는 일부 대리인이 하여도 무방하다고 한다. 즉 부모공동대리의 경우에 부모의 동의가 있으면 충분하고 공동으로 대리행위를 해야 한다는 것은 아니다.

■ **표시행위가 공동이어야 한다는 견해**
의사의 결정도 공동이어야 하지만 표시행위도 공동이어야 한다는 견해이다.
※ 다수설은 의사결정의 공동이면 충분하며, 그 실행은 일부대리인이 해도 무방하다고 본다.

■ 위반의 효과: 대리인이 여러 명인 경우에 각자대리가 원칙이다[제119조 본문]. 그러나 법률 또는 수권행위에서 달리 정한 경우에는 법률의 규정 또는 수권행위에서 정한 바에 따른다. 여러 명의 대리인이 대리권을 공동으로 행사하도록 제한하고 있음에도 불구하고 이를 위반하여 대리권을 단독으로 행사한 경우, 이는 무권대리가 된다. 이 경우 본인의 추인이 있으면 유효로 되고 나아가 제126조의 권한을 넘는 표현대리가 된다. 공동대리에서 대리인 1인이 대리행위에 참여하지 않은 경우에도 무권대리가 된다. 공동대리인 전원이 합의하에 공동대리인 중 1인에게 대리할 권한을 포괄적으로 부여하는 경우는 공동대리인 취지에 반하게 된다. 그리고 수동대리에서 상대방의 의사표시를 공동으로 수령해야 하는가에 대해서도 견해가 나뉜다.

제119조(각자대리) 대리인이 수인인 때에는 각자가 본인을 대리한다. 그러나 법률 또는 수권행위에 다른 정한 바가 있는 때에는 그러하지 아니하다.

제59조(이사의 대표권) ① 이사는 법인의 사무에 관하여 각자 법인을 대표한다. 그러나 정관에 규정한 취지에 위반할 수 없고 특히 사단법인은 총회의 의결에 의하여야 한다. ② 법인의 대표에 관하여는 대리에 관한 규정을 준용한다.

② 자기계약 · 쌍방대리

■ 자기계약과 쌍방대리 금지 : 자기계약이란 대리인이 한편으로는 본인을 대리하면서 다른 한편으로는 대리인이 상대방이 되어 계약을 체결하는 경우를 말한다. 예컨대 갑이 을의 대리인으로 을의 집을 매각하면서 갑이 매수인이 되는 경우이다. 쌍방대리란 동일인이 계약 당사자 쌍방의 대리인이 되는 경우를 말한다. 예컨대 갑이 을의 대리인이면서 동시에 병의 대리인이 되어 을, 병 쌍방을 대리하는 경우이다. 민법은 제124조에서 자기계약과 쌍방대리를 금하고 있다. 이는 본인과 대리인 사이의 이해충돌과 본인간의 이해충돌을 막기 위함이다. 판례는 부동산 입찰절차에서 동일물건에 대하여 이해관계가 다른 2인 이상의 대리인이 된 경우 그 대리인이 한 입찰은 쌍방대리로 무효라고 하였다[대법원 2004.2.13. 선고 2003마44]. 제124조의 자기계약과 쌍방대리 금지 규정은 임의대리와 법정대리에 적용된다. 다만 법정대리에서는 이해상반과 관련한 특칙이 있다[제64조, 제921조, 제951조]. 특칙이 적용되는 경우에는 제124조는 적용되지 않는다.

■ 예외적 허용: 자기계약과 쌍방대리도 예외적으로 허용되는 경우가 있다. 제124조를 보면 본인이 미리 자기계약과 쌍방대리를 허락한 경우와 채무의 이행이 그것이다.

제124조(자기계약, 쌍방대리) 대리인은 본인의 허락이 없으면 본인을 위하여 자기와 법률행위를 하거나 동일한 법률행위에 관하여 당사자 쌍방을 대리하지 못한다. 그러나 채무의 이행은 할 수 있다.

자기계약과 쌍방대리의 예외적 허용

■ **본인의 허락이 있는 경우**
본인이 미리 자기계약 · 쌍방대리를 허락한 경우나 대리권수여로 인정한 때에는 유효하다[제124조 본문]. 이는 장래에 생길지도 모를 불이익을 본인이 감수하겠다는 것이므로 사적 자치의 원칙상 허용되지 않을 이유가 없다. 명시적 · 묵시적인 허락도 가능하다.

■ **채무의 이행인 경우**
채무의 이행은 이미 확정된 법률관계를 결제할 뿐, 당사자 간 새로운 이해관계가 생기는 것은 아니기 때문에 자기계약 · 쌍방대리가 허용된다. 채무의 이행이라도 다툼이 있는 채무의 이행과 기한이 도래하지 않은 채무의 이행, 항변권이 있는 채무의 변제에는 허용되지 않는다. 대물변제[제466조]와 경개[제500조]는 실질적으로 본인에게 새로운 이익의 교환 내지 이해관계가 생겨서 본인의 불이익을 초래할 수도 있으므로 허용되지 않는다.

■ **본인의 이익을 해할 염려가 없는 경우**
새로운 이해관계를 발생시키지 않는 경우에는 제124조 단서의 취지에 의해 자기계약 · 쌍방계약이 허용된다. 주식의 명의개서에서 매수인이 매도인의 대리인이 되는 경우, 등기의 신청에서 당사자 쌍방의 대리인이 되는 경우가 그 예다.

- 위반의 효과 : 자기계약 · 쌍방대리 금지를 위반한 경우에는 본인에게 효력이 생기지 않는다. 그러나 절대적 무효가 아니라 무권대리가 되므로 본인의 추인이 있으면 소급하여 유효가 될 수 있다는 것이 통설이다. 자기계약 · 쌍방대리가 무권대리가 되는 경우에 자기계약 · 쌍방대리의 본인은 대리인에게 민법 제135조의 무권대리인의 책임을 물을 수 있는가? 이에 관해서는 자기계약 · 쌍방대리의 상대방은 본인이므로 본인이 본인의 대리인에게 무권대리인의 책임을 묻는 것은 불가능하다는 견해와 일방의 추인이 있을 경우 제135조의 책임을 물을 수 있다는 견해가 있다.

제135조(상대방에 대한 무권대리인의 책임) ① 다른 자의 대리인으로서 계약을 맺은 자가 그 대리권을 증명하지 못하고 또 본인의 추인을 받지 못한 경우에는 그는 상대방의 선택에 따라 계약을 이행할 책임 또는 손해를 배상할 책임이 있다. ② 대리인으로서 계약을 맺은 자에게 대리권이 없다는 사실을 상대방이 알았거나 알 수 있었을 때 또는 대리인으로서 계약을 맺은 사람이 제한능력자일 때에는 제1항을 적용하지 아니한다.

③ 이익상반행위

대리인의 대리행위가 본인과 대리인 사이에 이익이 상반되는 경우 대리의 본질상 대리권이 제한된다. 이때는 법원이 선임하는 특별대리인이 선임되어야 하나[제64조], 대리인이 여러 명인 경우에는 이해상반이 없는 다른 대리인이 대리행위를 한다. 원칙적으로 이익이 상반되는 대리행위를 한 경우 무효이다. 예외적으로 무권대리가 되어 본인의 추인행위로 유효할 수 있다.

4. 복대리(復代理)

(1) 의의(意義)

제123조(복대리인의 권한) ① 복대리인은 그 권한 내에서 본인을 대리한다. ② 복대리인은 본인이나 제삼자에 대하여 대리인과 동일한 권리의무가 있다.

대리인은 언제나 스스로 대리행위를 해야 하는 것은 아니다. 대리인은 자기의 책임으로 대리권의 범위 내에서 대리행위를 할 자를 자신의 이름으로 선임하여 대리행위를 하게 할 수 있다. 대리인의 수권행위에 의해 본인의 대리인을 선임하게 되면 단계적인 대리가 발생한다.

대리인이 자신의 이름으로 선임한 본인의 대리인을 '복대리인'이라고 하고, 복대리인을 선임할 수 있는 대리인의 권한을 '복임권'이라고 한다. 또 대리인이 복대리인을 선임하는 행위를 '복임행위'라고 한다.

우리 민법은 복대리인을 본인의 대리인으로 본다[제123조].

(2) 복임행위의 법적 성질(復任行爲의 法的 性質)

복임행위는 대리인이 자기의 책임에 기해 복대리인을 선임하는 것이다. 복임행위는 대리행위가 아니다. 대리행위는 본인의 이름으로 행하나 복임행위는 대리인의 이름으로 행한다.

(3) 복임권(復任權)

가. 의의

복임권이란 대리인이 복대리인을 선임할 수 있는 권한 내지 자격을 말한다. 대리인에게 복임권이 있는가는 임의대리와 법정대리에 따라 다르다. 법정대리에 있어서는 유언집행자의 경우를 제외하고는 제한이 없음에 비하여 임의대리에서는 제한된다. 그 책임에서도 차이를 보인다.

나. 요건

① 임의대리인의 복임권 요건

> 제120조(임의대리인의 복임권) 대리권이 법률행위에 의하여 부여된 경우에는 대리인은 본인의 승낙이 있거나 부득이한 사유 있는 때가 아니면 복대리인을 선임하지 못한다.

임의대리인은 원칙적으로 복임권이 없고, 본인의 승낙을 얻은 경우와 부득이한 사유가 있는 경우에 한하여 복임권이 있다[제120조]. 이처럼 임의대리에서 복임권을 제한하는 이유는 임의대리인은 본인의 신임을 얻고 있는 자이고, 언제라도 사임할 수 있는 자이기 때문이다.

판례는 본인의 승낙에서 대리의 목적인 법률행위의 성질상 대리인의 직접처리가 필요하지 아니한 경우에는 복대리인 선임에 본인의 묵시적인 승낙이 인정된다고 한다[대법원 1996.1.26. 선고 94다30690, 대법원 2009.4.23. 선고 2005다22701, 22718].

대리의 목적인 법률행위의 성질상 대리인의 직접처리가 필요한 법률행위[오피스텔분양, 아파트분양]에는 복대리인의 선임에 본인의 묵시적 승낙을 인정하지 않는다[대법원 1999.9.3. 선고 97다56099].

채권자를 특정하지 아니한 채 부동산을 담보로 제공하여 금원을 차용해 줄 것을 위임한 자의 의사에는 복대리인 선임에 관한 승낙이 포함되어 있다[대법원 1993.8.27. 선고 93다21156].

② 법정대리인의 복임권 요건

법정대리인은 원칙적으로 자유롭게 복대리인을 선임할 수 있다. 법정대리인은 그 권한이 넓고, 사임도 쉽지 않을 뿐만 아니라 본인의 신뢰관계로 대리인이 된 자가 아니기 때문이다.

다. 대리인의 책임

① 임의대리인의 복임권에 대한 책임

제121조(임의대리인의 복대리인선임의 책임) ① 전조의 규정에 의하여 대리인이 복대리인을 선임한 때에는 본인에게 대하여 그 선임감독에 관한 책임이 있다. ② 대리인이 본인의 지명에 의하여 복대리인을 선임한 경우에는 그 부적임 또는 불성실함을 알고 본인에게 대한 통지나 그 해임을 태만한 때가 아니면 책임이 없다.

대리인에게 부득이한 사유가 있거나 본인의 승낙에 의해 복대리인을 선임한 대리인은 본인에게 그 선임감독에 관한 책임이 있다[제121조 제1항]. 선임에는 과실이 없어도 감독에 과실이 있는 경우에는 대리인은 책임을 지게 된다. 여기서 '선임에 대한 책임'이란 부적합한 자를 복대리인으로 선임하여 본인에게 손해를 주는 경우의 책임을 말하고, '감독에 대한 책임'이란 복대리인의 행위에 필요한 지시를 하지 않아 본인에게 손해가 발생한 경우의 책임을 예로 들 수 있다. 본인의 승낙이나 부득이한 사유 없이 복대리인을 선임한 경우 그 복임행위는 무효가 되며 복대리인의 대리행위도 무권대리가 된다.

대리인이 본인의 지명에 의하여 복대리인을 선임한 경우 그 부적임 또는 불성실함을 알고 본인에게 대한 통지나 그 해임을 태만한 때가 아니면 책임이 없다[제121조 제2항]고 규정하여, 선임감독에 대한 책임보다 통지나 해임에 태만한 책임이 더 경감되는 것으로 하였다. 여기서 본인의 지명은 본인의 자발적인 행위이어야 한다. 복대리인의 선임에 대한 승낙이 있는 경우는 이에 해당하지 않는다. 지명에 의한 경우에도 대리인은 복대리인에게 감독권과 해임권을 갖는다.

② 법정대리인의 복임권에 대한 책임

제122조(법정대리인의 복임권과 그 책임) 법정대리인은 그 책임으로 복대리인을 선임할 수 있다. 그러나 부득이한 사유로 인한 때에는 전조 제1항에 정한 책임만이 있다.

복대리인의 행위로 본인에게 손해가 발생한 때에는 법정대리인은 선임·감독상의 과실유무를 묻지 않고 본인에 대해 모든 책임을 진다[제122조 본문]. 그러나 부득이한 사유로 복대리인을 선임한 때에는 책임이 경감되어 임의대리인과 동일하게 선임·감독상의 책임을 지게 된다[제122조 단서].

(4) 복대리인의 지위(復代理人의 地位)

가. 본인에 대한 관계

제123조(복대리인의 권한) ① 복대리인은 그 권한 내에서 본인을 대리한다. ② 복대리인은 본인이나 제삼자에 대하여 대리인과 동일한 권리의무가 있다.

복대리인은 본인이 선임한 것이 아니라 대리인이 선임한 자이다. 그러나 대외적으로는 복대리인은 본인의 대리인이다. 복대리인과 본인과의 관계에서는 어떤 내부관계가 존재하지 않지만 본인은 대리인의 대리행위에 의하는 것과 마찬가지의 이해를 가지기 때문에 민법은 제123조 제2항에서 본인과 복대리인 사이에서도 본인과 대리인 사이에서와 같은 내부관계를 인정한다. 따라서 대리인이 본인에 대하여 수임인으로서 내부관계를 이루는 경우에는 복대리인도 본인에 대하여 수임인으로서의 권리·의무[제680조 이하 참조]가 있다.

나. 대리인에 대한 관계

복대리인은 대리인의 대리권의 범위 내에서 대리인의 이름으로 선임된 본인의 대리인이다. 그러므로 복대리인은 대리인의 감독을 받으며, 복대리인의 대리권은 대리인의 대리권보다 더 넓을 수 없고, 대리인의 대리권이 소멸하면 복대리인의 대리권도 소멸한다(단 소송대리는 제외). 그러나 대리인이 복대리인을 선임하였다고 하여 대리인의 대리권이 소멸하는 것이 아니므로 대리인도 복대리인도 모두 본인을 대리하게 된다.

다. 상대방에 대한 관계

복대리인은 본인의 대리인이므로 복대리인의 대리행위는 직접 본인의 이름으로 한다[제123조 제1항]. 본인을 위한 것임을 표시하면 되고 복대리인이라는 것을 밝힐 필요는 없다. 본인을 위한 것임을 표시하지 않은 경우에는 상대방이 선의이고 무과실이면 복대리인 자신을 위한 것이 된다[제115조]. 대리행위의 하자 유무에 대하여는 복대리인을 표준으로 결정한다[제116조]. 상대방이 복대리인으로 한 것으로 안 경우나 알 수 있었을 경우에는 본인에게 복대리행위의 효력이 발생한다[제115조].

대리인이 대리권 소멸 후 복대리인을 선임하여 복대리인으로 하여금 상대방과 사이에 대리행위를 하도록 한 경우에도, 상대방이 대리권 소멸 사실을 알지 못하여 복대리인에게 적법한 대리권이 있는 것으로 믿었고, 그와 같이 믿은 데 과실이 없다면 민법 제129조에 의한 표현대리가 성립할 수 있다[대법원 1998.5.29. 선고 97다55317].

라. 복대리인의 복임권

민법은 대리인이 복대리인을 선임하는 경우만 규정하고[제120조, 제122조] 복대리인이 다시 복대리인은 선임할 수 있는가는 규정하지 않고 있다. 복대리인이 다시 복대리인을 선임할 수 있는가에 대하여 사적 자치의 확장이라는 대리제도의 기능을 더욱 원할히 하는 것으로 임의대리에서와 같은 조건으로 가능하다는 것이 통설의 견해이다.

(5) 복대리권의 소멸(復代理權의 消滅)

복대리권은 대리권의 일반 소멸사유에 의해 소멸한다. 즉 본인의 사망, 복대리인의 사망, 성년후견개시, 파산에 의해 소멸한다[제127조]. 또한 대리인과 복대리인과의 내부적 법률관계의 종료, 수권행위의 철회, 대리인의 대리권 소멸에 의해서도 복대리권은 소멸한다[제128조].

5. 대리권의 소멸(代理權의 消滅)

대리권의 소멸사유에 대하여 법정대리권과 임의대리권에 공통한 소멸사유는 민법 제127조에서, 법정대리권에만 적용되는 소멸사유는 개별적으로 규정하고 있으며, 임의대리권에만 적용되는 소멸사유는 민법 제128조에서 규정하고 있다.

(1) 법정대리와 임의대리에 공통소멸사유(法定代理와 任意代理에 共通消滅事由)

제127조(대리권의 소멸사유) 대리권은 다음 각 호의 어느 하나에 해당하는 사유가 있으면 소멸된다. 1. 본인의 사망 2. 대리인의 사망, 성년후견의 개시 또는 파산

가. 본인의 사망

① 원칙

본인이 사망하면 법정대리권은 당연히 소멸한다[제127조 1호]. 법정대리에서 본인이 사망하면 대리의 필요성이 없어지는 경우가 많고 이 경우에는 상속이 개시되기 때문에 새로운 조치가 요구된다. 임의대리에서는 본인과 대리인 간에 특별한 신임관계가 기초를 이루고 있으므로 본인의 사망으로 대리권도 소멸한다고 보는 것이 수권자의 의사에 합치된다고 본다. 여기서 사망은 실종선고는 물론이고 인정사망의 경우도 포함된다. 법인의 경우에는 청산종결등기가 경료되었을 때에 자연인에 준하여 소멸된다고 본다.

② 예외

■ 대리권존속 약정

사적 자치의 원칙상 본인의 사망 후에도 대리권이 계속 존재하는 것으로 약정(특약)할 수도 있다. 이러한 특약의 유효성에 대해서는 견해가 나뉜다.

대리권존속 약정의 유효성

■ **특약유효설**

민법 제127조는 임의규정이므로 임의대리에서는 본인이 사망하더라도 대리권이 소멸하지 않는 것으로 약정하는 것이 가능하다고 한다. 이 견해는 수권계약에서 본인이 사망한 후에도 대리권을 존속하는 것으로 특약이 있는 경우에는 본인이 사망하더라도 대리권이 소멸하지 않는다고 본다.

■ **특약무효설**

특약이 유효하다면 본인의 의사표시가 상속인의 의사결정권을 박탈하는 결과가 되므로 그 특약은 무효라고 본다.

■ **절충설**

특약은 허용되나 그것이 상속인의 의사결정을 박탈하는 결과로 되어 사적 자치에 반하는 경우에는 허용되지 않는다는 견해이다.

■ 긴급사무처리

본인의 사망으로 위임은 종료된다[제690조]. 위임이 종료되는 경우에도 급박한 사정으로 사무처리가 인정될 수 있는 경우에는 대리인은 수임인으로서 위임인(본인)의 상속인이나 법정대리인이 위임사무를 처리할 수 있을 때까지 그 사무를 계속하여야 한다[제691조]. 그러므로 본인이 사망한 후에도 위임이 존속하는 것으로 간주되는 범위에서 대리권이 존속하는 것으로 본다.

■ 상법상 예외

상행위의 위임에 의한 대리권은 본인의 사망에 의하여 소멸하지 않는다[상법 제50조]. 민법의 원칙을 관철하게 되면 본인의 상속인은 다시 대리권을 수여하여야 하는 불편과 상인에게 현저한 불이익이 발생하고, 거래의 안전이 위협받기 때문이다.

■ 소송법상 예외

본인이 사망한 경우라도 소송대리권은 소멸하지 않는다[민사소송법 제95조]. 당사자가 사망한 경우 소송대리인이 있다면 소송절차는 중단되지 않기 때문이다[민사소송법 제238조].

민사소송법

제95조(소송대리권이 소멸되지 아니하는 경우) 다음 각 호 가운데 어느 하나에 해당하더라도 소송대리권은 소멸되지 아니한다. 1. 당사자의 사망 또는 소송능력의 상실 2. 당사자인 법인의 합병에 의한 소멸 3. 당사자인 수탁자(受託者)의 신탁임무의 종료 4. 법정대리인의 사망, 소송능력의 상실 또는 대리권의 소멸 · 변경
제238조(소송대리인이 있는 경우의 제외) 소송대리인이 있는 경우에는 제233조 제1항, 제234조 내지 제237조의 규정을 적용하지 아니한다.
제233조(당사자의 사망으로 말미암은 중단) ① 당사자가 죽은 때에 소송절차는 중단된다. 이 경우 상속인 · 상속재산관리인, 그 밖에 법률에 의하여 소송을 계속하여 수행할 사람이 소송절차를 수계(受繼)하여야 한다.

나. 대리인의 사망

대리인의 사망으로 대리권은 소멸한다[제127조 2호]. 대리인의 사망에도 불구하고 긴급사무를 처리해야 할 사정이 있는 경우 제691조를 유추적용할 수 있는가에 대해서는 견해가 나뉜다.

다. 대리인의 성년후견 개시

대리인에게 행위능력을 요구하지 않으므로 의사능력만 있다면 피성년후견인이라도 대리인이 될 수 있지만, 대리인이 된 후에 성년후견의 개시가 있게 되면 대리권은 소멸한다[제127조 2호]. 대리인이 성년후견심판을 받게 되면 대리인의 재산관리능력에 대하여 본인의 신뢰가 깨어지기 때문이다.

라. 대리인의 파산

대리인이 파산선고를 받은 때에는 대리권이 소멸한다[제127조 2호]. 대리인이 파산선고를 받게 되면 대리인의 재산관리능력에 대하여 본인의 신뢰를 잃게 되기 때문이다.

(2) 임의대리에 특유한 소멸사유(任意代理에 特有한 消滅事由)

제128조(임의대리의 종료) 법률행위에 의하여 수여된 대리권은 전조의 경우 외에 그 원인된 법률관계의 종료에 의하여 소멸한다. 법률관계의 종료 전에 본인이 수권행위를 철회한 경우에도 같다.

임의대리의 특유한 소멸사유로는 원인된 법률관계의 종료, 수권행위의 철회 등이 있다[제128조].

가. 원인된 법률관계의 종료

원인된 법률관계란 본인과 대리인 사이의 기초적 내부관계를 말한다. 대리관계와 기초적 내부관계는 별개의 독립된 것이므로 원인관계가 종료하였다고 대리권이 당연히 소멸되는 것은 아니다. 그러나 일반적으로 원인된 법률관계가 소멸하는 경우 대리권만을 존속시킬 이유가 없다고 여겨 대리권도 소멸하는 것으로 규정한다[제128조 전문].

나. 수권행위의 철회

원인된 법률관계가 소멸하지 않고 지속되고 있더라도 본인이 수권행위를 철회하여 대리권을 소멸시킬 수도 있다[제128조 후문]. 철회는 일방적 의사표시로서 법률행위의 효력을 장래에 향하여 소멸시키는 상대방 있는 단독행위다. 그러므로 수권행위도 단독행위라는 근거가 된다. 민법은 대리권 철회의 상대방에 대하여 규정하고 있지 않으나, 대리인 또는 대리행위의 상대방에 대한 의사표시로 철회가 가능하다(통설). 또한 원인된 법률관계가 종료하기 전에는 수권행위를 철회하지 않는다는 특약을 한 경우 원칙적으로 유효하다는 것이 통설의 입장이다.

다. 본인의 파산

본인이 파산한 경우에도 임의대리권이 소멸하는가에 대하여 긍정설과 부정설이 있다.

대리권의 소멸과 존속

■ **긍정설**

수권행위가 본인과 대리인 간의 신뢰관계를 기초로 하는 점에서 위임과 유사하고, 민법 제690조가 파산을 위임의 종료원인으로 규정하고 있는 점을 들어 임의대리권의 소멸을 긍정한다.

■ **부정설**

본인이 파산하는 경우에는 일반적으로 원인된 법률관계가 종료되므로 민법 제128조 제1문에 따라 해결하면 되고 별도로 본인의 파산을 대리권의 소멸원인으로 볼 필요가 없으므로 파산으로 원인된 법률관계가 종료한 후에도 대리권은 존속한다고 본다.

(3) **법정대리에 특유한 소멸사유(法定代理에 特有한 消滅事由)**

법정대리의 소멸사유는 다음과 같이 민법에 개별적으로 규정되어 있다.

법정대리의 소멸사유

부재자의 재산관리인의 개임[제22조, 제23조], 친권자의 친권상실선고[제924조], 친권자의 대리권 상실선고[제925조], 친권자의 대리권의 사퇴[제927조], 후견인의 결격사유의 발생[제937조], 후견인의 사임[제939조], 후견사무의 종료[제957], 상속재산관리인 선임[제1023조], 법정대리권 발생의 원인이 된 사실관계 소멸[미성년의 성년, 성년후견 또는 한정후견의 종료심판].

Ⅲ 대리행위(代理行爲)

1. 현명주의(顯名主義)

(1) **의의(意義)**

제114조(대리행위의 효력) ① 대리인이 그 권한 내에서 본인을 위한 것임을 표시한 의사표시는 직접본인에게 대하여 효력이 생긴다. ② 전항의 규정은 대리인에게 대한 제삼자의 의사표시에 준용한다.

대리행위는 대리인과 상대방 사이에 이루어진다. 대리행위의 효과가 본인에게 귀속되려면 대리인이 본인을 위한 것임을 밝혀서 의사표시를 하여야 한다. 이를 현명주의(顯名主義)라고 한다. 여기서 '현명(顯名)'이란 대리행위에서 본인의 이름을 표시하는 것을 말하며, 이는 법률효과의 귀속주체를 공시하는 것이 된다.

현명주의는 법률효과의 귀속주체를 밝혀 상대방이 예측하지 못한 당사자와의 거래를 방지함으로써 거래의 안전을 도모하는 데 제도적 의의가 있다.

(2) **현명의 법적 성질(顯名의 法的 性質)**

"본인을 위한 것"임을 표시한다는 것은 본인을 밝혀서 본인의 이름으로 법률행위를 한다는 의미이지 본인의 이익을 위한다는 것이 아니다. 대리인이 본인의 이익을 위하지 않고 자기의 이익을 위하여 대리행위를 하는 경우도 대리인이 본인의 이름으로 대리행위를 하였다면 그 행위는 대리행위로서 유효하다.

현명의 본질에 대해서는 대리의사설, 의사통지설, 관념통지설, 대리행위내용설로 견해가 나뉜다.

현명(顯名)의 본질

■ **대리의사설**

현명을 대리행위의 효과를 본인에게 귀속시키려는 의사표시, 즉 대리적 효과의사를 표시하는 의사표시로 이해한다.

■ **의사통지설**

현명을 대리행위의 상대방에게 대리행위의 법률효과 귀속주체가 누구인지 알리는 의사의 통지로 이해한다.

■ **관념통지설**

현명을 행위의 주체가 본인이라는 사실을 알리는 것, 즉 대리권의 존재를 알리는 관념의 통지로 이해한다.

■ **대리행위내용설**

현명을 독립된 의사표시로 보지 않고 대리행위를 이루는 의사표시의 요소로 이해한다. 즉 대리행위의 내용일 뿐 독립된 의사표시가 아니라고 한다.

(3) 현명의 방법(顯名의 方法)

현명의 방법에는 제한이 없다. 서면으로 할 수도 있고 구두로 할 수도 있다. 일반적으로는 '갑의 대리인 을'이라고 적는다. 그리고 반드시 본인을 명백하게 표시해야 하는 것도 아니다. 제반사정에 비추어 본인을 알 수 있으면 된다. 갑회사 영업소장, 갑주식회사 이사 등으로 표시해도 무방하다.

(4) 현명주의의 적용범위(顯名主義의 適用範圍)

수동대리의 경우에는 현명주의가 적용되지 않는다. 따라서 수동대리에서는 상대방이 본인에 대한 의사표시라는 것을 표시해야 하고[제114조 제2항], 대리인이 현명하여 의사표시를 수령할 필요는 없다.

민법상 법률행위에서 개인을 중시하지 않는 거래(예: 생필품을 현찰로 거래하는 경우)에서 현명주의의 예외를 인정할 것인지가 문제된다. 여기에는 부부의 일상가사대리의 규정[제827조], 편리성을 이유로 현명주의의 예외를 인정하자는 견해와 법률관계의 명료성을 해칠 우려가 있고 예외를 인정해야 할 필요성도 적어 현명주의의 예외를 부정하는 견해가 대립한다.

상행위의 대리에 있어서 현명하지 않아도 본인에게 그 효과가 귀속되는 것이 원칙이다[상법 제48조]. 간이 · 신속을 요하는 상행위의 특성을 고려한 것이다. 상업사용인이 영업주를 위하여 상행위를 한다는 것을 표시하는 것은 번거롭고 상대방도 영업주를 위한다는 것을 알고 있는 경우가 대부분이기 때문이다.

미성년자의 법정대리인이 법률행위를 대리하는 것은 현명하지 않아도 된다. 이 경우는 미성년자를 위한 행위라는 것이 추정되기 때문이다[대법원 1994.4.29. 선고 94다1302]

(5) 현명(顯名)하지 않은 대리행위의 효과(代理行爲의 效果)

제115조(본인을 위한 것임을 표시하지 아니한 행위) 대리인이 본인을 위한 것임을 표시하지 아니한 때에는 그 의사표시는 자기를 위한 것으로 본다. 그러나 상대방이 대리인으로서 한 것임을 알았거나 알 수 있었을 때에는 전조 제1항의 규정을 준용한다.

대리인이 본인을 위한 것임을 표시하지 않고 한 의사표시는 그 대리인 자신을 위한 것으로 본다[제115조 전문]. 그러므로 대리인은 내심의 의사와 표시가 일치하지 않음을 이유로 착오를 주장할 수 없다. 현명이 없는 경우에 상대방도 효과의 귀속자가 대리인으로 보는 것이 자연스럽고, 대리인에게 착오에 의한 의사표시의 취소를 인정하게 된다면 상대방에게 불측의 손해를 줄 뿐만 아니라 거래의 안전을 해하게 된다.

능동대리에서 대리인이 상대방에게 본인을 위한 것임을 표시하지 않은 경우라도, 상대방이 본인을 위한 것임을 알고 있거나 알 수 있었을 경우 그 대리행위는 본인에게 효과가 귀속된다[제115조 단서]. 이 경우에는 상대방을 보호할 필요가 없기 때문이다.

관련 판례

대리인이 본인을 대리하여 행위를 함에 있어서는 민법 제114조 제1항의 규정에 따라 본인과 대리인을 표시하여야 하는 것이므로, 대리관계의 현명을 하지 아니한 채 행위를 하더라도 본인에게 효력이 없는 것이지만, 대리에 있어 본인을 위한 것임을 표시하는 이른바 현명은 반드시 명시적으로만 할 필요는 없고 묵시적으로도 할 수 있는 것이고, 나아가 현명을 하지 아니한 경우라도 여러 사정에 비추어 대리인으로서 행위한 것임을 상대방이 알았거나 알 수 있었을 때에는 민법 제115조 단서의 규정에 의하여 본인에게 효력이 미치는 것이다[대법원 2008.5.15. 선고 2007다14759].

(6) 타인명의의 법률행위(他人名義의 法律行爲)

법률행위를 하는 자가 자기의 이름을 숨기고 타인의 이름으로 법률행위를 하는 경우에 이를 법률행위자의 법률행위로 볼 것인지 아니면 명의인의 법률행위로 볼 것인지가 문제된다. 명의인의 법률행위로 볼 경우에 대리에 관한 법률규정이 적용될 것인지도 의문이다. 판례의 견해를 보면 다음과 같다.

관련 판례

계약을 체결하는 행위자가 타인의 이름으로 법률행위를 한 경우에 행위자 또는 명의인 가운데 누구를 계약의 당사자로 볼 것인가에 관하여는, 우선 행위자와 상대방의 의사가 일치한 경우에는 그 일치한 의사대로 행위자 또는 명의인을 계약의 당사자로 확정하여야 할 것이고, 행위자와 상대방의 의사가 일치하지 않는 경우에는 그 계약의 성질 · 내용 · 목적 · 체결 경위 등 그 계약 체결 전후의 구체적인 제반 사정을 토대로 상대방이 합리적인 사람이라면 행위자와 명의자 중 누구를 계약 당사자로 이해할 것인가에 의하여 당사자를 결정하여야 한다. …(중략)… 매매계약을 체결하는 행위자가 매매계약서에 타인의 명의를 매수인으로 기재하였으나, 그 후 매도인이 매매계약이 파기되었다는 취지의 통고서를 명의인이 아닌 행위자에게 발송하였고, 그 통고서에서는 행위자가 매수인으로서 잔대금지급의무를 불이행한 것을 계약 파기 사유로 들고 있는 점 등 여러 사정에 비추어 볼 때, 합리적인 사람이라면 매도인이 행위자를 매수인으로 이해하고 매매계약을 체결하였다고 봄이 상당하다[대법원 2010.4.29. 선고 2009다29465].

(7) 대리행위와 본인행위의 경합(代理行爲와 本人行爲의 競合)

본인이 임의대리인을 선임하였으나 본인이 직접 법률행위를 하고 대리인도 법률행위를 하였다면 본인의 행위와 대리인의 행위가 경합하게 된다. 이 경우에는 어느 행위가 유효한지 문제되는데, 경합하는 행위가 처분행위라면 먼저 요건을 갖추는 행위가 유효하며, 채권행위인 경우에 당사자가 각각 다르다면 각각의 계약은 모두 유효하고, 당사자가 동일하다면 먼저 효력요건을 구비하는 계약이 우선한다.

2. 대리권을 남용한 대리행위(代理權을 濫用한 代理行爲)

(1) 의의(意義)

대리권의 남용이란 대리행위가 본인의 이익이 되지 않고 대리인 자신 또는 제삼자의 이익이 되는 경우를 말한다. 외형적으로는 대리인이 대리권의 범위 내에서 현명을 하고 대리행위를 하는 것이지만 실질적으로 대리인 자신의 이익을 위하거나 제삼자의 이익을 위해서 대리권을 악용하는 것을 말한다.

대리권의 남용에 관하여는 민법에 명문의 규정이 없으므로 해석에 의해 해결해야 한다. 다수설과 판례는 악의의 상대방은 보호받을 수 없다고 본다.

(2) 요건(要件)

가. 대리인의 배임행위가 있을 것

대리인의 배임행위가 있어야 한다. 즉 대리인이 본인의 이익에 반하는 대리행위를 해야 한다. 대리인이 대리권에 기한 대리행위의 효과가 대리인 자신의 이익을 위한 의사로 행한 것이든 상대방의 이익을 위한 것이든 관계없다.

나. 상대방의 악의 · 과실이 있을 것

상대방이 대리인의 배임행위에 대해 선의이고 과실이 없는 때에는 본인에게 대리행위의 효과가 귀속된다. 그러나 상대방이 배임행위에 대해 악의이고 과실이 있는 경우에는 대리권의 남용이 되므로 상대방의 고의와 과실을 기준으로 판단한다.

다. 대리권의 범위 내의 행위일 것

배임행위가 대리권의 범위 내에서 행해져야 한다. 배임행위가 대리권의 범위를 초과하여 행해진 경우에는 제126조의 월권대리 또는 무권대리의 문제가 될 뿐 대리권남용의 문제가 될 수 없기 때문이다.

(3) 효과(效果)

대리권의 남용은 임의대리는 물론 법정대리에서도 적용된다. 대리권이 남용된 경우 그 효과는 대리권남용의 본질론에 의해 달리 해석된다.

가. 제107조 제1항 단서 유추적용설

이 설은 대리권 남용에 대하여 민법 제107조 제1항 단서를 유추적용하자는 견해이다(다수설, 판례). 대리의사가 있고 현명이 있는 경우에는 비록 배임행위라도 대리의사가 존재하는 것으로 보고 대리행위로서 유효하지만 대리인의 의사표시는 진의가 아니므로 민법 제107조 제1항의 단서를 유추적용하여 상대방이 진의 아닌 의사표시임을 알았거나 알 수 있었을 경우에는 그 법률행위를 무효로 보자는 것이다. 이 설은 대리권의 남용이 있다고 하더라도 일단 대리행위로 유효하게 성립하고 상대방이 악의인 때에는 본인에게 대리행위의 효력이 부인될 뿐이다. 본인은 상대방의 악의 또는 과실을 입증하여 대리권남용의 효과를 부정할 수 있다. 판례는 대체로 이 입장에 있으나 신의칙위반설에 따른 판례도 있다[대법원 1987.10.13. 선고 86다카1522].

관련 판례 1

진의 아닌 의사표시가 대리인에 의하여 이루어지고 그 대리인의 진의가 본인의 이익이나 의사에 반하여 자기 또는 제3자의 이익을 위한 배임적인 것임을 그 상대방이 알았거나 알 수 있었을 경우에도 민법 제107조 제1항 단서의 유추해석상 그 대리인의 행위에 대하여 본인은 아무런 책임을 지지 않는다고 하면서, 은행직원 甲이 회사를 인수하려는 乙측로부터 부정한 청탁과 함께 대가를 지급받기로 하고 인수대상 회사가 매입한 양도성예금증서의 보호예수계약을 체결한 후 그 증서를 乙측에 불법 인출하여 줌으로써 乙이 이를 담보로 금융기관 대출을 받아 인수자금으로 사용한 사안에서, 인수대상 회사의 자금관리 · 운용에 관하여 포괄적 대리권을 가지고 있었던 것으로 보이는 乙이 甲의 위 인출행위가 은행의 사무집행행위에 해당하지 않음을 알고 있었으므로, 위 회사는 은행에 대하여 사용자책임을 물을 수 없다[대법원 2009.6.25. 선고 2008다13838].

관련 판례 2

주식회사의 대표이사가 그 대표권의 범위 내에서 한 행위는 설사 대표이사가 회사의 영리목적과 관계없이 자기 또는 제3자의 이익을 도모할 목적으로 그 권한을 남용한 것이라 할지라도 일응 회사의 행위로서 유효하고, 다만 그 행위의 상대방이 그와 같은 정을 알았던 경우에는 그로 인하여 취득한 권리를 회사에 대하여 주장하는 것이 신의칙에 반하므로 회사는 상대방의 악의를 입증하여 그 행위의 효과를 부인할 수 있을 뿐이라고 함이 상당하다.[대법원 1987.10.13. 선고 86다카1522 판결]

나. 신의칙위반설

대리권남용의 문제를 권한남용의 위험을 분배하는 문제로 보고 대리인은 본인의 지배권에 속하므로 원칙적으로 그 위험을 본인이 부담하지만, 상대방의 악의, 중과실 등 주관적 태양에 따라 상대방의 권리행사가 신의칙에 반하는 경우 상대방이 부담해야 한다는 견해다. 이 견해도 대리권의 남용을 대리행위로 인정하고 상대방의 권리행사는 신의칙위반으로 허용되지 않는다고 보는 것이다. 본인은 상대방의 악의 또는 중과실을 입증하여 대리권남용의 효과를 부정할 수 있다고 보는데, 권리남용설이라고도 한다.

다. 대리권배제설

대리권이 객관적으로 본인의 이익을 위해서가 아니라 대리인 자신의 이익을 위하거나 제삼자의 이익을 위한 행위이고 주관적으로 상대방이 배임행위를 알았거나 정당한 이유 없이 알지 못한 경우라면 대리권남용이 되고, 이는 대리권이 없는 협의의 무권대리행위가 된다는 견해다. 여기에 제126조의 월권대리의 규정을 유추적용하여야 한다는 견해와 제126조의 적용을 부정하는 견해로 나뉜다. 상대방이 대리권 남용을 대리권 있는 행위로 믿는데 정당한 사유가 있는 경우에는 표현대리로 다루고, 정당한 사유가 인정되지 않는 경우에는 협의의 무권대리로 본다.

3. 대리행위의 하자(代理行爲의 瑕疵)

제116조(대리행위의 하자) ① 의사표시의 효력이 의사의 흠결, 사기, 강박 또는 어느 사정을 알았거나 과실로 알지 못한 것으로 인하여 영향을 받을 경우에 그 사실의 유무는 대리인을 표준하여 결정한다. ② 특정한 법률행위를 위임한 경우에 대리인이 본인의 지시에 좇아 그 행위를 한 때에는 본인은 자기가 안 사정 또는 과실로 인하여 알지 못한 사정에 관하여 대리인의 부지를 주장하지 못한다.

(1) 원칙(대리인 표준 | 原則[代理人 標準])

민법 제116조 제1항은 대리행위인 의사표시가 의사의 흠결(비진의 표시, 허위표시, 착오), 사기 · 강박, 어느 사정을 알았거나 과실로 알지 못하여 영향을 받은 경우에 그 사실의 유무는 대리인을 표준으로 결정한다고 규정하고 있다.

대리행위에서 대리행위를 하는 자는 대리인이고 그 대리행위의 법률효과가 귀속되는 자는 본인이다. 그러므로 대리행위의 하자는 원칙적으로 대리인을 기준으로 판단하고, 본인도 그 판단의 효과에 따라 취소나 무효를 주장할 수 있다. 제116조 제1항의 규정은 임의대리뿐만 아니라 법정대리에도 적용된다.

(2) 대리행위 하자의 유형(代理行爲 瑕疵의 類型)

가. 진의 아닌 의사표시

갑남이 을녀의 환심을 사기 위해서 마음에도 없이 스포츠카를 사주기로 한 경우처럼 대리인이 진의 아닌 의사표시를 한 경우, 그 의사표시대로 효력이 발생한다[제107조 제1항 본문]. 그러나 상대방이 대리인의 의사표시가 진의 아님을 알았거나 알 수 있었을 경우에는 대리인의 의사표시는 무효가 된다[제107조 제1항 단서]. 이 의사표시의 무효는 선의의 제삼자에게는 대항하지 못한다[제107조 제2항]. 본인은 여기서 선의의 제삼자가 될 수 없다. 상대방이 비진의표시를 한 경우 제107조 제1항 단서의 적용에 있어서, 진의 아님을 알았거나 알 수 있었는지 여부는 대리인을 표준으로 결정한다. 그러나 대리인이 선의 · 무과실이라 하더라도, 본인이 특정한 법률행위를 위임하고 대리인이 본인의 지시에 좇아 그 행위를 한 경우, 본인은 대리인의 선의를 주장할 수 없다[제116조 제2항].

나. 허위표시

대리인이 상대방과 통정하여 허위표시를 하는 경우에는 그 의사표시는 무효이다[제108조 제1항]. 본인은 통정의 사실을 알지 못하였다고 하더라도 선의의 제삼자로 보호받을 수가 없다[제108조 제2항]. 본인이 상대방과 통정한 경우에도 무효가 되기 때문에 대리인이 이를 알지 못하고 법률행위를 해도 대리행위의 효과가 발생하지 않는다.

다. 착오

대리인이 의사표시를 한 경우 대리행위에 관한 착오가 있으면 그 착오가 대리인의 중대한 과실로 인한 것이 아닌 한 이를 취소할 수 있다[제109조]. 착오의 유무, 중대한 과실의 유무는 모두 대리인을 표준으로 결정한다. 그러므로 본인에게 착오가 있다고 하더라도 대리인에게 착오가 없다면 취소할 수 없다. 대리인의 착오를 이유로 취소할 수 있는 경우라도 그 취소권은 본인에게 있다.

라. 사기 · 강박

상대방의 사기 · 강박에 의하여 대리인이 의사표시를 한 경우에는 본인은 대리인의 의사표시를 취소할 수 있다[제110조 제1항]. 사기 · 강박을 당했는지의 유무는 대리인을 기준으로 판단하므로[제116조 제1항], 본인이 사기 · 강박을 당했다고 하더라도 대리인이 사기 · 강박을 당한 것이 아니라면 본인은 대리행위를 취소할 수 없다. 대리인이 상대방에 대하여 사기 · 강박을 한 경우에 상대방은 제116조가 아니라 제110조 제1항(사기 · 강박에 의한 의사표시)에 의하여 자기가 한 의사표시를 취소할 수 있다. 대리에서 본인은 법률효과의 귀속자이지 제110조 제2항의 제삼자가 아니기 때문에 상대방은 본인의 선의와 관계없이 언제나 의사표시를 취소할 수 있다. 즉 제110조 제2항이 적용되지 않는다.

사기 · 강박

■ **본인이 상대방에게 사기 · 강박을 하고 상대방이 그에 기한 의사표시를 한 경우**

대리인이 그 사실을 알지 못하였다고 하더라도 상대방은 이를 취소할 수 있다[제110조 제1항].

■ **제3자가 상대방에게 사기 · 강박을 하고 이에 기하여 상대방이 의사표시를 한 경우**

대리인이나 본인이 사기 · 강박을 알았거나 알 수 있었을 경우에 법률행위를 취소할 수 있다[제110조 제2항].

■ **선의취득의 경우**

선의, 무과실은 대리인을 기준으로 판단한다.

■ **타인 물건의 매매에 있어 대리인이 매수행위를 한 경우**

선의의 판단은 대리인을 표준으로 판단하기 때문에 대리인이 악의라면 본인인 매수인은 손해배상청구를 할 수 없다.

(3) **예외(본인 표준 | 例外 [本人 標準])**

본인이 대리인에게 특정한 법률행위를 위임한 경우, 대리인이 본인의 지시에 좇아 그 행위를 한 때에는, 본인은 자기가 안 사정이나 과실로 인하여 알지 못한 사정에 관하여 대리인의 부지(不知)를 주장할 수 없다. 즉 이 경우에는 대리인을 기준으로 판단하지 않고 본인을 기준으로 판단한다. 그러므로 대리인이 선의이더라도 본인이 악의이면 본인은 선의의 보호를 받을 수 없다. 제116조 제2항은 어느 사정의 知와 不知의 경우만 의미하므로 의사의 흠결, 착오, 사기 · 강박 등의 경우에는 적용이 없다. 제116조 제2항이 법정대리에도 적용되는가에 대해서는 적용긍정설과 적용부정설로 견해가 나뉜다.

4. 대리인의 능력(代理人의 能力)

제117조(대리인의 행위능력) 대리인은 행위능력자임을 요하지 아니한다.

(1) **대리인의 의사능력(代理人의 意思能力)**

대리인은 민법 제117조에서 행위능력자임을 요하지 아니한다고 규정하고 있지만 법률행위를 할 수 있는 의사능력은 가지고 있어야 한다(통설). 의사무능력자의 행위는 법률행위로서 효력을 인정할 수 없기 때문이다.

(2) **대리인의 행위능력(代理人의 行爲能力)**

민법 제117조에 의하면 제한능력자도 대리인이 될 수 있다. 대리인은 행위능력자임을 요하지 아니한다는 제117조의 의미는 대리인이 제한능력자임을 이유로 본인이 대리행위를 취소할 수 없다는 의미이다. 그러나 대리인은 적어도 의사능력은 있어야 한다. 민법 제117조는 수동대리에도 적용된다.

사적 자치의 보충으로 제한능력자를 보호하기 위하여 법정대리를 인정한 것인데, 대리인이 제한능력자라면 본인을 보호하는데 문제가 되기 때문이다. 민법은 일정한 경우에 제한능력자가 법정대리인이 될 수 없도록 규정하고 있는데, 혼인을 하지 않은 미성년자는 그의 자에 대하여 친권을 행사하지 못하며[제910조, 제

948조, 제826조의2], 제한능력자는 후견인이 될 수 없으며[제937제 1호, 2호], 유언집행자가 될 수 없도록[제1098조] 규정한 것이 그 예이다. 이러한 특별규정이 없는 경우 법정대리에도 제117조가 적용되는지 여부에 대해서도 견해가 대립한다. 제한능력자도 법률에 명문의 규정이 없는 한 법정대리인이 될 수 있다고 보는 견해와 법정대리제도의 취지상 법정대리인은 능력자이어야 한다는 견해가 있다.

Ⅳ 대리효과의 귀속(代理效果의 歸屬)

1. 본인에게 귀속(本人에게 歸屬)

제114조(대리행위의 효력) ① 대리인이 그 권한 내에서 본인을 위한 것임을 표시한 의사표시는 직접 본인에게 대하여 효력이 생긴다. ② 전항의 규정은 대리인에게 대한 제삼자의 의사표시에 준용한다.

대리인이 한 의사표시는 전부 직접 본인에게 귀속한다. 법률효과가 대리인에게 귀속되었다가 본인에게 다시 귀속되는 것이 아니라 본인과 상대방이 직접 법률행위를 한 것과 같은 효과가 생긴다.

만약 대리인이 본인의 주택을 매도한 경우에 대금지급청구권과 소유권 이전의무, 하자담보책임과 채무불이행시 계약해제권 및 손해배상청구권은 직접 본인에게 귀속되며, 대리인의 의사표시의 하자로 인한 취소권도 본인에게 귀속된다.

그러나 대리인의 불법행위에 대해서는 그 효과가 본인에게 귀속되지 않고 대리인에게 생긴다. 대리제도는 적법행위에 대해서만 적용되기 때문이다.

2. 본인의 능력(本人의 能力)

본인은 스스로 법률행위를 하거나 의사표시를 하는 것이 아니므로 의사능력이나 행위능력을 가질 필요가 없다. 대리행위의 효과가 직접 본인에게 귀속되므로 본인에게 권리능력은 있어야 한다. 외국인이 우리나라에서 향유할 수 없는 권리를 대리인을 통해 취득할 수는 없다. 임의대리에서 본인이 수권행위를 하는 경우에는 행위능력자이어야 하고, 본인이 제한능력자인 본인이 수권행위를 한 경우에는 이를 취소할 수 있다.

V 무권대리(無權代理)

1. 무권대리 일반(無權代理 一般)

(1) 의의(意義)

일반적으로 무권대리는 대리인이라 칭하는 자가 대리행위를 하였으나 실제는 대리권이 없는 경우를 말한다.

우리 민법은 무권대리행위를 당연무효로 하지 않고, 본인의 추인에 의해 그 효과가 본인에게 발생하도록 하는 한편[제130조], 본인이 추인하지 않는 경우에 한하여 대리인으로 하여금 무권대리행위에 대한 무거운 책임을 지도록 규정하고 있다[제135조].

한편 무권대리라고 하더라도 대리권이 존재하는 것과 같은 외관이 있고, 외관 창출에 본인이 원인 제공을 한 경우라면, 본인이 책임을 져야 한다[제125조, 제126조, 제129조]. 이를 '표현대리(表見代理)'라고 한다. 이는 본인을 희생시켜 상대방을 보호하고 거래의 안전을 꾀하고자 한다.

무권대리는 광의의 무권대리를 표현대리와 협의의 무권대리로 구분하고, 표현대리에 협의의 무권대리 성질도 포함되므로 무권대리 규정인 제130조 이하도 적용되지만 제135조는 적용되지 않는다고 본다(다수설).

2. 협의의 무권대리(狹義의 無權代理)

(1) 의의(意義)

광의의 무권대리에서 표현대리를 제외하면, 협의의 무권대리가 된다. 대리인이 대리권 없이 대리행위를 하였고, 그 대리행위를 표현대리라고 인정할 만한 특별한 사정이 없는 경우에 이를 '협의의 무권대리'라고 한다. 협의의 무권대리가 성립하기 위해서는 본인의 대리인으로 볼 수 있는 현명이 있어야 한다. 현명이 없는 경우는 대리인 자신의 행위가 되기 때문이다. 또 법률행위의 효과를 본인에게 귀속시키려는 대리의사도 있어야 한다.

우리 민법은 협의의 무권대리를 확정적 무효로 하지 않고 본인이 추인을 하면 유효한 대리행위가 되도록 하고 있는데, 이는 번잡한 절차를 간소화할 수 있고, 본인에게도 이익이 되기 때문이다[제130조, 제132조, 제133조].

(2) 협의의 무권대리에 대한 추인(狹義의 無權代理에 대한 追認)

제130조(무권대리) 대리권 없는 자가 타인의 대리인으로 한 계약은 본인이 이를 추인하지 아니하면 본인에 대하여 효력이 없다.

가. 의의

협의의 무권대리행위에 대하여 본인은 책임을 지지 않는다. 상대방도 본인에게 책임을 물을 수 없다. 그러나 무권대리에 의한 법률행위를 본인이 추인하면 계약 시점으로 소급하여 대리권이 있었던 것과 같은 효과가 생긴다. 본인이 추인하지 않으면 협의의 무권대리는 처음부터 무효이다. 민법은 무권대리로 인한 법률행위는 원칙적으로 무효이지만 확정적 무효가 아니라 본인의 추인에 의해서 유효하게 되도록 유동적 무효로 규정하고 있다.

본인의 추인권은 상대방이나 무권대리인의 동의나 승낙을 요하지 않는 상대방 있는 단독행위다. 추인권은 무권대리행위만을 유효한 대리행위로 하여 본인에게 효과가 귀속되게 할 수 있는 형성권이다.

무효행위 또는 무권대리 행위의 추인은 무효행위 등이 있음을 알고 그 행위의 효과를 자기에게 귀속시키도록 하는 단독행위로서 그 의사표시의 방법에 관하여 일정한 방식이 요구되는 것이 아니므로 묵시적인 방법으로도 할 수 있지만, 묵시적 추인을 인정하기 위해서는 본인이 그 행위로 처하게 된 법적 지위를 충분히 이해하고 그럼에도 진의에 기하여 그 행위의 결과가 자기에게 귀속된다는 것을 승인한 것으로 볼 만한 사정이 있어야 할 것이다[대법원 2014.02.13. 선고 2012다112299 판결].

나. 추인권자

추인권자는 본인뿐만 아니라 본인의 법정대리인도 가능하다[대법원 1982.12.14. 선고 80다1872, 1873]. 본인으로부터 추인권한을 부여받은 임의대리인도 할 수 있다. 본인이 추인을 하기 위해서는 행위능력이 있어야 한다.

다. 추인의 상대방

추인의 의사표시는 무권대리인이나 무권대리인과 거래한 상대방 어느 쪽에 해도 상관없다. 상대방에게 추인의 의사표시를 한 경우에는 완전하게 효력이 발생한다. 그러나 무권대리인에게 추인의 의사표시를 한 때에는 상대방이 추인이 있었음을 알지 못하는 경우에는 그 상대방에 대하여 추인의 효과를 주장하지 못한다[제132조]. 또한 이 경우 상대방은 추인이 있었음을 알지 못하는 동안에는 자기의 의사표시를 철회할 수 있다.

라. 추인권의 행사

추인은 단독행위로서 재판상으로나 재판외에서 행사할 수 있다. 추인은 의사표시의 요건을 갖추어야 하며 무권대리행위가 있었음을 알고 해야 한다. 그리고 명시적 추인이든 묵시적 추인이든 상관없다.

무권대표행위나 무효행위의 추인은 무권대표행위 등이 있음을 알고 그 행위의 효과를 자기에게 귀속시키도록 하는 단독행위로서 그 의사표시의 방법에 관하여 일정한 방식이 요구되는 것이 아니므로 명시적이든 묵시적이든 묻지 않는다 할 것이지만, 묵시적 추인을 인정하기 위해서는 본인이 그 행위로 처하게 된 법적 지위를 충분히 이해하고 그럼에도 진의에 기하여 그 행위의 결과가 자기에게 귀속된다는 것을 승인한 것으로 볼 만한 사정이 있어야 할 것이므로 이를 판단함에 있어서는 관계되는 여러 사정을 종합적으로 검토하여 신중하게 하여야 할 것이다[대법원 2010.12.23. 선고 2009다37718].

마. 무권대리 일부에 대한 추인

추인의 의사표시는 무권대리 전부에 해야 한다. 일부에 추인을 하거나 조건을 붙여서 하거나 변경을 가하여 하는 경우에는 상대방의 동의가 있어야 효력이 발생한다.

소송행위에 있어, 무권대리인이 행한 소송행위의 추인은 특별한 사정이 없는 한, 소송행위의 전체를 대상으로 하여야 하는 것이고 그 중 일부의 소송행위만을 추인하는 것은 허용되지 아니한다[대법원 2008.8.21. 선고 2007다79480].

바. 법정추인의 유추적용 여부

무권대리행위의 추인에는 법정추인에 대한 민법의 규정을 적용하지 않는다. 법정추인제도는 취소할 수 있는 행위에 대하여 하는 것이고 취소할 수 있는 행위는 취소하기 까지는 유효하다. 그러나 무권대리행위는 추인이 있기까지는 무효이고 추인이 있어야 유효하다.

사. 추인의 효과

제133조(추인의 효력) 추인은 다른 의사표시가 없는 때에는 계약시에 소급하여 그 효력이 생긴다. 그러나 제삼자의 권리를 해하지 못한다.

추인은 다른 의사표시가 없는 경우에 원칙적으로 계약시에 소급하여 효력이 생긴다. 본인의 추인이 있으면 유권대리행위와 같은 법률효과가 발생한다. 당사자가 다른 의사표시를 한 때, 소급효로 제삼자의 권리를 해하게 되는 때는 소급효가 제한된다. 여기서 '다른 의사표시를 한 때'의 의사표시는 본인의 단독행위가 아니라 본인과 상대방과의 계약을 의미한다. 이와 같이 소급효를 제한하는 것은 추인의 소급효로 인하여 무권대리행위 후 추인이 있기 전에 행해진 행위가 추인의 소급효로 무효가 됨으로써 제삼자가 정당하게 취득한 권리를 잃게 되는 것을 막기 위함이다.

아. 본인의 추인거절권과 혼동

본인에게는 추인을 하거나 추인을 거절할 수 있는 선택이 가능하다. 추인을 하면 유효로, 추인을 거절하면 무효로 확정된다.

일단 추인거절의 의사표시가 있은 이상 그 무권대리행위는 확정적으로 무효로 귀착되므로 그 후에 다시 이를 추인할 수는 없다[대법원 2008.8.21. 선고 2007다79480].

무권대리인의 지위와 본인의 지위가 동일인에게 귀속하는 것을 지위의 혼동이라 한다. 아들이 아버지의 무권대리인으로 아버지의 재산을 처분한 뒤 아버지가 사망하게 되면 아들은 무권대리인이면서 상속에 의해 본인인 아버지의 지위를 겸하게 된다. 이런 경우 아들은 추인거절을 할 수 있는지 의문이다. 이에 대해 무권대리행위가 당연히 유효로 되고 본인의 지위에서 추인거절을 할 수 없다는 견해와 본인의 지위와 무권대리인의 지위가 혼동되지 않고 병존하나 본인의 지위에서 추인거절을 하는 것은 신의칙상 허용되지 않는다는 견해로 나뉜다. 판례는 무권대리인이 무권대리행위의 무효를 주장하는 것은 금반언이나 신의칙에 반하여 허용될 수 없다고 한다[대법원 1994.9.27. 선고 94다20617].

무권대리인이 본인을 상속하는 경우 단독상속이 아니고 공동상속이면 추인권 행사에 공동상속인 전원의 동의가 있어야 무권대리행위가 유효할 수 있다. 무권대리인인 상속인이 다른 공동상속인의 지분을 이전받아 상대방에게 이전할 수 없다면 상대방은 제135조의 손해배상청구만 가능할 것이다.

자. 추인과 착오의 경합

무권대리인과 상대방의 행위가 착오에 의하여 취소할 수 있는 행위라고 하더라도 본인이 무권대리행위를 추인하는 것을 방해받지 않는다.

(3) 무권대리 상대방의 최고권과 철회권(無權代理 相對方의 催告權과 撤回權)

제131조(상대방의 최고권) 대리권 없는 자가 타인의 대리인으로 계약을 한 경우에 상대방은 상당한 기간을 정하여 본인에게 그 추인 여부의 확답을 최고할 수 있다. 본인이 그 기간 내에 확답을 발하지 아니한 때에는 추인을 거절한 것으로 본다.
제134조(상대방의 철회권) 대리권 없는 자가 한 계약은 본인의 추인이 있을 때까지 상대방은 본인이나 그 대리인에 대하여 이를 철회할 수 있다. 그러나 계약당시에 상대방이 대리권 없음을 안 때에는 그러하지 아니하다.

무권대리의 상대방은 본인의 추인 여부에 의해 본인이 책임을 질수도 있고 책임을 지지 않을 수도 있다. 이 경우 무권대리의 상대방은 지위가 불안정하므로 최고권과 철회권으로 불안정에서 벗어날 수 있다.

무권대리의 상대방은 상당기간을 정하여 본인에게 추인 여부를 확답할 것을 최고할 수 있다. 이때 상대방의 선의 · 악의를 불문하며, 확답이 없는 경우에는 추인을 거절한 것으로 본다.

또한 무권대리의 상대방은 본인의 추인이 있기 전까지는 본인이나 대리인에게 무권대리행위를 철회할 수 있다. 철회가 있게 되면 본인은 더 이상 추인할 수 없게 된다. 철회는 최고와는 달리 계약시 상대방이 선의인 경우에 가능하다. 즉 무권대리행위 당시에 상대방이 무권대리행위임을 알았다면 상대방은 철회할 수 없다. 상대방의 선의유무는 계약체결시를 기준으로 판단한다.

⑷ 상대방에 대한 무권대리인의 책임(相對方에 대한 無權代理人의 責任)

제135조(상대방에 대한 무권대리인의 책임) ① 다른 자의 대리인으로서 계약을 맺은 자가 그 대리권을 증명하지 못하고 또 본인의 추인을 받지 못한 경우에는 그는 상대방의 선택에 따라 계약을 이행할 책임 또는 손해를 배상할 책임이 있다. ② 대리인으로서 계약을 맺은 자에게 대리권이 없다는 사실을 상대방이 알았거나 알 수 있었을 때 또는 대리인으로서 계약을 맺은 사람이 제한능력자일 때에는 제1항을 적용하지 아니한다.

가. 의의

무권대리인이 대리권 있음을 증명하지 못하고 또 본인의 추인을 받지 못하면 그 계약이 철회되지 않는 한 대리인은 상대방의 선택에 좇아 계약을 이행하거나 손해배상의 책임을 부담하게 된다[제135조].

나. 요건

① 대리인으로 계약을 체결한 자가 대리권(代理權)을 증명(證明)하지 못할 것

대리행위를 한 자에게 정당한 대리권이 존재한다는 입증책임은 대리인에게 있다. 대리행위는 의무부담행위와 처분행위를 포함한다. 그러나 처분행

위에는 이행의 문제가 없으므로 제135조 제1항의 이행청구에 관한 규정이 적용될 여지가 없다.

② 본인의 추인(本人의 追認)을 얻지 못할 것

본인이 추인을 거절하면, 유동적 법률상태가 확정적으로 무효가 된다.

③ 표현대리가 성립(表見代理가 成立)하지 않을 것

표현대리가 성립하면, 본인이 직접 책임을 져야 한다. 그러나 이러한 사정이 없는 한 무권대리인이 상대방에 대한 책임을 져야 한다.

④ 상대방의 철회권 행사(相對方의 撤回權 行使)가 없을 것

상대방이 철회권을 행사한 경우에는 더 이상 무권대리인의 책임을 물을 수 없다. 철회권이 행사되면 무권대리인의 책임은 소멸하게 된다.

⑤ 상대방은 선의 · 무과실(相對方은 善意 · 無過失)이어야 할 것

상대방이 무권대리인에게 대리권이 없는 것을 알지 못하고 알지 못함에 과실이 없어야 한다. 선의 · 악의 및 과실의 판단은 대리행위가 있은 때를 기준으로 한다.

⑥ 무권대리인이 행위능력자(無權代理人이 行爲能力者)일 것

무능력자를 보호하기 위하여 제135조 제2항 후단은 손해배상책임을 제한능력자에게는 묻지 않는 것으로 규정하고 있다. 그러나 법정대리인의 동의를 얻어 제한능력자가 대리행위를 한 경우에는 능력자와 같은 책임을 진다는 데 이론(異論)이 없다.

다. 무권대리인의 책임

무권대리인은 상대방의 선택에 좇아 계약의 이행 또는 손해배상의 책임이 있다. 상대방의 선택에 대하여 선택채권[제380조 이하]의 규정에 따른다는 데 견해가 일치한다. 상대방은 무권대리인에게 선택의 의사표시를 하여야 하고, 상대방이 선택권을 행사한 이상 그 선택에 기속된다.

이행의 선택으로 무권대리인은 대리행위의 본인이 상대방에게 부담하였을 것과 같은 내용의 급부를 상대방에게 이행하여야 한다. 본인의 일신전속적 급부를 목적으로 한 것이라면 무권대리인이 급부를 이행할 수 없기 때문에 손해배상청구

만 가능하게 된다.

상대방이 손해배상을 선택한 경우나 이행불능으로 손해배상을 해야 할 경우 손해배상의 범위는 신뢰이익 배상이 아니라 이행이익이다(통설). 이행이익은 유효한 계약의 이행이 있었던 것과 같은 이익을 말한다.

제135조에 기한 청구권의 소멸시기는 일반채권의 소멸시기인 10년이 아니라 무권대리가 이행되었더라면 상대방이 본인에게 청구하였을 청구권의 성질에 따라 결정되어야 한다는 것이 일반적 견해다. 시효기간은 상대방이 선택권을 행사할 수 있는 때로부터 진행되는데, 여기서 '선택권을 행사할 수 있는 때'란 대리권의 존재를 증명하지 못하거나 본인의 추인을 얻지 못한 때를 말한다[대법원 1965.8.24. 선고 64다1156].

(5) 대리인과 본인 간의 관계(代理人과 本人間의 關係)

무권대리행위를 본인이 추인하지 않으면 본인과 대리인 사이에는 아무런 법률관계가 발생하지 않는다. 그러나 본인이 추인을 하면 대리행위의 효과가 본인에게 귀속되며 무권대리인의 행위는 사무관리[제784조 이하]가 될 것이다. 또한 추인한 무권대리행위가 본인의 이익을 침해하는 경우에는 불법행위[제750조 이하]가 성립될 수 있고, 무권대리인이 부당하게 이득을 취한 경우에는 부당이득[제741조 이하]이 문제될 수 있다.

(6) 단독행위의 무권대리(單獨行爲의 無權代理)

제136조(단독행위와 무권대리) 단독행위에는 그 행위당시에 상대방이 대리인이라 칭하는 자의 대리권 없는 행위에 동의하거나 그 대리권을 다투지 아니한 때에 한하여 전6조의 규정을 준용한다. 대리권 없는 자에 대하여 그 동의를 얻어 단독행위를 한 때에도 같다.

가. 의의

단독행위는 일방적 의사표시에 의해 법률관계를 변동시키는 법률행위이므로 원칙적으로 자유롭게 할 수 없고 법률의 규정이나 당사자의 약정이 있는 경우에 한하여 할 수 있다. 단독행위의 상대방이 무권대리인에게 대리권이 있다고 믿은 경우에는 이 신뢰를 보호하여야 한다.

나. 상대방 있는 단독행위

상대방 있는 단독행위인 무권대리도 원칙적으로는 무효이다. 그러나 상대방이 대리권이 있다고 믿은 것은 보호할 필요가 있다. 제136조는 단독행위인 무권대리를 원칙적으로 무효로 하되, 무권대리행위에 상대방이 동의한 경우와 대리권을 다투지 않은 경우에는 예외로 추인[제130조, 제132조, 제133조], 최고권[제131조], 철회권[제134조], 무권대리인의 상대방에 대한 책임에 관한 규정[제135조]을 준용하도록 규정하고 있다.

상대방 있는 단독행위

■ **능동대리**

능동대리란 무권대리인이 본인을 대리하여 계약을 해제하거나 취소하는 경우를 말한다. 능동대리의 경우에는 상대방이 무권대리행위 당시에 동의하거나 그 대리권을 다투지 아니하면 계약에서의 무권대리와 같은 효과가 발생한다. 즉 제130조로부터 제135조를 준용할 수 있다. 여기서 '대리권을 다투지 아니한 때'란 이의를 제기하지 않은 것을 말한다.

■ **수동대리**

단독행위인 수동대리는 상대방의 동의, 채무면제, 상계, 추인, 취소, 해제, 해지 등의 의사표시를 수령하는 것을 말한다. 수동대리인 경우에 상대방이 무권대리인의 동의를 얻어 단독행위를 한 경우에 한하여 계약과 같은 효과가 있다[제136조]. 계약과 같은 효과가 있다는 것은 무권대리에 관한 규정[제130조~제135조]을 준용한다는 의미이다. 무권대리행위가 성립된 후에 본인이 추인을 거절하는 때에는 무권대리인은 상대방에게 제135조의 손해배상책임을 진다. 그러나 무권대리인은 상대방의 의사표시를 수령한 것에 불과하므로 그 성질상 이행책임은 있을 수 없다.

다. 상대방 없는 단독행위

상대방 없는 단독행위인 무권대리는 능동대리, 수동대리를 묻지 않고 확정적으로 무효가 된다. 이 경우 상대방이 존재하지 않으므로 상대방보호를 고려할 여지가 없기 때문이다.

3. 표현대리(表見代理)

(1) 표현대리 일반(表見代理 一般)

가. 의의

대리인에게 대리권이 없음에도 불구하고 대리권이 있는 것처럼 외관이 존재하고, 외관형성에 본인의 원인제공이 있거나 책임져야 할 사정이 있는 경우에 본인에게 책임을 묻는다. 이것을 '표현대리(表見代理)'라고 한다. 표현대리도 무권대리이지만, 유권대리처럼 본인에게 책임을 지우는 것이다(외관책임설).

나. 표현대리의 유형(表見代理의 類型)

표현대리는 외관을 형성하는데 본인이 일정한 원인을 준 경우이어야 하고, 상대방은 외관을 믿은 것에 대한 보호받을 가치가 있어야 한다. 민법은 상대방의 "선의 · 무과실"[제125조, 제129조]과 "정당한 이유"[제126조]를 요구한다. 표현대리는 성립의 외관과 관계있는 제125조의 대리권수여의 표시에 의한 표현대리, 범위의 외관과 관계있는 제126조의 권한을 넘은 표현대리, 존속의 외관과 관계있는 제129조의 대리권 소멸 후의 표현대리가 있다.

(2) 대리권수여의 표시에 의한 표현대리(代理權授與의 表示에 의한 表見代理)

> 제125조(대리권수여의 표시에 의한 표현대리) 제삼자에 대하여 타인에게 대리권을 수여함을 표시한 자는 그 대리권의 범위 내에서 행한 그 타인과 그 제삼자 간의 법률행위에 대하여 책임이 있다. 그러나 제삼자가 대리권 없음을 알았거나 알 수 있었을 때에는 그러하지 아니하다.

가. 의의

본인이 타인에게 실제로 대리권을 수여하지 않았으나 제삼자에게 대리권을 수여하였다는 표시를 한 경우 그 대리권의 범위 내에서 행한 타인과 제삼자 간의 법률행위에 대하여 본인이 책임을 진다. 제125조의 표현대리는 "대리권을 수여"한다는 본조의 문언상 임의대리에만 적용되고 법정대리에는 적용되지 않는다는 것이 통설과 판례의 입장이다. 거래의 안전보호와 상대방의 선의 · 무과실을 요구하는 이상 법정대리에 적용하여도 된다는 소수설이 있다.

나. 요건

① 대리권 수여표시가 있을 것

본인이 제3자에게 타인에게 대리권을 수여했음을 표시하여야 한다. 대리권 수여표시의 방법은 서면 또는 구두로 할 수도 있다. 특정인에게 할 수도 있고 불특정의 제삼자에게 할 수도 있다. 대리권 수여를 표시함에는 반드시 대리권 또는 대리인이라는 말이나 문자가 들어갈 필요는 없다. 사정에 비추어 대리권 수여가 있었다는 것으로 인정되면 족하다. 대리권 수여의 의사표시는 대리인이 대리행위를 하기 전에는 철회할 수 있다.

② 대리인에게 대리권이 없을 것

대리행위를 하는 자에게 대리권이 없어야 한다. 처음부터 대리권이 없는 경우와 수권행위가 있었으나 그것이 무효이거나 취소된 경우도 포함된다.

③ 표시된 대리권의 범위 내에서 대리행위를 할 것

무권대리인의 대리행위는 본인이 통지에서 수여한 것으로 표시된 대리권의 범위 내에서 행해져야 한다. 이 범위를 넘는 대리행위 부분은 제126조의 표현대리가 될 수 있다.

④ 상대방이 선의 · 무과실일 것

대리행위의 상대방은 대리권 수여표시를 받은 자이어야 한다. 광고와 같이 통지를 특정인에게 하지 않고 다수인에게 하였다면 상대방은 다수인이 될 수도 있다. 상대방은 대리권 없음을 알지 못하거나 과실 없이 알지 못하여야 한다. 이 경우 상대방이 선의나 무과실을 입증하는 것이 아니라 제125조의 책임을 면하려는 본인이 상대방의 악의 또는 과실을 입증하여야 한다.

다. 효과

위에서 언급한 요건을 갖춘 경우에는 무권대리인의 대리행위에 대하여 본인이 책임을 진다. 여기서 본인은 상대방이 표현대리를 주장하는 경우에만 책임을 지게 된다. 그러므로 상대방이 주장하지 않는데 본인이 제125조의 표현대리를 주장하여 책임을 부담할 수는 없다.

표현대리는 상대방을 보호하기 위한 제도이므로 무권대리인 자신이 표현대리임을 주장하여 자신의 책임을 본인에게 전가하는 것은 허용되지 않는다.

(3) 권한을 넘은 표현대리(權限을 넘은 表見代理)

제126조(권한을 넘은 표현대리) 대리인이 그 권한 외의 법률행위를 한 경우에 제삼자가 그 권한이 있다고 믿을 만한 정당한 이유가 있는 때에는 본인은 그 행위에 대하여 책임이 있다.

가. 의의

권한을 넘은 표현대리란 대리인이 대리권의 범위 내에서 대리행위를 한 것이 아니라 대리권의 범위를 넘어 대리행위를 한 경우를 말한다.

나. 요건

① 기본대리권이 있을 것

제126조의 표현대리가 적용되기 위해서는 대리인에게 대리권(기본대리권)이 있어야 한다. 전혀 대리권이 없는 자에 의한 대리행위에는 제126조의 표현대리가 성립하지 않는다.

② 대리행위가 대리권의 범위를 넘을 것

대리인이 권한을 넘는 대리행위를 하였어야 한다. 제125조의 표현대리와 제129조의 표현대리가 성립하는 범위를 넘어서는 법률행위를 한 경우에도 제126조의 표현대리가 성립하는가에 대하여 다수의 학설은 긍정적이다. 판례도 같은 입장이다.

과거에 가졌던 대리권이 소멸되어 민법 제129조에 의하여 표현대리로 인정되는 경우에 그 표현대리의 권한을 넘는 대리행위가 있을 때에는 민법 제126조에 의한 표현대리가 성립할 수 있다[대법원 2008.1.31. 선고 2007다74713]

③ 대리행위가 정당하다고 믿을 만한 이유가 있을 것

제삼자, 즉 상대방이 대리인의 대리행위가 정당하다고 믿을 만한 사유가 있어야 한다. 정당한 이유가 있다고 하기 위해서는 상대방이 완전 유효한 대리권의 존재에 관해 선의이고 무과실이어야 한다. 권한을 넘은 표현대리에 있어서 '정당한 이유'의 유무는 대리행위 당시를 기준으로 한다.

부동산의 매도를 위임받은 자가 그 소유권이전등기에 필요한 서류와 인감도장을 모두 교부받아 소지한 채 이를 상대방에게 제시하여 부동산을 처분할 대리권이 있음을 표명하였다면 그 부동산을 대물변제나 양도담보로 제공할 권한이 있다고 믿을 만한 정당한 이유가 있다[대법원 2009.11.12. 선고 2009다46828].

정당한 이유가 있음에 대한 입증책임은 상대방에게 있다[대법원 1968.6.18. 선고 68다694]. 제126조가 법정대리에도 적용되는가에 관해서 판례는 제126조의 표현대리 규정이 거래의 안전을 도모하고 상대방의 이익을 보호함에 있으므로 법정대리와 임의대리를 달리 볼 이유가 없다고 하여 제126조의 적용을 긍정한다[대법원 1997.6.27. 선고 97다3828].

다. 효과

권한을 넘은 표현대리가 성립하면, 본인이 책임을 부담한다.

본인인 것처럼 속여서 대리행위를 한 경우

민법 제126조의 표현대리는 대리인이 본인을 위한다는 의사를 명시적 혹은 묵시적으로 표시하거나 대리의사를 가지고 권한 외의 행위를 한 경우에 성립하고, 사술을 써서 위와 같은 대리행위의 표시를 하지 아니하고 단지 본인의 성명을 모용하여 자기가 마치 본인인 것처럼 기망하여 본인 명의로 직접 법률행위를 한 경우에는 특별한 사정이 없는 한 제126조의 표현대리는 성립될 수 없다[대법원 2002.6.28. 선고 2001다49814]

(4) 대리권소멸 후의 표현대리(代理權消滅 후의 表見代理)

제129조(대리권소멸후의 표현대리) 대리권의 소멸은 선의의 제삼자에게 대항하지 못한다. 그러나 제삼자가 과실로 인하여 그 사실을 알지 못한 때에는 그러하지 아니하다.

가. 의의

제129조의 표현대리는 처음에는 대리권을 가지고 있었으나 대리행위를 할 당시에는 대리권이 없는 자가 대리행위를 한 경우에 본인이 대리행위에 대하여 책임져야 함을 규정한 것이다. 제129조는 임의대리와 법정대리에 모두 적용된다고 보는 것이 판례의 입장이다[대법원 1975.1.28, 선고 74다1199]

나. 요건

① 대리행위 당시에 대리권이 소멸(代理行爲 當時에 代理權이 消滅)하였을 것

대리행위를 하는 자가 과거에는 대리권을 가지고 있었으나 대리행위를 할 당시에는 대리권이 소멸하여 없어야 한다. 처음부터 대리권이 없었다면 제129조의 표현대리는 성립되지 않는다.

대리인이 대리권 소멸 후 복대리인을 선임하여 복대리인으로 하여금 상대방과의 사이에 대리행위를 하도록 한 경우, 상대방이 대리권 소멸 사실을 알지 못하여 복대리인에게 적법한 대리권이 있는 것으로 믿었고, 그와 같이 믿은 데 과실이 없다면 민법 제129조에 의한 표현대리가 성립할 수 있다고 한다[대법원 1998.5.29. 선고 97다55317].

② 소멸한 대리권의 범위 내에서 대리행위를 하였을 것

대리행위는 소멸한 대리권의 범위 내에서 행해졌어야 한다. 소멸한 대리권의 범위를 넘는 대리행위의 경우에는 제126조의 표현대리가 된다[대법원 2008.1.31. 선고 2007다74713].

과거에 가졌던 대리권이 소멸되어 민법 제129조에 의하여 표현대리로 인정되는 경우에 그 표현대리의 권한을 넘는 대리행위가 있을 때에는 민법 제126조에 의한 표현대리가 성립할 수 있다[대법원 2008.1.31. 선고 2007다74713].

③ 상대방이 선의, 무과실일 것

상대방은 대리인에게 있었던 이전의 대리권이 소멸한 것을 모르고 현재도 대리권이 존속하는 것으로 믿고 있어야 하며, 그렇게 믿는 데 과실이 없어야 한다[대법원 2009.5.28. 선고 2008다56392]. 입증책임은 본인에게 있다. 즉, 본인이 상대방의 악의 또는 과실을 입증하여야 한다.

민법 제125조의 표현대리에 해당하여 본인에게 대리행위의 직접의 효과가 귀속하기 위하여는 대리행위의 상대방이 대리인으로 행위한 사람에게 실제로는 대리권이 없다는 점에 대하여 선의일 뿐만 아니라 무과실이어야 함은 같은 조 단서에서 명백하고, 이는 민법 제126조 또는 제129조에서 정하는 표현대리에 있어서도 다를 바 없다[대법원 2009.5.28. 선고 2008다56392].

다. 효과

대리권 소멸 후의 표현대리가 성립할 경우 본인이 책임을 진다. 즉, 본인은 대리권의 소멸이 있음을 상대방에게 주장할 수 없다.

제5절 법률행위의 무효와 취소(法律行爲의 無效와 取消)

성립요건을 갖춘 법률행위에 일정한 효력이 발생하기 위해서는 유효요건을 갖추어야 한다. 유효요건을 구비하지 않은 법률행위는 무효 또는 취소가 되어 당사자가 의욕한 대로의 법률효과를 발생시키지 못한다. 당사자의 의사표시 내용대로 효과를 발생시키는 경우 법률행위가 유효하다. 법률행위의 무효는 처음부터 효력을 발생시키지 않는 법률행위를 말하고, 법률행위의 취소는 일정한 자가 그 효력을 소멸시키는 의사표시를 해야 효력이 발생하지 않는 것이 되는 법률행위를 말한다. 무효인 법률행위라고 하더라도 당사자가 의욕한 바의 효과를 발생시키지 않는 것이지 법률효과가 전혀 발생하지 않는다는 의미는 아니다. 원시적 불능인 법률행위의 무효는 당사자가 의욕한 바의 법률효과는 발생시키지 않지만 신뢰이익을 배상하는 법률효과는 있기 때문이다[제535조]. 또한 법률행위에 무효나 취소사유가 있더라도 이미 이행한 경우에는 부당이득[제741조]을 반환해야 하는 법률효과가 발생하게 되며, 불법행위의 요건을 갖춘 사기나 강박에 의한 법률행위인 경우에는 손해배상청구권[제750조]이라는 법률효과가 발생한다.

법률행위가 무효사유와 취소사유를 포함하고 있는 경우 양 사유의 경합을 인정하는 것이 통설이다. 의사무능력상태에서 취소할 수 있는 법률행위를 한 경우 무효와 취소 둘 다 인정된다. 무효인 법률행위도 이를 취소하여 무효에 따른 효과를 제거할 수 있다. 이를 '무효와 취소의 이중효'라고 한다.

I 법률행위의 무효(法律行爲의 無效)

1. 무효의 의의(無效의 意義)

법률행위의 무효는 법률행위가 성립하였으나 처음부터 그 효력이 없는 것을 말한다. 무효인 법률행위는 법률행위의 성립을 전제로 한다. 따라서 법률행위가 존재하지 않는(법률행위의 부존재) 경우에는 무효에 관한 민법의 규정이 적용될 여지가 없다.

무효인 법률행위는 처음부터 당연히 효력이 없다. 그러므로 시간의 지난다고 하더라도 효력에 변동이 없다.

2. 무효 사유(無效 事由)

민법은 사회질서에 반하는 행위[제103조], 불공정한 법률행위[제104조], 진의 아닌 의사표시를 상대방이 안 때[제107조 1항 단서], 허위표시[제108조 제1항], 무권대리행위[제130조], 민법이 규정하지 않은 물권의 발생을 목적으로 하는 법률행위[제185조], 원시적 불능인 급부를 목적으로 하는 법률행위[제535조]를 무효사유로 규정하고 있다. 명문의 규정은 없으나 의사무능력자의 법률행위도 무효로 본다.

3. 무효의 종류(無效의 種類)

(1) 절대적 무효와 상대적 무효(絶對的 無效와 相對的 無效)

절대적 무효는 법률행위의 효과가 모든 사람과의 관계에서 무효인 경우를 말한다. 사회질서에 반하는 행위[제103조]나 불공정한 법률행위[제104조]가 이에 해당한다.

반면에 상대적 무효는 법률행위의 효과가 일정한 사람과의 관계에서만 무효인 경우를 말한다. 그러므로 상대적 무효인 경우에는 일정한 자에 대해서는 무효를 주장할 수 없게 된다. 진의 아닌 의사표시로 선의의 제삼자에게 대항할 수 없는 경우[제107조 제2항]나 허위의 의사표시가 선의의 제삼자에게 대항할 수 없는 경우[제108조 제2항]는 상대적 무효가 된다.

(2) 전부무효와 일부무효(全部無效와 一部無效)

> 제137조(법률행위의 일부무효) 법률행위의 일부분이 무효인 때에는 그 전부를 무효로 한다. 그러나 그 무효부분이 없더라도 법률행위를 하였을 것이라고 인정될 때에는 나머지 부분은 무효가 되지 아니한다.

법률행위의 전부가 무효인 경우에 '전부무효'라고 하고 그 일부분만이 무효인 경우를 '일부무효'라고 한다. 법률행위의 일부분이 무효인 때에는 그 전부를 무효로 하는 것이 원칙이나[제137조 본문], 그 무효부분이 없더라도 법률행위를 하였을 것이라고 인정될 때에는 나머지 부분은 유효로 한다[제137조 단서].

일부무효에 관한 민법 제137조는 임의규정이다. 그러므로 일부무효에 관한 당사자의 명시적 또는 묵시적 약정이 있으면 그것이 제137조에 우선하여 적용된다.

또한 민법에 일부무효를 개별적으로 규정하는 경우[제385조, 제415조, 제591조 제1항, 제651조 제1항]에도 이 개별 규정들이 제137조에 우선 적용된다.

법률행위의 일부가 무효로 되려면 그 법률행위가 가분적이어서 무효부분과 유효부분으로 분리될 수 있어야 한다. 또한 무효부분이 없더라도 당사자가 법률행위를 하였으리라 인정되어야 하는데, 그 기준은 당사자의 실재적 의사가 아니라 당사자가 무효인 것을 알았더라면 의욕하였을 가정적 의사에 의한다.

(3) 당연무효와 재판상 무효(當然無效와 裁判上 無效)

법률행위의 무효는 원칙적으로 당연히 무효이다. 그러므로 무효로 하기 위한 별도의 행위나 절차가 요구되지 않는다. 그러나 소에 의하여 무효를 주장할 수 있는 경우가 있는데 이를 '재판상 무효'라고 한다. 회사설립의 무효[상법 제184조], 회사합병의 무효[상법 제236조]는 재판상 무효에 해당한다. 재판상 무효인 경우에는 소가 제기되고 확정판결이 날 때까지는 유효인 법률행위로 취급된다.

> 상법 제184조(설립무효, 취소의 소) ① 회사의 설립의 무효는 그 사원에 한하여, 설립의 취소는 그 취소권 있는 자에 한하여 회사성립의 날로부터 2년 내에 소만으로 이를 주장할 수 있다.
> 상법 제236조(합병무효의 소의 제기) ① 회사의 합병의 무효는 각회사의 사원, 청산인, 파산관재인 또는 합병을 승인하지 아니한 회사채권자에 한하여 소만으로 이를 주장할 수 있다.

(4) 확정적 무효와 유동적 무효(確定的 無效와 流動的 無效)

법률행위의 무효는 확정적 무효이므로 추인을 한다고 하더라도 그 효력이 생기지 않는다[제139조]. 확정적 무효는 법률행위가 성립한 때로부터 확정적으로 무효가 되는 경우를 말한다. 반면에 유동적 무효는 법률행위가 유효요건을 모두 구비하지 않아서 무효이지만, 나중에 요건이 충족되면 행위시로 소급하여 유효하게 되는 경우를 말한다. 이를 '불확정무효'라고도 한다.

토지거래허가 구역 내 토지를 매매한 경우는 유동적 무효로 보며, 관청의 불허가처분이 있을 때, 허가신청협력의무의 이행거절의사가 명백한 경우, 일방의 채무이행이 불능임이 명백한 경우, 소유권이전등기의무가 사회통념상 그 이행을 기대할 수 없어 이행불능에 이르렀다고 봄이 상당한 경우에는 확정적 무효가 된다[대법원 2010.8.19. 선고 2010다31860, 31877].

4. 무효의 효과(無效의 效果)

법률행위가 무효이면 표의자가 의욕한대로의 법률효과가 발생하지 않는다. 따라서 무효인 법률행위가 물권행위라면 물권변동이 일어나지 않으며, 채권행위인 때에는 채권이 발생하지 않는다.

무효인 법률행위는 법률행위의 내용에 따른 효과가 발생하지 않으므로, 아직 이행하기 전이라면 이행할 필요가 없고, 이미 이행한 경우라면 부당이득 반환청구를 할 수 있다.

법률행위가 무효인 경우 제삼자에 대해서도 무효임을 주장할 수 있다.

5. 무효행위의 추인(無效行爲의 追認)

제139조(무효행위의 추인) 무효인 법률행위는 추인하여도 그 효력이 생기지 아니한다. 그러나 당사자가 그 무효임을 알고 추인한 때에는 새로운 법률행위로 본다.

(1) 의의(意義)

무효행위의 추인이란 확정적 무효인 법률행위의 효과를 새로운 법률행위로 유효하게 하는 의사표시를 말한다. 무효인 법률행위는 원칙적으로 확정적 무효가 되므로 나중에 추인을 한다고 하더라도 유효한 법률행위가 될 수 없다. 그러나 당사자가 무효임을 알고 추인을 하면 그때부터 새로운 법률행위를 한 것으로 본다.

민법은 추인을 원칙적으로 금지하되 예외적으로 소급하지 않는 추인을 인정하고 있다[제139조]. 당사자의 추인을 인정하는 것은 동일내용의 법률행위를 반복하는 불편을 덜어 주기 위함이다.

(2) **요건(要件)**

① 무효인 법률행위가 존재해야 한다

무효인 법률행위가 존재해야 한다. 법률행위가 성립요건도 갖추지 않은 경우에는 추인의 여지가 없다.

② 추인은 무효의 원인이 소멸된 후에 있어야 한다

무효의 원인이 소멸되지 않은 상황에서 추인이 있는 경우에 추인으로 무효인 법률행위가 유효로 되지 않는다. 무효의 원인이 사회질서에 반하거나, 불공정한 법률행위이거나, 강행법규의 위반이 아니어야 한다. 이 경우에는 추인하더라도 무효의 원인이 소멸되었다고 보기가 어렵기 때문이다. 무효의 원인이 당사자의 보호에 있는 경우 예컨대, 상대방이 아는 진의 아닌 의사표시[제107조 1항 단서], 허위표시[제108조], 의사무능력의 경우에는 추인이 허용된다고 본다.

③ 법률행위가 무효임을 알고 추인을 해야 한다

추인을 하는 자가 그 법률행위가 무효임을 알지 못한 상태에서 추인을 하면 그 추인은 유효로 되지 않는다.

무효인 법률행위를 추인에 의하여 새로운 법률행위로 보기 위하여서는 당사자가 이전의 법률행위가 무효임을 알고 그 행위에 대하여 추인하여야 한다[대법원 1998.12.22. 선고 97다15715 판결 참조]. 한편 추인은 묵시적으로도 가능하나, 묵시적 추인을 인정하기 위해서는 본인이 그 행위로 처하게 된 법적 지위를 충분히 이해하고 그럼에도 진의에 기하여 그 행위의 결과가 자기에게 귀속된다는 것을 승인한 것으로 볼만한 사정이 있어야 할 것이므로 이를 판단함에 있어서는 관계되는 여러 사정을 종합적으로 검토하여 신중하게 하여야 할 것이다[대법원 2009. 9. 24. 선고 2009다37831 판결 참조]. 위와 같은 법리를 고려하면, 당사자가 이전의 법률행위가 존재함을 알고 그 유효함을 전제로 하여 이에 터 잡은 후속행위를 하였다고 해서 그것만으로 이전의 법률행위를 묵시적으로 추인하였다고 단정할 수는 없고, 묵시적 추인을 인정하기 위해서는 이전의 법률행위가 무효임을 알거나 적어도 무효임을 의심하면서도 그 행위의 효과를 자기에게 귀속시키도록 하는 의사로 후속행위를 하였음이 인정되어야 할 것이다[대법원 2014.03.27. 선고 2012다106607 판결].

(3) **효과(效果)**

추인하더라도 무효인 법률행위가 유효로 되는 것은 아니다. 소급하지 않는 새로운 법률행위를 한 것으로 보게 된다.

학설은 당사자의 약정에 의한 소급적 추인을 인정한다. 무효인 법률행위를 당사자 사이에서만 소급하여 유효하였던 것으로 할 수 있다. 제삼자에 대한 관계에 있어서도 추인에 의하여 무효행위를 소급하여 유효한 것으로 할 수 있다. 판례는 무효인 결의를 사후에 적법하게 추인한 경우 소급효를 인정하지 않는다[대법원 1995.4.11. 선고 94다53419 판결].

무효행위를 추인한 때에는 달리 소급효를 인정하는 법률규정이 없는 한 새로운 법률행위를 한 것으로 보아야 할 것이고, 이는 무효인 결의를 사후에 적법하게 추인하는 경우에도 마찬가지라 할 것인바, 원심이 1994.4.13.자 임시총회에서 종전의 결의를 추인하는 결의를 하였다 하여 종전 결의의 하자가 소급하여 치유되어 그 결의가 유효하게 되었다고 한 것은 무효행위의 추인에 관한 법리오해의 위법이 있다[대법원 1995.4.11. 선고 94다53419 판결].

6. 무효행위의 전환(無效行爲의 轉換)

제138조(무효행위의 전환) 무효인 법률행위가 다른 법률행위의 요건을 구비하고 당사자가 그 무효를 알았더라면 다른 법률행위를 하는 것을 의욕하였으리라고 인정될 때에는 다른 법률행위로서 효력을 가진다.

(1) 의의(意義)

무효행위의 전환이란 A라는 법률행위로는 무효이나 B라는 법률행위의 요건을 갖추고, 당사자가 무효를 알았다면 B라는 법률행위를 하였을 것으로 인정되는 경우에 무효인 A행위를 B행위로 효력을 인정하는 것을 말한다. 무효행위의 전환은 무효행위의 추인과는 달리 민법 제104조에서 정하는 불공정한 법률행위에 해당하는 경우에도 가능하다[대법원 2010.7.15. 선고 2009다50308].

매매계약이 약정된 매매대금의 과다로 말미암아 민법 제104조에서 정하는 '불공정한 법률행위'에 해당하여 무효인 경우에도 무효행위의 전환에 관한 민법 제138조가 적용될 수 있다. 따라서 당사자 쌍방이 위와 같은 무효를 알았더라면 대금을 다른 액으로 정하여 매매계약에 합의하였을 것이라고 예외적으로 인정되는 경우에는, 그 대금액을 내용으로 하는 매매계약이 유효하게 성립한다고 할 것이

다. 이때 당사자의 의사는 매매계약이 무효임을 계약 당시에 알았다면 의욕하였을 가정적(假定的) 효과의사로서, 당사자 본인이 계약 체결시와 같은 구체적 사정 아래 있다고 상정하는 경우에 거래관행을 고려하여 신의성실의 원칙에 비추어 결단하였을 바를 의미한다[대법원 2010.7.15. 선고 2009다50308].

(2) **요건(要件)**

① 무효인 법률행위가 있을 것

무효인 법률행위의 전환은 일단 성립한 법률행위가 존재해야 한다. 그리고 그 법률행위는 무효이어야 한다.

임금은 법령 또는 단체협약에 특별한 규정이 있는 경우를 제외하고는 통화로 직접 근로자에게 그 전액을 지급하여야 한다[근로기준법 제43조 제1항]. 따라서 사용자가 근로자의 임금 지급에 갈음하여 사용자가 제3자에 대하여 가지는 채권을 근로자에게 양도하기로 하는 약정은 그 전부가 무효임이 원칙이다. 다만 당사자 쌍방이 위와 같은 무효를 알았더라면 임금의 지급에 갈음하는 것이 아니라 그 지급을 위하여 채권을 양도하는 것을 의욕하였으리라고 인정될 때에는 무효행위 전환의 법리[민법 제138조]에 따라 그 채권양도 약정은 임금의 지급을 위하여 한 것으로서 효력을 가질 수 있다[대법원 2012.03.29. 선고 2011다101308 판결].

② 다른 법률행위를 하였을 것이라고 인정될 것

당사자가 그 무효를 알았더라면 다른 법률행위를 하였을 것이라고 인정되어야 한다. 이를 '전환의사'라고 하는데, 전환의사는 당사자의 진실한 의사일 필요는 없고, 가정적 의사이면 되고[대법원 2010.7.15. 선고 2009다50308], 가정적 의사는 전환시가 아니라 행위시를 기준으로 판단한다.

③ 다른 법률행위의 요건을 갖출 것

무효로 되는 법률행위가 다른 법률행위의 요건을 갖추고 있어야 한다. 무효인 법률행위가 요식행위이든 불요식행위이든 전환되는 행위가 불요식행위라면 별다른 문제가 없다. 그러나 무효인 법률행위는 불요식행위이고 전환되는 행위가 요식행위인 경우에는 전환이 어렵다.

관련 판례 1

혼인신고가 위법하여 무효인 경우에도 무효인 혼인중 출생한 자를 그 호적에 출생신고하여 등재한 이상 그 자에 대한 인지(認知)의 효력이 있다[대법원 1971.11.15. 선고 71다1983].

관련 판례 2

당사자 사이에 양친자관계를 창설하려는 명백한 의사가 있고 기타 입양의 성립요건이 모두 구비된 경우에는 요식성을 갖춘 입양신고 대신 친생자 출생신고가 있다고 하더라도 입양의 효력이 있다.

(3) **효과(效果)**

무효행위가 위의 요건을 갖추게 되면 새로운 법률행위로 전환된다. 그리고 전환된 법률행위는 그 행위에 관한 법률의 규정에 의해 규율된다.

Ⅱ 법률행위의 취소(法律行爲의 取消)

1. 취소의 의의(取消의 意義)

법률행위의 취소란 일단 유효하게 성립한 법률행위의 효력을 무능력, 사기 · 강박에 의한 법률행위가 있었다는 것을 이유로 소급하여 효력을 소멸시키는 특정인(취소권자)의 의사표시를 말한다.

법률행위의 취소는 특정인의 의사표시가 있는 경우에 비로소 무효가 되고, 취소되기까지의 일은 유효한 것으로 취급된다. 취소할 수 있는 법률행위도 추인이 있거나 취소권이 소멸하게 되면 처음부터 유효인 법률행위로 확정된다.

취소의 법적 성격은 상대방 있는 단독행위로 본다. 그러므로 의사표시에 관한 규정이 적용되고, 일방적 의사표시이므로 조건 · 기한과 친하지 않다.

취소와 구별해야 할 개념

■ **철회**

철회는 법률행위의 효과가 확정적으로 발생하기 전에 그 효과의 발생을 저지하는 일방적 의사표시를 말한다. 법률행위가 효력을 발생한 후에는 철회를 할 수 없고, 철회를 한 경우 법률행위는 비소급적으로 소멸된다. 그러므로 법률효과가 발생한 것을 전제로 법률행위를 소급적으로 소멸시키는 취소와 구별된다.

■ **해제**

해제는 일단 유효하게 성립한 계약의 효력을 소급적으로 소멸시킨다는 점에서는 취소와 같다. 그러나 취소는 계약 이 외의 법률행위에도 인정되고 무능력이나 사기 · 강박을 원인으로 하지만, 해제는 넓은 의미의 채부불이행을 원인으로 한다는 점에서 구별된다.

---

2. 취소권자와 상대방(取消權者와 相對方)

법률행위의 취소는 취소권자가 상대방에 대하여 일단 유효하게 성립한 법률행위의 효력을 소급하여 효력을 소멸시키는 일방적인 의사표시이다.

(1) 취소권자(取消權者)

제140조(법률행위의 취소권자) 취소할 수 있는 법률행위는 제한능력자, 착오로 인하거나 사기 · 강박에 의하여 의사표시를 한 자, 그의 대리인 또는 승계인만이 취소할 수 있다.

취소권은 취소권자에 의해 행사되는데 취소권자는 제한능력자, 하자있는 의사표시를 한 자, 그 대리인 또는 승계인에 한한다.

가. 제한능력자

제한능력자는 자기가 행한 법률행위를 단독으로 취소할 수 있다. 이 경우 법률행위가 소급적으로 무효가 되기 때문에 다시는 제한능력을 이유로 취소의 의사표시를 취소하지 못한다.

나. 하자 있는 의사표시를 한 자

하자있는 의사표시를 한 자는 사기 · 강박에 의한 의사표시를 한 자를 말한다. 착오에 의한 의사표시도 제140조에서의 하자 있는 의사표시에 포함된다(통설).

다. 대리인

무능력자나 착오 · 사기 · 강박에 의해 의사표시를 한 자의 임의대리인과 법정대리인은 취소권을 가진다. 대리인이 취소권을 행사하면 그 효과는 본인에게 귀속되므로 임의대리인은 취소권을 행사하기 위해서 본인의 수권이 있어야 한다.

그러나 법정대리인은 무능력자의 능력을 보충하는 기관으로서 고유의 취소권을 가진다.

라. 승계인

승계인은 무능력자나 착오 · 사기 · 강박에 의해 의사표시를 한 자로부터 취소권을 승계한 자를 말한다. 포괄승계인, 특정승계인 모두 포함된다. 포괄승계인으로는 상속인, 회사합병에 의한 포괄승계인을 예로 들 수 있다. 특정승계인은 취소할 수 있는 행위에 의해 성립한 법률상의 지위를 양수한 특정인으로 취소권도 승계한다.

취소권은 취소에 의하여 보호하려는 법률상의 지위를 떠나서는 독립적으로 존재할 수 없기 때문에 취소권만 따로 승계할 수는 없다(통설).

(2) **취소의 상대방(取消의 相對方)**

> 제142조(취소의 상대방) 취소할 수 있는 법률행위의 상대방이 확정한 경우에는 그 취소는 그 상대방에 대한 의사표시로 하여야 한다.

취소의 의사표시는 원칙적으로 취소할 수 있는 법률행위를 한 상대방에 대하여 해야 한다. 취소할 수 있는 법률행위의 형태에 따라 취소의 상대방이 다를 수 있다.

취소의 상대방

■ 계약의 경우

취소할 수 있는 법률행위가 계약인 경우에 취소의 상대방은 계약의 당사자이다. 그러므로 취득한 권리가 제삼자에게 이전되더라도 제3자에게 취소의 의사표시를 할 것이 아니라 원래의 상대방에게 해야 한다. 제삼자가 채무자와 계약에 의해 채무인수[제454조]를 한 경우, 채권자가 이를 승인하였다고 하더라도 원래의 채무자가 취소의 상대방이 된다.

제삼자를 위한 계약[제539조]에서도 취소의 상대방은 수익자[제삼자]가 아니라 계약체결의 상대방이다. 대리인이 계약을 체결한 경우에 취소의 상대방은 대리인이 아니라 본인과 상대방이 된다.

■ **단독행위의 경우**

상대방 있는 단독행위의 취소는 그 상대방에 대하여 해야 한다. 그러나 수권행위의 취소는 대리인 또는 상대방에 대하여도 할 수 있다.

상대방 없는 단독행위는 취소의 의사를 적당한 방법으로 외부에 객관화하면 된다(통설). 그러나 그 법률행위에 의해 이익을 취득한 자가 상대방이 된다는 견해도 있다.

■ **상대방이 여러 명인 경우**

취소할 수 있는 법률행위의 상대방 모두에 대하여 무효로 하려면 모든 상대방에게 취소를 해야 한다. 다수 당사자의 채권관계에 있어서 당사자의 수만큼 독립한 채권관계가 성립하고 당사자 1인에 대한 취소는 절대적 효력 있는 사유가 되지 않기 때문이다. 이행청구, 경개, 상계, 면제, 혼동, 소멸시효, 채권자지체는 절대적 효력이 있으나[제416조~제423조] 그 외의 사항에는 상대적 효력이 있을 뿐이다.

상대방 일부에게 취소의 사유가 있는 경우에는 그 전부를 무효로 하며 그 무효부분이 없었더라도 법률행위를 하였을 것이라고 인정될 때는 나머지 부분은 유효하다는 일부무효의 법리에 따라 취소사유가 있는 일부의 자가 취소의 상대방이 되고, 그 일부의 법률행위만 무효가 된다.

■ **상대방이 확정되지 않은 경우**

취소할 수 있는 법률행위의 상대방이 사망하고 그 상속인이 누구인지 모르는 경우나 소유권의 포기나 유언의 취소처럼 상대방 없는 단독행위의 경우에는 적당한 방법으로 외부에 객관화하면 된다(통설).

---

3. 취소의 방법(取消의 方法)

취소권은 형성권이므로 상대방에 대한 단독의 의사표시로 한다[제142조]. 취소의 의사표시는 불요식행위이므로 취소되는 법률행위가 요식행위인 경우에도 취소는 불요식으로 할 수 있다. 채권자취소권과 같이 특별히 재판상 행사하여야 하는 경우 이외에는 특정한 방식이 요구되지 않는다. 따라서 묵시적으로도 가능하다.

법률행위의 취소는 상대방에 대한 의사표시로 하여야 하나[민법 제142조], 그 취소의 의사표시는 특별히 재판상 행하여짐이 요구되는 경우 이외에는 특정한 방식이 요구되는 것이 아니고, 취소의 의사가 상대방에 의하여 인식될 수 있다면 어떠한 방법에 의하더라도 무방하다고 할 것이고, 법률행위의 취소를 당연한 전제로 한 소송상의 이행청구나 이를 전제로 한 이행거절 가운데는 취소의 의사표시가 포함되어 있다고 볼 수 있을 것이다[대법원 1993.9.14. 선고 93다13162].

4. 취소의 효과(取消의 效果)

(1) 소급적 무효(遡及的 無效)

법률행위가 취소되면 취소된 법률행위는 처음부터 무효인 것과 같이 소멸한다[제141조]. 취소의 소급적 무효의 효과는 무능력을 이유로 하는 경우에는 제삼자에게도 주장할 수 있는 절대적 무효가 되나, 착오 · 사기 · 강박을 이유로 취소하는 경우에는 선의의 제삼자에게 대항할 수 없는 상대적 무효가 된다.

(2) 구체적 효과(具體的 效果)

취소되는 법률행위가 채권행위인 경우에는 처음부터 채권은 발생하지 않으므로 이행할 필요가 없다. 반면에 물권행위인 경우에는 물권변동이 처음부터 일어나지 않았던 것으로 된다.

채권행위에 취소사유가 있었으나 그 이행으로 물권행위가 있었고 채권행위가 취소된 경우에 물권행위도 무효가 되는가? 이에 대하여 유인성과 무인성의 다툼이 있다. 판례는 유인성에 따른다.

물권행위의 무인성 · 유인성

■ **물권행위의 무인성을 주장하는 견해**

채권행위의 취소가 물권행위에 영향을 미치지 않으므로 취소권자는 법률상 원인 없이 물권을 취득한 자에 대하여 부당이득반환청구권만 행사하게 된다[제741조].

■ **물권행위의 유인성을 주장하는 견해**

원인행위인 채권행위가 효력을 잃게 되면 물권행위도 당연히 효력을 잃게 되며 취소권자는 물권을 취득한 자에게 소유권에 기한 반환청구권을 행사할 수 있다[제213조]. 뿐만 아니라 점유의 부당이득을 인정하여 이에 대한 부당이득반환청구권도 행사가능하다[제741조].

취소된 원인행위에 의해 급부가 실현된 경우에 이를 원상회복해야 한다. 이때 당사자들이 부담하는 의무의 내용은 원상회복[제548조 제1항]이 아니라 부당이득[741조 이하]이다(통설). 따라서 수익자가 선의인 경우에는 그가 받은 현존하는 이익의 한도에서 반환의무를 지며, 수익자가 악의인 경우에는 그가 받은 이익과 이

자를 반환하고 상대방의 손해가 있다면 이까지도 배상해야 한다[제748조 제1항·제22항]. 여기서 이익이 현존하는 여부 및 현존이익의 범위는 반환청구시가 아니라 취소시라는 것이 일반적 견해이다. 따라서 취소 이후의 낭비는 보호되지 않고 현존이익에 포함된다.

(3) 제한능력자에 관한 특칙

제141조(취소의 효과) 취소된 법률행위는 처음부터 무효인 것으로 본다. 다만, 제한능력자는 그 행위로 인하여 받은 이익이 현존하는 한도에서 상환(償還)할 책임이 있다.
제748조(수익자의 반환범위) ① 선의의 수익자는 그 받은 이익이 현존한 한도에서 전조의 책임이 있다. ② 악의의 수익자는 그 받은 이익에 이자를 붙여 반환하고 손해가 있으면 이를 배상하여야 한다.

제한능력자는 취소된 행위로 받은 이익이 있는 경우에 현존하는 한도 내에서 반환할 책임이 있다[제141조 단서]. 이 경우 제한능력자의 선의·악의를 묻지 않고 현존하는 이익을 반환하는 것이기 때문에 선의의 부당이득반환[제748조 1항]의 경우와 결과적으로 같게 된다. 제한능력자가 악의인 경우라도 현존이익만 반환하면 된다는 점에서 제141조 단서는 제748조 제2항의 특칙으로 볼 수 있다.

현존이익이란 이익이 그대로 있거나 형태를 바꾸어서 남아 있는 이익이다. 유흥비로 탕진한 경우는 현존이익이 없다고 보지만, 생활비로 사용한 경우에는 현존이익이 있다고 본다. 또 원물을 분실하거나 파손으로 남은 이익이 없다면 반환의무도 없다.

이익이 현존하는지에 대한 입증책임과 관련하여, 제한능력자가 받은 이익은 현존하는 것으로 추정되므로 제한능력자가 현존이익이 없음을 적극적으로 입증해야 한다(다수설, 판례).

민법 제141조는 "취소한 법률행위는 처음부터 무효인 것으로 본다. 그러나 무능력자는 그 행위로 인하여 받은 이익이 현존하는 한도에서 상환할 책임이 있다."고 규정하고 있는데, 무능력자의 책임을 제한한 위 조항의 단서는 부당이득에 있어 수익자의 반환범위를 정한 민법 제748조의 특칙으로서 무능력자의 보호를 위해 그 선의 · 악의를 묻지 아니하고 반환범위를 현존 이익에 한정시키려는 데 그 취지가 있으므로, 의사능력의 흠결을 이유로 법률행위가 무효가 되는 경우에도 유추적용되어야 할 것이나, 법률상 원인 없이 타인의 재산 또는 노무로 인하여 이익을 얻고 그로 인하여 타인에게 손해를 가한 경우, 그 취득한 것이 금전상의 이득인 때에는 그 금전은 이를 취득한 자가 소비하였는가의 여부를 불문하고 현존하는 것으로 추정되므로[대법원 1996.12.10. 선고 96다32881 판결 참조], 위 이익이 현존하지 아니함은 이를 주장하는 자, 즉 의사무능력자측에 입증책임이 있다 할 것이다[대법원 2009.01.15. 선고 2008다58367 판결].

5. 취소권의 소멸(取消權의 消滅)

취소권은 취소권의 행사나 포기에 의해서 소멸한다. 추인이나 법정추인으로도 소멸하며, 무능력자의 취소권은 무능력자의 사술(속임수)에 의해서도 소멸한다[제17조 1항 · 2항]. 무능력자가 능력자로 된 후에 상대방의 최고에 확답을 발하지 않는 경우에도 추인한 것으로 보며[제15조], 상대방의 철회권 · 거절권의 행사에 의해서도 무능력자의 취소권이 소멸한다[제16조]. 이외에도 일정한 기간이 경과하면 소멸되기도 한다.

(1) 취소할 수 있는 법률행위의 추인

가. 의의

추인이란 취소할 수 있는 법률행위를 취소하지 않겠다는 의사표시를 말한다. 결과적으로는 '취소권의 포기'라고 할 수 있다. 취소할 수 있는 상태에 있는 유동적 유효의 상태에서 추인에 의해 확정적으로 유효하게 된다.

나. 요건

> 제144조(추인의 요건) ① 추인은 취소의 원인이 소멸된 후에 하여야만 효력이 있다. ② 제1항은 법정대리인 또는 후견인이 추인하는 경우에는 적용하지 아니한다.

① 추인은 추인권자가 하여야 한다

취소권자는 취소할 수 있는 법률행위를 추인할 수 있으므로, 추인권자는 취소권자와 같다[제143조]. 취소권자가 법정대리인과 제한능력자인 경우 그 중 어느 한 사람이 추인을 하면 다른 취소권자는 취소할 수 없게 된다.

② 법률행위가 취소할 수 있는 것임을 알고서 추인해야 한다

추인은 취소권의 포기이므로 취소할 수 있는 행위임을 알고 추인해야 한다. 즉 취소할 수 있는 행위에 의해 성립한 채무를 승인하여도 그 승인이 당연히 추인으로 인정되지 않는다.

③ 추인은 취소의 원인이 소멸된 후에 해야 한다

미성년자는 성년이 된 이후에 해야 하며, 착오 · 사기 · 강박의 경우는 착오 · 사기 · 강박의 상태에서 벗어난 상태에서 추인을 해야 유효하다. 그러나 법정대리인 또는 후견인이 추인하는 경우에는 취소의 원인이 소멸되기 전에 하여도 추인의 효력이 발생한다[제144조 제2항]. 제한능력자라도 피성년후견인이 아닌 자는 법정대리인의 동의를 얻어 유효한 추인을 할 수 있다.

다. 방법

> 제143조(추인의 방법, 효과) ① 취소할 수 있는 법률행위는 제140조에 규정한 자가 추인할 수 있고 추인 후에는 취소하지 못한다. ② 전조의 규정은 전항의 경우에 준용한다.

추인의 방법은 취소의 경우와 같다. 추인은 명시적으로도 묵시적으로도 가능하다. 특히 묵시적으로 추인하는 경우로 법정추인사유 이외의 경우에 유익하다고 할 것이다. 즉 취소권자가 하자담보를 요구하거나 목적물을 사용하는 경우에 취

소권자의 추인의 의사를 추단할 수 있을 것이다.

라. 효과

취소할 수 있는 법률행위가 추인되면 유동적 유효였던 법률행위가 확정적 유효로 된다. 추인이 있으면 취소할 수 있는 법률행위는 더 이상 취소할 수 없다.

(2) 법정추인(法定追認)

> 제145조(법정추인) 취소할 수 있는 법률행위에 관하여 전조의 규정에 의하여 추인할 수 있는 후에 다음 각 호의 사유가 있으면 추인한 것으로 본다. 그러나 이의를 보류한 때에는 그러하지 아니하다. 1. 전부나 일부의 이행 2. 이행의 청구 3. 경개 4. 담보의 제공 5. 취소할 수 있는 행위로 취득한 권리의 전부나 일부의 양도 6. 강제집행

가. 의의

취소할 수 있는 법률행위가 추인할 수 있는 상태로 된 이후에 추인이라고 인정할 수 있는 일정한 사실이 있으면 법률상 당연히 추인이 있는 것으로 보는 것이 법정추인이다. 법정추인은 추인의 의사를 묻지 않고 법률상 당연히 추인이 있는 것으로 취급된다.

나. 추인사유

취소할 수 있는 법률행위가 추인할 수 있는 후에 이의를 보류하지 않고, 전부나 일부의 이행, 이행의 청구, 경개, 담보의 제공, 취소할 수 있는 행위로 취득한 권리의 전부나 일부의 양도, 강제집행의 사유가 있으면 추인한 것으로 본다.

법정추인 사유

■ 전부나 일부의 이행

취소할 수 있는 행위로부터 발생한 채권의 이행을 수령한 경우와 취소할 수 있는 행위로부터 발생한 채무를 전부 또는 일부를 이행한 경우에 추인한 것으로 본다.

■ **이행 청구**
취소권자가 상대방에게 이행을 청구하는 경우 추인한 것으로 본다. 상대방으로부터 이행의 청구를 받은 경우는 추인이 되지 않는다.

■ **경개**
경개란 취소할 수 있는 행위로부터 발생한 채권 또는 채무를 소멸시키고 이에 갈음하여 새로운 채권이나 채무를 발생시키는 계약을 말한다. 취소권자가 채권자이든 채무자이든 상관없다.

■ **담보 제공**
취소권자가 채무자로서 담보를 제공하거나 채권자로서 담보를 제공받는 경우도 포함된다. 여기서 담보는 물적 담보, 인적 담보 모두 포함된다. 즉 부동산에 저당권을 설정하거나, 동산에 질권을 설정하거나, 보증인을 세우는 것 등이 예가 될 것이다.

■ **취소할 수 있는 행위로 취득한 권리의 전부나 일부의 양도**
취소권자가 취소할 수 있는 행위로 취득한 권리를 전부나 일부를 양도한 경우에는 추인으로 본다. 또한 취소권자가 취소할 수 있는 행위로 취득한 권리 위에 저당권, 전세권, 지상권 등과 같은 제한적 권리를 설정하는 경우도 추인으로 본다. 그러나 취소할 수 있는 행위의 상대방이 양도하는 경우에는 추인이 되지 않는다.

■ **강제집행**
취소권자가 채권자로서 강제집행을 한 경우뿐만 아니라 취소권자가 채무자로서 강제집행을 받는 경우도 포함된다.

라. 효과

법정 사유가 존재하면 추인한 것으로 간주된다. 즉, 법정추인 사유가 있으면, 취소권이 소멸하게 되며, 유동적 유효인 법률행위가 확정적 유효로 된다. 취소권자의 추인의 의사표시가 없어도, 취소권자의 존재를 알든 모르든 상관없이 추인의 효과가 발생한다.

(3) 취소권의 단기소멸(取消權의 短期消滅)

제146조(취소권의 소멸) 취소권은 추인할 수 있는 날로부터 3년 내에 법률행위를 한 날로부터 10년 내에 행사하여야 한다.

취소권은 추인할 수 있는 날로부터 3년이 지나거나 법률행위를 한 날로부터 10년이 지나면 소멸한다. 이처럼 취소권의 단기소멸을 규정한 것은 유동적 유효인 법률관계를 빨리 확정함으로써, 상대방으로 하여금 불안정한 지위에서 벗어날 수 있도록 하기 위함이다.

'추인할 수 있는 날로부터'란 '취소의 원인이 종료된 때로부터'를 의미하며 3년이나 10년 중에 먼저 만료하는 것이 있으면 취소권은 소멸한다. 법정대리인이 취소권을 행사할 수 있는 기간은 무능력자가 법률행위를 한 때로부터 기산하여야 한다.

제146조가 규정하는 기간의 성격이 시효기간인지 제척기간인지 문제이나, 취소권은 형성권이기 때문에 불행사나 중단의 사유가 있을 수 없으므로 제척기간으로 본다(학설, 판례: [대법원 2008.09.11. 선고 2008다27301 판결]).

위 기간 내에 취소권을 행사하면 원상회복청구권이나 현존이익의 반환청구권이 발생한다. 이러한 청구권도 취소권의 행사기간 내에 행사해야 하는지 의문이다. 통설은 이와 같은 청구권의 행사기간도 취소권의 행사기간과 아울러 규정된 것이라 한다. 그러나 판례는 형성권을 행사한 때로부터 따로 소멸시효가 진행하는 것으로 본다[대법원 1991.2.22. 선고 90다13420].

무능력자가 사기를 당한 경우처럼 취소사유가 여러 개 있는 경우에 취소권의 소멸기간도 별도로 진행되며, 하나의 취소권 소멸은 다른 취소권 소멸에 영향을 미치지 않는다.

민법 제146조 전단은 "취소권은 추인할 수 있는 날로부터 3년 내에 행사하여야 한다."고 규정하는 한편, 민법 제144조 제1항에서는 "추인은 취소의 원인이 종료한 후에 하지 아니하면 효력이 없다."고 규정하고 있는 바, 민법 제146조 전단에서 취소권의 제척기간의 기산점으로 삼고 있는 '추인할 수 있는 날'이란 취소의 원인이 종료되어 취소권 행사에 관한 장애가 없어져서 취소권자가 취소의 대상인 법률행위를 추인할 수도 있고 취소할 수도 있는 상태가 된 때를 가리킨다고 보아야 한다[대법원 1998.11.27. 선고 98다7421 판결 등 참조]. 한편, 강박에 의한 의사표시에 대한 취소권은 형성권의 일종으로서 그 행사기간을 제척기간으로 보아야 하고, 위 취소권은 재판상이든 재판외이든 그 기간 내에 행사하면 되는 것으로서, 취소권자가 취소의 의사표시를 담은 반소장 부본을 원고에게 송달함으로써 취소권을 재판상 행사하는 경우에는 반소장 부본이 원고에게 도달한 때에 비로소 취소권 행사의 효력이 발생하여 취소권자와 원고 사이에 취소의 효력이 생기므로, 취소의 의사표시가 담긴 반소장 부본이 제척기간 내에 송달되어야만 취소권자가 제척기간 내에 적법하게 취소권을 행사였다고 할 것이다[대법원 1997.6.27. 선고 97다16664 판결, 대법원 1999.4.9. 선고 98다46945 판결, 대법원 2008.09.11. 선고 2008다27301 판결 등 참조].

제6절 법률행위의 부관(法律行爲의 附款)

I 법률행위 부관의 의의(法律行爲의 附款의 意義)

법률행위의 부관(附款)이란 법률행위의 효력의 발생이나 효력의 소멸을 제한하기 위하여 법률행위에 부과하는 약관을 말한다. 법률행위는 성립하면 효력이 발생하는 것이 원칙이다. 그러나 부관에 의해 법률행위 효력의 발생과 소멸을 장래의 일정한 사실에 의존하게 된다. 부관은 당사자들의 의사표시에 의하여 법률행위의 내용으로 되며 사적 자치의 원칙상 부관이 인정된다.

이러한 부관의 종류로는 조건, 기한, 부담이 있다. 민법은 조건과 기한에 대해서만 일반적 규정을 두고 부담은 부담부증여[제561조]와 부담부유증[제1088조]에 대해 따로 규정하고 있다. 조건이나 기한은 조건의 성취나 기한의 도래로 법률행위의 효력이 발생하거나 소멸하는데 반해, 부담이 있는 법률행위는 완전한 효력을 발생하며 당사자가 일정한 의무를 부담하게 된다.

II 조건(條件)

1. 의의(意義)

조건이란 장래의 불확실한 사실의 성부(成否)에 의해 법률행위의 효력을 발생하게 하거나 소멸하게 하는 법률행위의 부관을 말한다[제147조 이하]. 조건은 법률행위의 효과의 발생 또는 소멸에 관한 것이지 법률행위의 성립에 관한 것이 아니다.

조건이 되는 사실은 장래에 발생이 객관적으로 불확실해야 한다. 장래의 불확실한 사실이어야 하므로 현재나 과거의 사실은 객관적으로 이미 일어난 사실이므로 조건의 사실로 될 수 없다.

조건은 법률행위에 있어서 의사표시와 일체적 내용을 이루는 것이다. 그러므로 법률행위에 의해 임의로 정한 것이어야 한다. 법률행위의 효력발생을 위하여 필요한 것을 법률이 정하고 있는데 이를 '법정조건'이라 한다. 법정조건은 임의로 정한 것이 아니기 때문에 민법상 조건이 아니다.

특히 부관이 붙은 법률행위에 있어서 부관이 조건인지 불확정기한인지를 판단하는 것은 어렵다.

부관이 붙은 법률행위에 있어서 부관에 표시된 사실이 발생하지 아니하면 채무를 이행하지 아니하여도 된다고 보는 것이 상당한 경우에는 조건으로 보아야 하고, 표시된 사실이 발생한 때에는 물론이고 반대로 발생하지 아니하는 것이 확정된 때에도 그 채무를 이행하여야 한다고 보는 것이 상당한 경우에는 표시된 사실의 발생 여부가 확정되는 것을 불확정기한으로 정한 것으로 보아야 한다[대법원 2003.8.19. 선고 2003다24215, 대법원 2011.4.28. 선고 2010다89036]

2. 종류(種類)

(1) 정지조건(停止條件) · 해제조건(解除條件)

정지조건은 법률행위의 효력의 발생을 장래 불확실한 사실의 성부에 의존하는 조건을 말한다. 예컨대, "영희 네가 경찰시험에 합격하면 승용차를 새 것으로 사주겠다"고 하는 것이다. 영희가 경찰시험에 합격할지는 불확실하기 때문에 이는 조건이다. 합격하면 승용차를 새 것으로 사주어야 할 법률효과가 발생한다.

해제조건은 법률행위의 효력의 소멸을 장래 불확실한 사실의 성부에 의존하는 조건을 말한다. 예를 들어 "영희 네가 경찰시험에 불합격하면 더 이상 고시원비용을 주지 않겠다"고 하면, 이는 해제조건이 되는 것이다. 경찰시험의 불합격이란 사실에 의해 고시원비용을 지급하는 법률효과가 소멸하게 된다. 조건성취의 효력은 소급효가 없다. 그러므로 장래를 향해서만 효력이 있다.

(2) 적극조건(積極條件)과 소극조건(消極條件)

적극조건이란 조건이 되는 사실에 현상변경이 있는 경우를 말한다. "내가 승용차를 산다면"이라는 사실은 현재 승용차가 없는 내가 승용차가 있는 현상이 변경이 된다.

소극조건이란 조건이 되는 사실에 현상의 변경이 없는 경우를 말한다. "내가 승용차를 팔지 않는다면"이라는 사실은 현재 승용차가 있는 현상에 변화가 없는 경우이다.

(3) 수의조건(隨意條件)과 비수의조건(非隨意條件)

가. 수의조건

수의조건은 조건의 성립여부가 당사자 일방의 의사에 의존하는 경우를 말한다. 수의조건은 다시 순수수의조건과 단순수의조건으로 나뉜다.

순수수의조건은 조건의 성부가 당사자 일방의 의사표시에 의존하는 것을 말하는데, 예컨대 "이 노트북을 내가 주고 싶을 때 네게 주겠다"는 것이 순수수의조건에 해당한다. 반면에 단순수의조건은 조건의 성부가 당사자의 일방적 의사표시에 다른 사실상태가 더해지는 것을 말한다. 즉 "내가 노트북을 새로 사면 이 노트북을 네게 주겠다"는 예가 이에 해당한다.

나. 비수의조건

비수의조건이란 조건의 성부가 당사자의 일방적 의사에만 의존하지 않는 조건을 말한다. 비수의조건은 다시 우성조건(偶成條件)과 혼성조건(混成條件)으로 나뉜다.

우성조건은 조건의 성부가 당사자의 의사와 무관하게 자연현상이나 제3자의 의사나 행위에 의존하는 것을 말하는데, "내일 비가 온다면 노트북을 사 주겠다"는 것이 그 예이다.

혼성조건은 조건의 성부가 당사자의 의사와 제삼자의 의사에 의존하는 것을 말한다. "영희 네가 철수와 결혼한다면 아파트를 사 주겠다"는 것이 혼성조건인데, 여기서 당사자인 영희와 제삼자인 철수의 의사에 의하여 조건의 성부가 결정된다.

(4) 가장조건(假裝條件)

제151조(불법조건, 기성조건) ① 조건이 선량한 풍속 기타 사회질서에 위반한 것인 때에는 그 법률행위는 무효로 한다. ② 조건이 법률행위의 당시 이미 성취한 것인 경우에는 그 조건이 정지조건이면 조건 없는 법률행위로 하고 해제조건이면 그 법률행위는 무효로 한다. ③ 조건이 법률행위의 당시에 이미 성취할 수 없는 것인 경우에는 그 조건이 해제조건이면 조건 없는 법률행위로 하고 정지조건이면 그 법률행위는 무효로 한다.

가. 의의

가장조건(假裝條件)은 형식적으로는 조건이지만 실질적으로는 조건의 효력이 인정되지 않는 것을 말한다. 가장조건으로는 법정조건, 불법조건, 기성조건, 불능조건이 있다.

나. 종류

① 법정조건

법정조건이란 법률행위의 효력이 발생하기 위해서 법률이 명문으로 요구하는 조건을 말한다. 조건은 법률행위에 당사자가 임의로 부가한 것이어야 하므로 법률이 명문으로 요구하는 것은 조건이 아니다. 그러므로 미성년자의 법률행위에 있어서 법정대리인의 동의[제5조 제1항], 법인설립행위에 있어서 주무관청의 허가[제42조 제2항], 유증에 있어서 유언자의 사망이나 수유자의 생존[제1073조 제1항] 등은 조건이 아니라 법정조건이다.

② 불법조건

불법조건이란 선량한 풍속 기타 사회질서에 위반한 조건을 말한다[제151조 제1항]. 불법조건이 붙은 법률행위는 그 조건만 무효가 되는 것이 아니라 그 법률행위 전체가 무효가 된다[제151조 1항].

부부생활의 종료를 해제조건으로 하는 증여계약은 무효이다. 또한 부첩관계의 종료를 해제조건으로 하는 증여계약은 그 조건만이 무효인 것이 아니라 증여계약 자체가 무효이다[대법원 1966.6.21. 선고 66다530].

③ 기성조건

기성조건이란 법률행위 당시에 이미 성립하고 있는 조건을 말한다. 기성조건이 정지조건이면 조건 없는 법률행위가 되고 기성조건이 해제조건이면 그 법률행위는 무효가 된다[제151조 제2항]. "철수 네가 이번 경찰시험에 합격하면 아파트를 사 주겠다"는 경우에 철수가 이미 경찰시험에 합격했다면 조건이 없는 경우가 된다. 반면에 "철수 네가 이번 경찰시험에 합격하면 아파트를 사 주겠다"는 경우에 철수가 이미 불합격했다면 무효가 된다.

④ 불능조건

불능조건이란 법률행위 당시에 이미 객관적으로 성취될 수 없는 조건을 말한다. 불능조건이 정지조건이면 그 법률행위는 무효가 되고, 불능조건이 해제조건이면 조건 없는 법률행위가 된다[제151조 제3항]. 이 규정에 의하면, "태평양에 떨어진 물방울 다이아몬드 반지를 찾아 주면 네가 살고 있는 아파트를 주겠다"고 했을 때, 아파트를 주겠다는 것은 무효가 된다. 반면에 "태평양에 떨어진 물방울 다이아몬드 반지를 찾을 때까지 이 아파트에 살게 하겠다"는 것은 조건 없이 아파트에 살게 되는 효과가 발생한다.

3. 조건(條件)을 붙일 수 없는 법률행위(法律行爲)

법률행위에 조건을 붙이게 되면 법률행위의 효력이 안정적이지 못하게 된다. 따라서 법률행위가 확정적이어야 할 법률관계에는 조건을 붙일 수 없다. 이런 법률행위를 '조건을 붙일 수 없는 법률행위' 또는 '조건에 친하지 않는 법률행위'라고 한다. 단독행위, 가족법상의 행위, 어음수표행위는 조건에 친하지 않는 법률행위가 많다.

조건을 붙일 수 없는 법률행위에 조건을 붙인 경우 일부무효의 법리에 따라 법률행위의 전부를 무효로 한다. 그러나 특별한 규정이 있는 경우에는 그 규정에 따른다. 환어음 · 약속어음 · 수표의 배서에 붙인 조건은 기재하지 않은 것으로 간주한다[어음법 제12조제77조 제1항, 수표법 제15조].

조건을 붙일 수 없는 법률행위

■ **단독행위**

행위자의 일방적 의사에 따라 효력이 발생하는 단독행위에는 원칙적으로 조건을 붙일 수 없다. 단독행위에 조건을 붙인다면 상대방의 지위가 확정되지 않아 심히 불안정한 상태가 되기 때문이다. 이러한 단독행위에는 상계[제493조 제1항], 취소[141조], 해제 · 해지[543조], 철회[134조], 선택채권의 선택[380조], 환매[제590조] 등이 있으며, 이에는 조건을 붙일 수 없다. 그러나 상대방이 동의하거나, 상대방에게 이익만 발생하는 면제 · 유증이나, 상대방에게 불이익이 되지 않는 경우[정지조건부 해제] 등에는 조건을 붙일 수 있다.

■ **가족법상의 행위**

가족법상 행위에도 조건을 붙이지 않는 것이 원칙이다. 혼인, 이혼, 입양, 파양, 인지, 상속의 승인과 포기 등에는 조건을 붙일 수 없다. 조건을 붙이면 상대방의 법적 지위가 불안정하게 되고, 선량한 풍속 기타 사회질서에 반하게 되기 때문이다. 가족법상의 행위라도 유언의 경우에는 조건을 붙일 수 있다[제1073조].

■ **어음 · 수표행위**

어음 · 수표행위에는 객관적 획일성이 요구되기 때문에 조건을 붙일 수 없다(통설). 그러나 어음거래의 안정성을 해하지 않는 조건부 어음보증은 가능하다[대법원 1986.3.11. 선고 85다카1600].

4. 조건부 법률행위의 효력(條件附 法律行爲의 效力)

(1) 조건부 권리의 침해금지(條件附 權利의 侵害禁止)

제148조(조건부권리의 침해금지) 조건 있는 법률행위의 당사자는 조건의 성부가 미정한 동안에 조건의 성취로 인하여 생길 상대방의 이익을 해하지 못한다.

조건의 성취가 미정인 경우에는 장래 조건의 성취로 권리를 취득하거나 이익을 얻을 수 있는 법률상의 지위나 기대를 갖게 된다. 정지조건부 권리는 기대권 또는 희망권이다. 이러한 조건부권리를 침해한 상대방은 손해배상책임을 부담한다.

"영희 네가 경찰시험에 합격하면 내 차를 주겠다"라고 하고서 시험을 치르기도 전에 차를 처분한다면 이는 조건부권리를 침해한 것이 된다. 여기서 발생하는 손해배상청구권 성질에 대해 제1설은 불법행위책임이라는 견해, 제2설은 채무불이행책임이라는 견해, 제3설은 경우에 따라 불법행위책임이거나 채무불이행책임이라는 견해가 있다. 제1설은 조건성취 전에는 법률행위의 효력이 발생하지 않는다는 점을 근거로 하며, 제2설은 조건성취 전이라도 손해발생을 방지할 부수의무[충실의무 및 보호의무]를 부담한다는 점을 근거로 하며, 제3설은 법률행위 성립 후의 신의칙에 기한 의무를 침해한 것이므로 채무불이행책임이 되나 제삼자가 조건부 권리를 침해한 것은 불법행위책임이 되며 청구권의 경합된다고 한다. 그러나 현실적인 손해는 조건의 성취 여부가 확정된 때에 비로소 확정적으로 발생하므로 조건의 성부가 미정인 동안에는 손해배상청구권도 조건부로 가진다(통설). 법률행위의 당사자 외에 제삼자가 침해한 경우에도 손해배상책임을 부담한다.

당해 목적물을 제삼자에게 양도하거나 담보설정을 하는 경우에는 제삼자와의 관계가 문제된다. 부동산인 경우에는 조건부권리자가 가등기를 하고, 조건이 성취되어 가등기에 기한 본등기를 하면 제삼자에게 대항할 수 있다. 이때 제삼자는 가등기에 의해 처분행위가 장차 일정한 경우 무효가 될 수 있다는 것을 사전에 인지하게 된다. 그러나 동산의 경우에는 선의취득에 의해 제삼자가 보호될 수 있어 제삼자보호는 별문제가 없다.

해제조건부증여로 인한 부동산소유권이전등기를 마쳤다 하더라도 그 해제조건이 성취되면 그 소유권은 증여자에게 복귀한다고 할 것이고, 이 경우 당사자 간에 별단의 의사표시가 없는 한 그 조건성취의 효과는 소급하지 아니하나, 조건성취 전에 수증자가 한 처분행위는 조건성취의 효과를 제한하는 한도 내에서는 무효라고 할 것이고, 다만 그 조건이 등기되어 있지 않는 한 그 처분행위로 인하여 권리를 취득한 제3자에게 위 무효를 대항할 수 없다고 할 것이다[대법원 1992.05.22. 선고 92다5584 판결].

(2) 조건부 권리 · 의무의 처분 · 상속 · 보존 · 담보(條件附 權利 · 義務의 處分 · 相續 · 保存 · 擔保)

제149조(조건부권리의 처분 등) 조건의 성취가 미정한 권리의무는 일반규정에 의하여 처분, 상속, 보존 또는 담보로 할 수 있다.

민법 제149조는 조건부권리를 적극적으로 보호하기 위한 규정이다. 여기서 '처분'은 조건부 권리를 이전하거나 포기하는 것, 제한물권을 설정하는 것도 포함한다. 그리고 임의처분 외에 강제처분도 포함된다. '보존'은 조건부 권리의 현상을 유지하고 조건이 성취될 경우에 당사자의 이익을 확보하는 데 필요한 행위를 말한다. 부동산인 경우에는 가등기를 함으로써 보전할 수 있을 것이다. 정지조건부 권리나 의무도 상속에 관한 일반규정에 따라 상속된다. '담보로 할 수 있다'는 것은 조건부 권리를 담보로 제공할 수 있다는 것이 아니라 조건부 권리를 위하여 담보를 설정할 수 있다는 의미이다. 이에 대해서는 기대권을 담보로 제공할 수 있다는 견해와 정지조건부 권리를 위하여 담보를 설정할 수도 있고 정지조건부 권리를 담보로 제공할 수도 있다는 견해도 있다.

(3) 조건성취 후의 효력(條件成就 後의 效力)

제147조(조건성취의 효과) ① 정지조건 있는 법률행위는 조건이 성취한 때로부터 그 효력이 생긴다. ② 해제조건 있는 법률행위는 조건이 성취한 때로부터 그 효력을 잃는다. ③ 당사자가 조건성취의 효력을 그 성취 전에 소급하게 할 의사를 표시한 때에는 그 의사에 의한다.

조건의 성취 또는 불성취에 의해 법률행위의 효력이 확정된다.

정지조건부 법률행위는 조건이 성취되면 그때부터 법률행위의 효력이 발생하고, 조건의 불성취로 확정되면 그 법률행위는 무효가 된다.

해제조건부 법률행위는 조건이 성취한 그때부터 법률행위의 효력이 소멸한다. 조건의 불성취로 확정되면 그 효력은 소멸하지 않는 것으로 확정된다.

조건성취의 효과는 조건이 성취된 때로부터 발생하고 소급하지 않는 것이 원칙이다. 그러나 조건성취 전에 법률효과를 소급하게 할 의사를 표시한 경우에는 사적 자치의 원칙상 소급효가 인정된다. 소급효가 인정되는 경우에도 제3자의 권리를 해하지 못한다(통설).

입증책임과 관련해서는 조건성취로 법률행위 효력이 확정되었음을 주장하는 자가 조건성취를 입증해야 한다. 판례도 같은 입장이다[대법원 1984.9.25. 선고 84다카967].

원고가 피고 교회의 당회장인 담임목사직을 장차 자진 은퇴하겠다는 의사를 표명한 데에 대하여 피고 교회에서 은퇴위로금으로 이 사건 부동산을 증여하기로 한 것이라면 이 증여는 원고의 자진사임을 조건으로 한 증여라고 보아야 할 것이므로 1981.4.19.까지 사임하기로 하였다는 시한에 관한 피고 주장 부분이 이유 없다고 하여도 원고는 적어도 그 후 자진사임함으로써 그 조건이 성취되었음을 입증할 책임이 있다[대법원 1984.9.25. 선고 84다카967].

⑷ 조건성취, 불성취에 대한 반신의행위(條件成就, 不成就에 대한 反信義行爲)

제150조(조건성취, 불성취에 대한 반신의행위) ① 조건의 성취로 인하여 불이익을 받을 당사자가 신의성실에 반하여 조건의 성취를 방해한 때에는 상대방은 그 조건이 성취한 것으로 주장할 수 있다. ② 조건의 성취로 인하여 이익을 받을 당사자가 신의성실에 반하여 조건을 성취시킨 때에는 상대방은 그 조건이 성취하지 아니한 것으로 주장할 수 있다.

조건의 성취를 신의성실에 반하는 방법으로 방해하면 상대방은 그 조건이 성취한 것으로 주장할 수 있다. 반면에 조건을 신의성실에 반하는 방법으로 성취하면 상대방은 그 조건이 성취하지 아니하였음을 주장할 수 있다.

한편 방해행위는 법률이 인정하는 조건부 권리에 대한 불법행위가 되어 불법행위에 기한 손해배상청구권도 발생할 수 있다. 따라서 상대방은 조건성취를 주장하거나 또는 손해배상을 청구할 수 있다.

조건의 성취는 조건이 성취되어 법률효과가 확정되었음을 주장하는 자가 입증하여야 한다.

신의칙에 반하는 적극조건과 소극조건의 성취 · 불성취

■ **적극조건**

적극조건에서는 그 사실의 발생이 확정되면 조건의 성취를 이루게 된다. "내가 승용차를 산다면"이란 조건은 차를 사는 사실이 발생하면 성취되는 것이다. 반면에 사실의 불발생이 확정되면 조건의 불성취가 된다. 즉 "내가 승용차를 산다면"이란 조건에서 승용차를 사지 않는 것이 확정되면 조건의 불성취가 되는 것이다.

■ **소극조건**

소극조건에서는 그 사실의 불발생이 확정되면 조건의 성취를 이루게 된다. "내가 승용차를 팔지 않는다면"이란 조건은 승용차를 팔지 않는 사실이 확정되면 조건이 성취된다. 반면에 사실의 발생이 확정되면 조건의 불성취가 된다. 즉 "내가 승용차를 팔지 않는다면"이란 조건에서 내가 승용차를 파는 것이 확정되면 조건의 불성취가 되는 것이다.

Ⅲ 기한(期限)

1. 의의(意義)

기한이란 법률행위의 효력발생이나 소멸 또는 채무의 이행을 장래에 발생하는 것이 확실한 사실에 의존하게 하는 법률행위의 부관을 말한다. 기한이 되는 사실이 장래의 사실이라는 점에서는 조건의 사실과 같다. 그러나 장래 사실의 발생이 확정되어 있다는 점에서는 조건과 다르다. 기한도 조건과 같이 당사자의 의사표시에 의해 임의로 부가된 것이어야 하므로 법률의 규정에 의한 것은 기한이 될 수 없다.

2. 종류(種類)

(1) 시기(始期) · 종기(終期)

시기는 법률행위의 효력발생 또는 채무이행기를 장래 도래할 것이 확실한 사실에 의존하는 기한을 말한다. 즉 "내년 2월 3일부터 임대하기로 한다"고 할 때 내년 2월 3일은 반드시 도래하므로 시기가 된다.

종기는 법률행위 효력의 소멸을 장래 도래할 것이 확실한 사실에 의존하는 기한을 말한다. 즉 "내년 2월 3일까지 임대하기로 한다"는 것이 그 예다.

(2) 확정기한(確定期限) · 불확정기한(不確定期限)

확정기한은 시기가 확정된 기한으로 "내년 2월 3일부터 임대하기로 한다"라는 경우처럼 시기가 확정되어 있는 경우를 말한다.

불확정기한은 시기가 확정되지 않은 기한으로 "어머니가 사망하면 아파트를 주기로 한다"라는 것처럼 어머니의 사망은 확실하나 그 시기가 언제인지는 확정되지 않은 경우가 이에 해당한다.

3. 기한(期限)을 붙일 수 없는 법률행위(法律行爲)

조건의 경우와 대체로 같다. 그러나 그 성질에 있어서는 차이가 있다. 법률행위의 성립과 동시에 효력이 발생해야 하는 법률행위에는 시기를 붙일 수 없다. 가족법상 행위인 혼인, 협의이혼, 입양, 파양 등과 상속의 승인과 포기에는 기한을 붙일 수 없다.

취소 · 상계 · 추인 등과 같이 소급효 있는 법률행위에 소급시기를 붙이는 것은 그 효력에서 모순되므로 허용되지 않는다. 기한은 소급하지 않기 때문이다. 같은 이유로 해제조건이 있는 법률행위에 종기를 붙이는 것도 허용되지 않는다. 불확정적인 조건과 확정적인 기한이 충돌하기 때문이다.

어음행위의 경우는 조건에는 친하지 않으나 기한에는 친하다. 어음행위에 시기를 붙이는 것은 상관없다. 기한에 친하지 않은 행위에 기한을 붙인 경우에는 법률행위 일부무효의 법리에 의해 전부를 무효로 함이 원칙이다.

4. 기한(期限)의 이익(利益)

제153조(기한의 이익과 그 포기) ① 기한은 채무자의 이익을 위한 것으로 추정한다. ② 기한의 이익은 이를 포기할 수 있다. 그러나 상대방의 이익을 해하지 못한다.

(1) 의의(意義)

기한의 이익이란 기한이 도래하지 않음으로써 당사자가 받는 이익을 말한다. 즉 이행기가 도래하기까지 이행할 의무를 부담하지 않는 이익이다. 시기부 법률행위인 경우에는 법률행위의 효력이 발생하지 않음으로써 받는 이익이며, 종기부 법률행위인 경우에는 법률행위가 소멸하지 않는데서 받는 이익이 될 것이다.

(2) 기한(期限)의 이익 포기(利益 拋棄)

이자부 정기예금의 경우에는 채권자와 채무자 모두가 기한의 이익을 가진다. 그러나 무이자소비대차나 무상임대차인 경우에는 채무자만 기한의 이익을 가진다.

기한의 이익을 일방이 가지는 경우 언제든지 상대방에 대한 단독의 의사표시로 이를 포기할 수 있다. 그러나 기한의 이익을 쌍방이 가지는 경우라면 상대방에게 발생한 손해를 배상하여야 한다.

5. 기한부 법률행위의 효력(期限附 法律行爲의 效力)

> 제152조(기한도래의 효과) ① 시기 있는 법률행위는 기한이 도래한 때로부터 그 효력이 생긴다. ② 종기 있는 법률행위는 기한이 도래한 때로부터 그 효력을 잃는다. 제154조(기한부권리와 준용규정) 제148조와 제149조의 규정은 기한 있는 법률행위에 준용한다.

(1) 기한도래 전의 효력(期限到來 前의 效力)

기한은 반드시 도래하는 것이므로 기한도래 전에 당사자가 받을 이익 내지 기대는 조건이 미확정인 것에 비하면 조건에 못지않게 법적 보호를 받아야 한다. 민법은 기한도래 전에는 제148조[조건부 권리의 침해금지]와 제149조[조건부 권리의 처분]를 준용하고 있다[제154조].

시기부 법률행위에 의한 채권은 기한이 도래하기 전에는 효력이 발생하지 않으므로 이행될 수 없다. 이 경우에 이행이 있다면 그 반환을 청구할 수 있다. 그러나 채권이 없음을 알고 변제한 경우라면 제742조(협의의 비채변제)가 적용되어 반환을 청구할 수 없게 된다. 반면 이행에 기한이 붙은 법률행위에 의한 채권은 특단의 사정이 없는 한 이행기 전이라도 이행할 수 있다. 그러므로 이미 이행하였다면 부당이득으로 반환을 청구할 수 없다.

(2) 기한도래 후의 효력(期限到來 後의 效力)

시기부 법률행위는 기한이 도래하면 그때부터 효력이 발생하고, 종기부 법률행위는 기한이 도래하면 그때부터 효력이 소멸한다[제152조]. 효력의 발생은 어느 경우나 소급효는 없다. 당사자 간의 특약에 의해서도 소급효를 인정할 수 없다.

제7절 기간(期間)

I 기간(期間)의 의의(意義)

기간은 어느 시점부터 어느 시점까지 사이를 말한다. 즉 계속된 시간을 뜻한다. 기일(期日)은 어느 특정한 시점을 가리키는 것으로 기간과 구별된다. 민법상 임대차기간, 승낙기간, 손해배상의 산정 등에서 기간계산이 요구된다.

법률사실로서의 기간은 사건에 속한다. 기간은 다른 법률사실과 결합하여 법률사실이 되는 경우가 많다. 성년, 최고기간, 실종기간, 기한, 시효 등이 그 예이다.

II 기간(期間)의 적용범위(適用範圍)

제155조(본장의 적용범위) 기간의 계산은 법령, 재판상의 처분 또는 법률행위에 다른 정한 바가 없으면 본장의 규정에 의한다.

기간에 관한 민법의 규정은 보충적 규정이다. 그러므로 법령이나 재판상의 처분, 법률행위에서 달리 정한 바가 있으면 그에 따른다. 그리고 민법의 기간은 사법관계뿐만 아니라 공법관계에도 적용된다.

민법 제157조는 "기간을 일, 주, 월 또는 년으로 정한 때에는 기간의 초일은 산입하지 아니한다."고 하여 초일불산입을 원칙으로 정하고 있으나, 민법 제155조에 의하면 법령이나 법률행위 등에 의하여 위 원칙과 달리 정하는 것도 가능하다[대법원 2007.8.23. 선고 2006다62942].

Ⅲ 기간(期間)의계산방법(計算方法)

제160조(력에 의한 계산) ① 기간을 주, 월 또는 연으로 정한 때에는 력에 의하여 계산한다. ② 주, 월 또는 년의 처음으로부터 기간을 기산하지 아니하는 때에는 최후의 주, 월 또는 년에서 그 기산일에 해당한 날의 전일로 기간이 만료한다. ③ 월 또는 년으로 정한 경우에 최종의 월에 해당일이 없는 때에는 그 월의 말일로 기간이 만료한다.

1. 자연적 계산법(自然的 計算法)과 역법적 계산법(曆法的 計算法)

기간의 계산방법에는 자연적 계산법과 역법적 계산법이 있다. 자연적 계산법은 시간의 흐름을 순간부터 순간까지 정확히 계산한다. 즉 시, 분, 초단위로 단기간을 계산할 때 이용한다. 역법적 계산법은 역에 따라 일, 주, 월, 년을 단위로 장기간을 계산할 때 사용한다.

2. 시 · 분 · 초를 단위로 하는 경우

제156조(기간의 기산점) 기간을 시, 분, 초로 정한 때에는 즉시로부터 기산한다.

예컨대, 7시부터 2시간 40분이라고 한다면 기산점은 7시부터이고 만료점은 9시 40분이 된다.

3. 일 · 주 · 월 · 년을 단위로 하는 경우

(1) 기산점(起算點)

제157조(기간의 기산점) 기간을 일, 주, 월 또는 연으로 정한 때에는 기간의 초일은 산입하지 아니한다. 그러나 그 기간이 오전영시로부터 시작하는 때에는 그러하지 아니하다.
제158조(연령의 기산점) 연령계산에는 출생일을 산입한다.

초일불산입의 원칙에 따르넌 5월 5일부터 5일간이라고 하면, 6일부터 기산하여

5월 10일 24시가 만료점이 된다.

초일불산입의 원칙에는 두 가지 예외가 있다. 연령계산과 오전 0시로부터 시작하는 경우가 그것이다. 이 경우에는 초일이 산입된다. 연령계산에는 초일을 산입하므로 2002년 5월 5일에 태어났다면 5월 5일이 기산일이 되고 성년이 되는 만20세가 되는 만료점은 다음해 2022년 5월4일 24시가 된다.

기간기산의 초일이 공휴일이라도 평일과 같이 취급한다[대법원 1982.2.23. 선고 81누204].

(2) 만료점(滿了點)

> 제159조(기간의 만료점) 기간을 일, 주, 월 또는 년으로 정한 때에는 기간말일의 종료로 기간이 만료한다.
> 제161조(공휴일 등과 기간의 만료점) 기간의 말일이 토요일 또는 공휴일에 해당한 때에는 기간은 그 익일로 만료한다.

기간을 주, 월, 년으로 정한 때에는 기간 말일의 종료로 기간이 만료한다. 그 달의 일수가 28일이든 29일이든 30일이든 31일이든 상관없이 한 달로 계산한다는 것이다. 2월 10일에 앞으로 1개월이라고 한 때는 초일을 산입하지 않으므로 2월 11일부터 기산하여 1개월 후인 3월 10일 24시에 기간이 만료하게 된다.

기간의 만료일이 공휴일인 경우에는 그다음 날이 만료일이 된다.

관련 판례 1

화해권고결정에 대한 재항고인의 이의제기기간 만료일에 해당하는 2006. 5. 6.이 토요일이라 하더라도 위 기간의 말일의 계산에 있어 구 민법[2007. 12. 21. 법률 제8720호로 개정되기 전의 것] 제161조의 규정이 적용되어야하고 그 해석상 토요일이 공휴일에 포함된다고 볼 수 없어, 재항고인이 2006. 5. 8.에 이르러 비로소 위 화해권고결정에 대한 이의신청서를 제출한 이상, 위 이의신청은 그 제기기간의 도과로 인하여 신청권이 소멸된 뒤의 것으로서 부적법하다[대법원 2008.6.12. 선고 2006마851].

관련 판례 2

공익근무요원 소집대상자인 피고인이 '2011. 8. 4.[목요일] 13:30까지 입영하라'는 병무청장 명의의 소집통지서를 전달받고도 소집기일부터 3일이 경과한 날까지 입영하지 아니하였다고 하여 병역법 위반으로 기소된 사안에서, 기간 계산에 관한 민법규정에 따라 초일은 산입하지 아니하고, 기간의 말일이 공휴일인 때에는 그 다음 날 기간이 만료되므로 2011. 8. 8.[월요일]이 지정된 소집기일부터 3일째가 되는 기간의 말일에 해당하고, 제반 사정에 비추어 피고인이 2011. 8. 8. 오전에 입영할 의사를 밝힌 이상 병무청 담당자는 피고인에게 지연입영을 시키는 등의 구제조치를 취할 의무가 있는데도 그러한 의무를 다하지 아니한 채 지연 입영기일이 경과하여 입영할 수 없다고 잘못 안내함으로써 입영하지 못하게 되었으므로, 피고인이 기간 내에 입영하지 아니한 데에는 병역법 제88조 제1항에서 정한 '정당한 사유'가 있다는 이유로 무죄를 선고한 원심판단은 정당하다[대법원 2012.12.26. 선고 2012도13215 판결].

4. 기간(期間)의 역산(逆算)

역산의 기산점은 언제나 24시가 되고 만료점은 0시가 된다. 5월 9일이 총회일이고 1주일 전에 소집통지를 발송해야 한다면 기산일은 5월 8일 24시가 되고 역산하여 5월 2일 0시에 기간이 만료한다. 그러므로 5월 1일 24시까지는 통지를 발송해야 한다.

제8절 소멸시효(消滅時效)

Ⅰ 소멸시효 일반(消滅時效 一般)

1. 시효의 의의(時效의 意義)

시효란 일정한 사실상태가 일정기간 계속되는 경우에 그 상태가 진정한 권리관계와 합치하는가를 묻지 않고 그 사실상태를 그대로 인정하여 새로운 권리관계를 확정하는 제도를 말한다. 사실상태(권리행사)의 계속으로 권리의 취득이라는 법률효과가 발생하는 것을 취득시효라고 하고, 사실상태(권리불행사)의 계속으로 권리소멸의 효과가 발생하는 것을 소멸시효라고 한다.

우리 민법은 취득시효는 물권법에, 소멸시효는 민법총칙 제162조 이하에서 규정하고 있다.

2. 시효제도의 존재이유(時效制度의 存在理由)

(1) 전통적인 견해(傳統的인 見解)

가. 계속된 사실상태의 존중

일반적으로 일정한 사실이 지속되면 그것이 권리관계와 실제적으로 부합한다고 신뢰하게 되고, 이 신뢰를 바탕으로 법률관계가 형성되는데, 진정한 권리관계와 일치하지 않는다고 하여 형성된 법률관계를 부인하게 되면 사회질서가 혼란스러워질 수 있다. 따라서 법적 안정성을 위하여 시효제도가 필요하다.

나. 증거보존의 곤란성

일정한 사실상태가 오랫동안 지속되면 그동안에 정당한 권리관계를 증명하는 증거자료가 없어지기 쉽고, 재판을 통하여 실체적 진실을 발견하기 어렵게 된다. 이와 같이 증거보전의 곤란을 구제하기 위하여 시효제도가 필요하다.

다. 권리 보호가치의 소멸

진정한 권리관계와 부합하지 않는 사실상태를 오랫동안 방치하고 자신의 권리를 주장하지 않는 자는 '권리위에 잠자는 자'이다. 이런 자를 법률이 보호할 가치가 없다는 것이다.

(2) 새로운 견해(새로운 見解)

전통적인 입장은 시효로 직접 의무를 면하는 자나 권리를 취득하게 되는 자를 보호하는 제도이므로 사회질서 안전성과 부합하지 않으며, 무권리자에게 권리를 주고 의무자에게 의무를 면하게 하는 것이 증거보존의 곤란성에 대한 충분한 이유가 되지 못하고, 권리위에 잠자는 자를 보호할 가치가 없다는 것은 증거곤란의 구제를 보강할 구실은 되나 시효제도를 이런 이유로 설명하는 것은 곤란하다는 비판이 가해진다.

시효제도는 궁극적으로 권리를 취득했거나 의무를 이행하였으나 증명을 못하는 자를 보호하려는 데 목적이 있다고 하는 견해, 사실상태에 대한 시효이익의 보유자의 기대를 보호하여 사회의 법률관계의 안정을 도모함에 있다는 견해 등 다양한 견해가 있다.

(3) **판례**(判例)

판례도 소멸시효에 있어서는 전통적인 견해와 같은 입장을 보인다.

관련 판례

채무자의 소멸시효를 이유로 한 항변권의 행사도 민법의 대원칙인 신의성실의 원칙과 권리남용금지의 원칙의 지배를 받는 것이어서 채권자가 권리를 행사할 수 없는 객관적 장애사유가 있었다면 채무자가 소멸시효 완성을 주장하는 것은 신의성실 원칙에 반하는 권리남용으로 허용될 수 없다[대법원 2011.9.8. 선고 2009다66969 판결].

한편 채권자에게 객관적으로 자신의 권리를 행사할 수 없는 장애사유가 있었던 경우에도 채권자는 그러한 장애가 해소된 때로부터 상당한 기간 내에 권리를 행사하여야만 채무자의 소멸시효 항변을 저지할 수 있다. 여기에서 '상당한 기간' 내에 권리행사가 있었는지 여부는 채권자와 채무자 사이의 관계, 채권자의 권리행사가 지연될 수밖에 없었던 특별한 사정이 있었는지 여부 등을 종합적으로 고려하여 판단할 것이다. 다만 위와 같이 신의성실의 원칙을 들어 소멸시효 완성의 효력을 부정하는 것은 법적 안정성의 달성, 입증곤란의 구제, 권리행사의 태만에 대한 제재를 그 이념으로 삼고 있는 소멸시효 제도에 대한 대단히 예외적인 제한에 그쳐야 할 것이므로, 위 권리행사의 '상당한 기간'은 특별한 사정이 없는 한 민법상 시효정지의 경우에 준하여 단기간으로 제한되어야 한다. 그러므로 개별 매우 특수한 사정이 있어 그 기간을 연장하여 인정하는 것이 부득이한 경우에도 불법행위로 인한 손해배상청구의 경우 그 기간은 아무리 길어도 민법 제766조 제1항이 규정한 단기소멸시효기간인 3년을 넘을 수는 없다고 보아야 한다[대법원 2013.5.16. 선고 2012다202819 전원합의체 판결, 대법원 2013.6.27. 선고 2013다200773 판결, 대법원 2013.09.26. 선고 2013다206429 판결 등 참조].

3. 제척기간과의 구별(除斥期間과의 區別)

일정한 시간의 경과로 권리소멸의 효과가 발생하는 것에는 소멸시효와 제척기간이 있다.

제척기간은 일정한 권리에 대하여 법률관계의 신속한 확정을 위하여 법률이 예정한 존속기간이다. 제척기간은 주로 제소기간으로 보는 것이 다수설이다. 기간 내에 소제기가 있어야 한다.

소멸시효기간과 제척기간의 구별은 쉽지 않다. 대체로 법규정에 '소멸시효로 인하여'라든지, '소멸시효가 완성한다'는 식의 표현이 있으면 소멸시효로 본다(통설).

소멸시효와 제척기간의 차이점

■ **존재이유**

소멸시효는 권리위에 잠자는 자를 보호할 필요가 없다는 이유, 입증의 곤란, 법적 안정성 차원에서 인정되지만, 제척기간은 권리관계의 신속한 확정을 위하여 인정된다.

■ **효과**

소멸시효의 경우 절대적 소멸설에 의하면 당연히 소멸하나 상대적 소멸설에 의하면 시효를 원용(권리소멸의 주장)하여야 소멸한다. 제척기간은 기간의 경과로 당연히 소멸한다.

■ **소급효**

소멸시효는 기산일에 소급하여 소멸하나, 제척기간은 장래를 향해 소멸한다.

■ **중단**

소멸시효에는 중단에 관한 규정이 있으나, 제척기간에는 중단제도가 없다.

■ **정지**

소멸시효에는 정지에 관한 규정이 있다. 그러나 제척기간에는 직접적인 규정이 없어, 유추적용에 대한 학설의 대립이 있다.

■ **포기제도**

소멸시효의 경우에는 시효완성 후에도 시효이익을 포기할 수 있다. 제척기간에는 포기제도를 인정하지 않고 있다.

■ **기간의 단축 · 경감**

소멸시효는 법률행위로 법정 기간을 배제하거나 연장할 수 없으나, 단축하거나 경감하는 합의는 유효하다. 반면에 제척기간은 기간을 경감, 단축할 수 없다.

■ **적용대상**

소멸시효는 청구권과 일정한 물권에 적용되나, 제척기간은 형성권에 적용된다.

■ **주장**

소멸시효는 당사자의 원용이 있어야 재판의 기초로 삼지만 제척기간은 법원이 직권으로 참작하여야 한다.

■ **입증책임**

소멸시효의 경우에 소멸시효의 항변권을 주장하는 자가 소멸시효의 완성을 입증해야 하나 제척기간의 경우에는 권리자가 미경과를 입증해야 한다.

Ⅱ 소멸시효 요건(消滅時效 要件)

소멸시효의 요건으로는 첫째, 소멸하는 권리가 소멸시효의 대상이 되는 권리이어야 하며, 둘째, 권리자가 권리행사가 가능함에도 불구하고 권리를 행사하지 않아야 하며, 셋째, 권리의 불행사상태가 일정기간 계속되어야 한다.

1. 소멸시효 대상이 되는 권리(消滅時效 對象이 되는 權利)

제162조(채권, 재산권의 소멸시효) ① 채권은 10년간 행사하지 아니하면 소멸시효가 완성한다. ② 채권 및 소유권 이외의 재산권은 20년간 행사하지 아니하면 소멸시효가 완성한다.

소멸시효의 대상이 되는 권리는 채권과 소유권 이외의 재산권이 된다. 그러므로 소멸시효의 대상이 되는 권리는 재산권에 한정된다고 볼 수 있다.

(1) 채권(債權)

채권은 10년간 행사하지 않으면 소멸시효가 완성된다[제162조 제1항]. 채권은 급부청구권과 부수적 권리인 채권자대위권, 채권자취소권으로 구성되므로 채권이 소멸시효에 걸리면 부수적 청구권도 소멸시효에 걸린다.

계속적 계약은 일방 당사자의 이행이나 급부제공이 계속되고 있는 동안에는 소멸시효가 진행되지 않는다. 채무불이행에 기한 손해배상청구권은 그 기초가 되는 채권의 소멸시효에 따른다.

(2) 소유권 이외의 재산권(所有權 以外의 財産權)

소멸시효의 대상이 되는 권리는 영속적 권리인 소유권을 제외한 재산권이다. 채권 · 소유권을 제외한 재산권은 20년간 행사하지 않으면 소멸시효가 완성된다[제162조 제2항].

용익물권[지상권, 지역권, 전세권]은 20년간 행사하지 않으면 소멸시효가 완성된다. 담보물권은 부종성 때문에 단독으로 소멸시효에 걸리는 일은 없다. 전세권은 존속기간이 10년을 넘지 못하므로 20년의 소멸시효에 걸리지 않는다.

2. 소멸시효 대상이 아닌 권리(消滅時效 對象이 아닌 權利)

(1) 소유권(所有權)

소유권은 소멸시효의 대상이 아니다. 아무리 오랫동안 소유자가 소유권을 행사하지 않더라도 소멸시효에 의해 소멸되는 일은 없다. 취득시효의 완성으로 소유권을 잃게 되는 경우는 있지만, 이는 반사적 효과이지 소멸시효로 소멸하는 것은 아니다.

(2) 점유권 · 유치권(占有權 · 留置權)

점유권[제192조 이하]과 유치권[제320조 이하]은 일정한 지배사실 상태에 있으면 언제나 존재하고 그 지배사실의 상실로 권리도 소멸한다. 그러므로 소멸시효에 걸릴 여지가 없다.

(3) 상린권 · 공유물분할청구권(常隣權 · 共有物分割請求權)

일정한 법률관계가 존속하는 경우에 그에 수반하는 권리는 그 기초가 되는 권리관계가 존속하는 동안에는 독립하여 소멸시효에 걸리지 않는다.

상린권[제216조 이하]은 인접한 부동산소유자 상호간에 부동산 이용을 조절하기 위하여 인정된 것인데, 소유권이 존재하는 한 상린권도 존재하며, 상린권만 독립하여 소멸시효에 걸리는 일은 없다.

공유물분할청구권[제268조]도 공유상태에 수반하여 인정되는 권리이므로 공유관계가 존재하는 한 독립하여 소멸시효에 걸리지 않는다.

(4) 담보물권(擔保物權)

담보물권(유치권, 질권, 저당권)은 채권을 담보하기 위하여 인정되는 권리이다. 이는 부종성에 의하여 피담보채권이 존속하는 한 독립하여 담보물권만 소멸시효에 걸리지 않는다.

(5) 가족법상의 청구권(家族法上의 請求權)

가족법상의 권리는 원칙적으로 소멸시효가 적용될 수 없다. 민법은 재산권에 한하여 소멸시효가 적용됨을 명문으로 규정하고 있고, 시간의 경과로 가족법상의 청구권에 효력변동이 생긴다는 것은 부당하기 때문이다.

그러나 재산권의 성질을 갖는 가족법상의 권리는 소멸시효에 걸린다. 즉, 상속회복청구권[제999조 제2항], 상속의 승인 또는 포기의 취소권[제1024조], 유류분반환청구권[제1117조] 등은 소멸시효의 대상이 된다.

관련 판례

민법 제1117조의 유류분반환청구권은 상속이 개시한 때부터 10년이 지나면 시효에 의하여 소멸하고, 이러한 법리는 상속재산의 증여에 따른 소유권이전등기가 이루어지지 아니한 경우에도 달리 그 소멸시효 완성의 항변이 신의성실의 원칙에 반한다고 하는 등의 특별한 사정이 존재하지 아니하는 이상 달리 볼 것이 아니다[대법원 2008.7.10. 선고 2007다9719].

(6) 형성권(形成權)

형성권은 권리자의 일방적인 의사표시만으로 법률효과가 발생하므로 권리행사가 있는 이상 목적을 달성하지 못하는 경우는 없다. 취소권, 해제권, 해지권, 예약완결권, 환매권 등이 형성권에 속하는데, 이 권리들은 제척기간의 대상이지 소멸시효의 대상이 되는 것은 아니다.

(7) 항변권(抗辯權)

쌍무계약에서 동시이행의 항변권, 보증채무에서 보증인의 최고 · 검색의 항변권 등은 그 기초가 되는 쌍무계약이나 보증채무에 수반되는 것이므로, 그 항변권만이 독립하여 소멸시효에 걸리지는 않는다.

(8) 법률관계의 무효확인(法律關係의 無效確認)

법률관계의 무효확인을 청구하는 것은 처음부터 무효인 법률관계를 확인하는 것에 지나지 않으므로 소멸시효의 대상이 아니다[대법원 1989.4.11. 선고 87다카131].

(9) 등기청구권(登記請求權)

매수인이 매도인에게 등기신청에 협력하여 줄 것을 청구할 수 있는 권리를 등기청구권이라고 한다. 등기청구권이 소멸시효에 걸리는지에 대하여는 채권적 청구권으로 이해하여 10년의 소멸시효에 걸린다는 견해와 물권적 청구권이라는 견해가 대립한다.

판례는 채권적 청구권으로 보고 10년의 소멸시효를 적용하고 있다.

명의신탁자가 당해 부동산의 회복을 위해 명의수탁자에 대해 가지는 소유권이전등기청구권은 그 성질상 법률의 규정에 의한 부당이득반환청구권으로서 민법 제162조 제1항에 따라 10년의 기간이 경과함으로써 시효로 소멸한다 할 것이다[대법원 2009.7.9. 선고 2009다23313].

(10) 물권적 청구권(物權的 請求權)

물권의 내용 실현이 방해를 받고 있거나 방해당할 염려가 있는 경우에 물권자가 방해자에게 그 방해의 제거 또는 예방에 필요한 일정한 행위를 청구할 수 있는데, 이를 '물권적 청구권'이라고 한다. 물권적 청구권은 물권의 효력을 관철하고 그 내용을 실현하는 수단이 된다.

물권적 청구권이 물권으로부터 독립하여 소멸시효에 걸리는지에 대해서는 긍정설과 부정설, 제한적 긍정설로 나뉘어져 있다.

물권적 청구권과 소멸시효

■ 긍정설

일정한 물권(용익물권)은 소멸시효에 걸리기 때문에 이러한 물권에 기한 물권적 청구권도 소멸시효에 걸린다고 본다.

■ 부정설

물권이 존재하는데 물권적 청구권만 독립하여 소멸시효에 걸린다면 물권의 실질을 상실하게 되고, 물권의 침해가 계속되고 있으면 물권적 청구권도 계속 발생하여 시효가 완성될 여지가 없다는 이유로 물권적 청구권은 그 기초가 되는 물권과 독립하여 소멸시효에 걸리지 않는다고 본다.

■ 제한적 긍정설

소유권에 기한 물권적 청구권은 소멸시효에 걸리지 않지만, 제한물권에 기한 물권적 청구권은 소멸시효에 걸린다고 본다. 그 논거로 소유권은 소멸시효에 걸리지 않지만, 제한물권은 소멸시효에 걸린다는 것을 든다.

(11) 무체재산권(無體財産權)

무체재산권은 무형의 재산권으로 어떤 가치 있는 인간의 지적 산물을 말한다. 무체재산권은 그 권리의 존속기간에 대해 특별규정이 없으면 20년의 불행사로 소멸시효에 걸린다. 특히 저작재산권은 특별한 규정이 있는 경우를 제외하고는 저작자의 생존하는 동안과 사망 후 70년간 존속한다[저작권법 제39조제1항]. 공동저작물의 저작재산권은 맨 마지막으로 사망한 저작자의 사망 후 70년간 존속한다[저작권법 제39조 제2항].

특허권의 존속기간은 특허권의 설정등록이 있는 날부터 특허출원일 후 20년이 되는 날까지로 한다[특허법 제88조 제1항].

3. 소멸시효 기간(消滅時效 期間)

(1) 기산점(起算點)

제166조(소멸시효의 기산점) ① 소멸시효는 권리를 행사할 수 있는 때로부터 진행한다.
② 부작위를 목적으로 하는 채권의 소멸시효는 위반행위를 한 때로부터 진행한다.

소멸시효가 완성하려면 권리자가 권리를 행사할 수 있음에도 불구하고 일정기간 권리의 행사가 없어야 한다. 그렇다면 권리자가 권리를 행사할 수 있어야 하는데 언제부터 권리를 행사할 수 있는지가 문제된다. 권리를 행사할 수 있는 최초의 시점이 기산점이다. 그러므로 권리의 불행사도 기산점이 기준이 된다.

소멸시효는 권리를 행사할 수 있는 때로부터 진행한다[제166조 제1항]. 따라서 기산점은 권리를 행사할 수 있는 때가 된다.

관련 판례

상법 제662조는 보험금액의 청구권은 2년간 행사하지 아니하면 소멸시효가 완성한다는 취지를 규정하고 있을 뿐 보험금액청구권의 소멸시효 기산점에 관하여는 아무런 규정을 두지 않고 있으므로, "소멸시효는 권리를 행사할 수 있는 때로부터 진행한다."고 규정한 민법 제166조 제1항에 따를 수밖에 없는바, 보험금액청구권은 보험사고가 발생하기 전에는 추상적인 권리에 지나지 아니할 뿐 보험사고의 발생으로 인하여 구체적인 권리로 확정되어 그때부터 그 권리를 행사할 수 있게 되는 것이므로, 특별한 사정이 없는 한 원칙적으로 보험금액청구권의 소멸시효는 보험사고가 발생한 때로부터 진행한다고 해석함이 상당하다[대법원 1998.5.12. 선고 97다54222 판결, 대법원 2004.12.24. 선고 2003다5573, 5580 판결 등 참조]. 한편 보험사고가 발생하였는지 여부가 객관적으로 분명하지 아니하여 보험금청구권자가 과실 없이 보험사고의 발생을 알 수 없었던 경우에도 보험사고가 발생한 때부터 보험금청구권의 소멸시효가 진행한다고 해석하는 것은 보험금청구권자에게 가혹한 결과를 초래하게 되어 정의와 형평의 이념에 반하고 소멸시효제도의 존재이유에도 부합하지 않으므로, 객관적으로 보아 보험사고가 발생한 사실을 확인할 수 없는 사정이 있는 경우에는 보험금청구권자가 보험사고의 발생을 알았거나 알 수 있었던 때부터 보험금청구권의 소멸시효가 진행한다고 해석하는 것이 타당하다[대법원 2008.11.13. 선고 2007다19624 판결, 대법원 2013.09.26. 선고 2013다34693 판결 등 참조].

(2) 권리별 기산점(權利別 起算點)

가. 시기부권리

시기부 권리(始期附權利)는 권리의 발생시기와 권리를 행사할 수 있는 시기 사이에 간격이 생긴다. 이 경우 채무자는 기한이 도래한 때부터 지체책임을 지며, 소멸시효도 기한이 도래한 때부터 진행이 시작된다.

확정기한부 권리는 확정기한이 도래한 때부터 소멸시효가 진행되지만, 불확정기한부 권리인 경우에는 기한이 객관적으로 도래한 때가 소멸시효의 기산점이 된다.

제387조(이행기와 이행지체) ① 채무이행의 확정한 기한이 있는 경우에는 채무자는 기한이 도래한 때로부터 지체책임이 있다. 채무이행의 불확정한 기한이 있는 경우에는 채무자는 기한이 도래함을 안 때로부터 지체책임이 있다. ② 채무이행의 기한이 없는 경우에는 채무자는 이행청구를 받은 때로부터 지체책임이 있다.

나. 기한을 정하지 않은 권리

채무의 이행기한을 정하지 않은 경우에는 채권자는 언제든지 이행청구를 할 수 있으므로 소멸시효의 기산점은 채권이 발생한 때이다. 그러나 이행지체의 책임은 채무자가 기한의 도래를 안 때로부터 지게 된다[제387조 제2항].

다. 채무불이행에 기한 손해배상청구권

채무불이행으로 발생한 손해배상청구권의 소멸시효 기산점에 대해서는 견해가 대립하고 있다. 손해배상청구권은 본래의 채권이 변형된 것에 지나지 않기 때문에 본래의 채권을 행사할 수 있는 때부터 소멸시효가 진행한다는 견해와 손해배상청구권은 특정물채권이 이행불능된 때로부터 시효가 진행한다는 견해가 있다. 판례는 이행불능인 경우에는 이행불능시가 기산점이라고 한다[대법원 2009.1.15. 선고 2007다51703].

라. 청구 또는 해지통고가 필요한 권리

청구 또는 해지통고가 필요한 권리는 청구나 해지통고를 할 수 있는 때로부터 정해진 유예기간이 경과한 시점부터 소멸시효가 진행된다(다수설). 즉 반환시기의 약정이 없는 소비대차인 경우, 차주는 언제든지 반환할 수 있지만 대주는 상당한 기간을 정하여 반환을 최고해야 한다[제603조 제2항]. 이때 유예기간을 인정하지 않는다면 시효기간이 줄어들게 되어 부당하므로 유예기간이 경과한 시점을 기산점으로 해야 한다는 것이다.

마. 기한이익의 상실 약관이 있는 채권

할부채권에 있어서 1회의 불이행이 있더라도 있는 잔금 전액을 일시에 변제해야 한다는 계약조항을 둔 경우, 1회의 불이행이 발생하였으나 채권자가 아무런 조치를 취하지 않고 있다면 잔금 전액채권의 소멸시효가 언제부터 진행되는가가 문제된다. 이 경우 1회의 연체가 있는 때로부터 잔금 전액에 대한 소멸시효가 진행된다고 본다(통설).

판례는 채권자가 잔존 채무 전액의 변제를 구하는 의사를 표시한 경우에 한하여 전액에 대하여 그때부터 소멸시효가 진행한다고 본다[대법원 1997.8.29. 선고 97다12990].

이른바 형성권적 기한이익 상실의 특약이 있는 경우에는 그 특약은 채권자의 이익을 위한 것으로서 기한이익의 상실 사유가 발생하였다고 하더라도 채권자가 나머지 전액을 일시에 청구할 것인가 또는 종래대로 할부변제를 청구할 것인가를 자유로이 선택할 수 있다고 하여야 할 것이므로, 이와 같은 기한이익 상실의 특약이 있는 할부채무에 있어서는 1회의 불이행이 있더라도 각 할부금에 대해 그 각 변제기의 도래시마다 그때부터 순차로 소멸시효가 진행하고 채권자가 특히 잔존 채무 전액의 변제를 구하는 취지의 의사를 표시한 경우에 한하여 전액에 대하여 그때부터 소멸시효가 진행한다고 하여야 할 것이다[대법원 1997.8.29. 선고 97다12990].

바. 정지조건부 채권

정지조건부 채권은 그 조권이 성취된 때로부터 소멸시효가 진행된다.

사. 부작위채권

부작위채권은 채무자가 위반행위를 한 때부터 소멸시효가 진행된다[제166조 제2항]. 그 위반행위가 있는 때에 부작위채무자의 의무위반에 따른 손해배상청구권이나 위반상태를 제거해 달라고 청구할 수 있기 때문이다.

아. 동시이행의 항변권이 있는 채권

동시이행의 항변권이 있는 채권에서는 채무가 변제기에 있더라도 상대방의 채무의 이행이 없으면 자기의 채무이행을 거절할 수 있다[제536조]. 이 경우 채무의 소멸시효는 언제부터 진행되는지가 문제된다. 채권자는 자기채무를 이행하면서 상대방의 채무이행을 청구할 수 있었으나 하지 않은 것이므로 그 변제기부터 소멸시효가 진행한다고 본다(통설). 판례도 같다[대법원 1991.3.22. 선고 90다9797].

이 사건 부동산에 대한 매매대금 채권이 비록 소유권이전등기청구권과 동시이행의 관계에 있다 할지라도 매도인은 매매대금의 지급기일 이후 언제라도 그 대금의 지급을 청구할 수 있는 것이며, 다만 매수인은 매도인으로부터 그 이전등기에 관한 이행의 제공을 받기까지 그 지급을 거절할 수 있는 데 지나지 아니하므로 매매대금청구권은 그 지급기일 이후 시효의 진행에 걸린다고 할 것이다[대법원 1991.3.22. 선고 90다9797].

자. 불법행위로 인한 손해배상청구권

766조(손해배상청구권의 소멸시효) ① 불법행위로 인한 손해배상의 청구권은 피해자나 그 법정대리인이 그 손해 및 가해자를 안 날로부터 3년간 이를 행사하지 아니하면 시효로 인하여 소멸한다. ② 불법행위를 한 날로부터 10년을 경과한 때에도 전항과 같다.

소멸시효는 권리를 행사할 수 있는 때로부터 진행한다[제166조 제1항]. 이는 객관적으로 권리를 행사할 수 있는 때로부터 소멸시효가 진행한다는 의미이며, 권리를 행사하는 데 법률상의 장애(이행기 미도래, 정지조건의 미성취)가 없음을 말한다.

그런데 불법행위로 인한 손해배상청구권에 대하여 민법은 제766조에서 특별규정을 두고 있다. 즉, 피해자나 그 법정대리인이 그 손해 및 가해자를 안 날로부터 3년이 경과하거나 불법행위를 한 날로부터 10년을 경과한 때는 시효로 소멸한다는 것이다.

불법행위로 인한 손해배상청구권의 경우에는 '그 손해 및 가해자를 안 날로부터' 시효기간을 기산한다. 이는 사실상의 장애(개인적 사정, 권리존재 부지, 채무자 부지)를 시효의 기산점으로 인정하는 것으로서, 제166조 제1항의 특칙이 된다.

그러나 사실상의 장애를 인정하게 되면 기산점이 불명확하게 되어 법적 안정성에 장애가 되기 때문에 사실상의 장애로는 시효의 진행을 막지 못한다는 것이 통설과 판례[대법원 1982.1.19. 선고 80다2626]의 입장이다.

(3) 단기소멸시효(短期消滅時效)

일상에서 빈번히 일어나는 채권의 경우 소액인 경우가 대부분이며, 수령증서도 교부하지 않는 일이 잦고, 수령증서가 교부되어도 자료를 오래 보존하지 않기 때문에 법률관계를 조속히 확정하여 분쟁을 방지할 필요가 있다. 이러한 필요성에 의하여 우리 민법은 단기소멸시효에 관한 규정을 두고 있다.

가. 3년의 단기소멸시효

제163조(3년의 단기소멸시효) 다음 각 호의 채권은 3년간 행사하지 아니하면 소멸시효가 완성한다. 1. 이자, 부양료, 급료, 사용료 기타 1년 이내의 기간으로 정한 금전 또는 물건의 지급을 목적으로 한 채권 2. 의사, 조산사, 간호사 및 약사의 치료, 근로 및 조제에 관한 채권 3. 도급받은 자, 기사 기타 공사의 설계 또는 감독에 종사하는 자의 공사에 관한 채권 4. 변호사, 변리사, 공증인, 공인회계사 및 법무사에 대한 직무상 보관한 서류의 반환을 청구하는 채권 5. 변호사, 변리사, 공증인, 공인회계사 및 법무사의 직무에 관한 채권 6. 생산자 및 상인이 판매한 생산물 및 상품의 대가 7. 수공업자 및 제조자의 업무에 관한 채권

① 이자, 부양료, 급료, 사용료 기타 1년 이내의 기간으로 정한 금전 또는 물건의 지급을 목적으로 한 채권

여기서 '1년 이내의 기간으로 정한 채권'이란 1년 이내의 정기로 지급되는 정기급부 채권이라는 의미이다. 즉 1개월 단위로 지급되는 집합건물의 관리비채권[대법원 2007.2.22. 선고 2005다65821]과 매월, 반년 또는 1년 마다 지급할 것을 약정한 이자 등이 그 예가 된다. 변제기가 1년 이내로 정해진 이자채권이라도 한번 변제하면 소멸되는 채권은 여기에 해당되지 않는다[대법원 1996.9.20. 선고 96다25302].

② 의사, 조산사, 간호사 및 약사의 치료, 근로 및 조제에 관한 채권

자격 있는 의사, 한의사, 치과의사, 수의사는 물론 무자격자의 채권도 여기에 포함된다. 약사의 경우 조제에 관한 채권도 포함되지만, 약품판매로 인한 채권은 상품의 판매대가로서 제163조 제6호에 포함된다. 그러나 결과적으로 3년의 시효에 걸리는 것은 같다. 장기입원치료의 경우 시효기간의 기산점에 대해 특약 또는 관습이 없는 한 그 질병에 대한 의사와 환자 사이의 의료관계가 끝난 때라는 견해와 특약이 없는 한 그 개개의 진료가 끝난 때라는 견해가 대립한다. 판례[대법원 2001.11.9. 선고 2001다52568]는 후자의 견해를 취하고 있다.

③ 도급받은 자, 기사 기타 공사의 설계 또는 감독에 종사하는 자의 공사에 관한 채권

여기서의 채권은 공사의 완성을 맡은 수급인의 공사대금채권 또는 비용상환청구권이 포함된다. 그러나 공사를 맡긴 도급인이 과급반환청구권은 이에 해당되지 않는다[대법원1963.4.18. 선고 63다92]. 도급인은 도급은 준 자이지 도급을 받은 자가 아니기 때문이다. 소멸시효의 기산점에 대해서는 특약이 없는 한 공사가 완료한 때라는 것이 통설의 입장이다. 그러나 판례는 도급계약의 보수는 완성된 목적물의 인도를 요하지 않을 때는 일을 완성한 때 지급하는 것으로 보고, 목적물의 인도를 요하는 경우에는 인도와 동시에 지급하는 것으로 본다. 보수지급청구권의 소멸시효기간의 기산은 완성된 목적물의 인도 여부를 먼저 판단해야 한다고 본다[대법원 1968.5.21. 선고 67다639].

④ 변호사, 변리사, 공증인, 공인회계사 및 법무사에 대한 직무상 보관한 서류의 반환을 청구하는 채권

여기서 위의 직에 종사하는 자는 자격증이 있는 자에 한한다. 그리고 서류만을 의미하므로 증거물품 등을 맡긴 경우에는 여기에 해당되지 않는다.

⑤ 변호사, 변리사, 공증인, 공인회계사 및 법무사의 직무에 관한 채권

여기서의 채권은 5호에서 열거된 전문자격인이 의뢰인에 대해 가지는 직무에 관한 채권만을 의미한다. 시효기간의 기산점은 원칙적으로 의뢰한 사건의 종료시가 된다. 그러나 업무착수 전에 미리 변제받는 경우도 있고 시간이 장기인 경우에 개별적 채권이 있다면 그 채권이 발생한 때로부터 시효가 진행된다.

⑥ 생산자 및 상인이 판매한 생산물 및 상품의 대가

이들 채권은 상사채권으로서, 5년의 소멸시효에 걸려야 하겠지만 상법 제64조 단서에 의해 제163조 6호가 우선 적용된다. 여기서 시효기간의 기산점은 대금채권이 발생한 때이다. 계속적 물품공급계약에 기하여 발생한 외상대금채권은 특별한 사정이 없는 한 개별 거래로 인한 각 외상대금채권이 발생한 때로부터 개별적으로 소멸시효가 진행하는 것이지 거래종료일부터 외상대금채권 총액에 대하여 한꺼번에 소멸시효가 기산한다고 할 수 없다. 그리고 각 개별 거래시마다 서로 기왕의 미변제 외상대금에 대하여 확인하서

나 확인된 대금의 일부를 변제하는 등의 행위가 없었다면, 새로이 동종 물품을 주문하고 공급받았다는 사실만으로는 기왕의 미변제 채무를 승인한 것으로 볼 수 없다[대법원2007.1.25. 선고 2006다68940].

⑦ 수공업자 및 제조자의 업무에 관한 채권

수공업자는 주문자와 고용관계 없이 일터에서 주문을 받아 일하는 자로 재봉사, 이발사, 세탁업자 등을 예로 들 수 있다. 제조자는 주문을 받아 물건을 가공하여 다른 물건을 만드는 자로서 표구사, 구두제조업자, 가구제조자가 이에 해당한다.

나. 1년의 단기소멸시효

제164조(1년의 단기소멸시효) 다음 각 호의 채권은 1년간 행사하지 아니하면 소멸시효가 완성한다. 1. 여관, 음식점, 대석, 오락장의 숙박료, 음식료, 대석료, 입장료, 소비물의 대가 및 체당금의 채권 2. 의복, 침구, 장구 기타 동산의 사용료의 채권 3. 노역인, 연예인의 임금 및 그에 공급한 물건의 대금채권 4. 학생 및 수업자의 교육, 의식 및 유숙에 관한 교주, 숙주, 교사의 채권

① 여관, 음식점, 대석, 오락장의 숙박료, 음식료, 대석료, 입장료, 소비물의 대가 및 체당금의 채권

여기서 '대석(貸席)'이란 자리를 빌려주고 차를 파는 곳 즉 다방을 말하고, 소비물의 대가란 여관 등이 공급한 식사대금이나 각종 오락장에서의 음료수 대금 등을 말한다. 체당금(替當金)은 여관주인이 투숙중인 객이 음식배달을 시킨 경우 나중에 여관비와 같이 상환받을 목적으로 음식대금을 대신 지불한 것을 말한다.

② 의복, 침구, 장구 기타 동산의 사용료의 채권

여기에는 비디오 가게, 대본서점, 장의사(葬儀社) 등에서 비디오테이프, 책, 장례용구 등을 빌리는 경우를 포함한다. 자동차나 자전거를 빌리는 경우도 같다. 그러나 자동차를 영업용으로 장기간 빌리는 것은 제외된다.

③ 노역인, 연예인의 임금 및 그에 공급한 물건의 대금채권

여기서 노역인은 사용자와 고용관계에 있지 않고 주로 육체적 노무를 제공하는 자를 말한다. 목수, 미장이, 정원사 등이 이에 속한다. 연예인에는 마술사, 차력사, 악사, 프로운동선수 등이 포함된다. 공급한 물건이란 노역, 연예와 관련되어 공급된 것만을 의미한다.

④ 학생 및 수업자의 교육, 의식 및 유숙에 관한 교주, 숙주, 교사의 채권

여기서 교주(校主), 숙주(塾主), 교사(教師)는 개인에 한하지 않고, 법인인 학교, 권리능력 없는 사단 또는 재단 형태의 학교도 포함된다. 국공립학교의 채권도 사법상의 관계로 보아 여기에 속한다. 의식(衣食), 유숙(留宿)에 관한 채권은 통상 기숙사 이용에 따른 채권이다.

다. 판결 등에 의해 확정된 채권의 소멸시효

제165조(판결 등에 의하여 확정된 채권의 소멸시효) ① 판결에 의하여 확정된 채권은 단기의 소멸시효에 해당한 것이라도 그 소멸시효는 10년으로 한다. ② 파산절차에 의하여 확정된 채권 및 재판상의 화해, 조정 기타 판결과 동일한 효력이 있는 것에 의하여 확정된 채권도 전항과 같다. ③ 전2항의 규정은 판결확정당시에 변제기가 도래하지 아니한 채권에 적용하지 아니한다.

앞에서 살펴본 단기의 소멸시효에 걸리는 채권도 확정판결을 받게 되면 소멸시효기간은 10년으로 늘어난다. 확정판결 후에도 단기소멸시효에 걸린다면 권리보존을 위해 단기간에 시효중단절차를 반복해야 하는 번거로움이 있다는 점을 고려한 것이다.

확정판결뿐만 아니라 동일한 효력이 있는 화해, 인낙, 확정된 지급명령, 조정 등에 의해 확정된 채권, 파산절차에 의하여 확정된 채권도 10년의 소멸시효에 걸린다.

Ⅲ 소멸시효 중단과 정지(消滅時效 中斷과 停止)

권리의 불행사라는 사실상태가 시효의 완성을 향해 나아가는 것을 '소멸시효의 진행'이라고 한다. 그러나 소멸시효의 진행을 방해하는 요인이 있는데 이를 '시효의 장애'라고 한다. 시효의 장애에는 소멸시효의 중단과 정지가 있다.

소멸시효가 중단되면 진행되던 소멸시효가 처음부터 다시 진행된다. 그러나 소멸시효가 정지되면 진행을 일시 멈추게 될 뿐이다.

1. 시효중단(時效中斷)

(1) 의의(意義)

시효중단이란 권리의 불행사라는 사실상태와 상반되는 일정한 사유가 있을 때 시효완성으로 진행된 소멸시효기간을 없애 버리는 것을 말한다. 소멸시효는 권리의 불행사로 진행되는데 권리를 주장하거나 상대방이 권리를 승인하면 더 이상 소멸시효를 진행시킬 이유가 없기 때문이다.

(2) 시효중단 사유(時效中斷 事由)

> 제168조(소멸시효의 중단사유) 소멸시효는 다음 각 호의 사유로 인하여 중단된다. 1. 청구 2. 압류 또는 가압류, 가처분 3. 승인

소멸시효의 중단사유는 권리자가 자기의 권리를 주장하는 것으로 청구, 압류 또는 가압류, 가처분이 있고, 상대방이 권리를 인정하는 승인이 있다.

가. 청구

청구란 권리자가 권리를 행사하는 것이다. 재판상 청구이든 재판외 청구이든 상관없다. 민법은 청구의 유형을 제170조 내지 174조에서 규정하고 있다.

① 재판상 청구

제170조(재판상의 청구와 시효중단) ① 재판상의 청구는 소송의 각하, 기각 또는 취하의 경우에는 시효중단의 효력이 없다. ② 전항의 경우에 6월 내에 재판상의 청구, 파산절차참가, 압류 또는 가압류, 가처분을 한 때에는 시효는 최초의 재판상청구로 인하여 중단된 것으로 본다.

재판상 청구는 소를 제기하는 것이다. 이때 소의 종류를 묻지 않는다. 응소한 경우도 소송에서 적극적으로 권리를 주장하고 그 주장이 받아들여진 경우에는 재판상의 청구에 해당된다[대법원 2006.6.16. 선고 2005다25632]. 적극적으로 주장하였으나 패소한 경우에는 시효중단이 되지 않는다. 패소한 경우에도 6개월 내에 다른 시효중단조치를 하면 응소시에 소급하여 시효중단의 효력이 생긴다. 재판상의 청구가 시효중단 효력을 발생시키는 시기는 소를 제기한 때이다[민사소송법 제265조]. 소의 제기가 있더라도 소의 각하, 기각, 취하가 있으면 시효중단의 효력은 발생하지 않는다[제170조 제1항]. 그러나 6월 내에 재판상의 청구, 파산절차참가, 압류 또는 가압류, 가처분을 한 때에는 시효는 최초의 재판상 청구로 인하여 중단된 것으로 본다[제170조 제2항].

재판상 청구와 시효중단 여부

관련 판례

민법 제170조 제1항은 재판상 청구가 민법 제168조에 의하여 시효중단사유가 됨을 전제로 "재판상의 청구는 소송의 각하, 기각 또는 취하의 경우에는 시효중단의 효력이 없다."고 규정하고, 같은 조 제2항은 "전항의 경우에 6월 내에 재판상의 청구, 파산절차참가, 압류 또는 가압류, 가처분을 한 때에는 시효는 최초의 재판상 청구로 인하여 중단된 것으로 본다."고 규정함으로써 최초의 재판상 청구에 소송요건의 결여 등의 흠이 있는 경우 일정기간 내에 새로운 재판상 청구 등이 이루어지면 최초의 제소시로 시효중단의 소급을 인정하고 있다. 그런데 이미 사망한 자를 피고로 하여 제기된 소는 부적법하여 이를 간과한 채 본안 판단에 나아간 판결은 당연무효로서 그 효력이 상속인에게 미치지 않고[대법원 2002.4.26. 선고 2000다30578 판결 등 참조], 채권자의 이러한 제소는 권리자의 의무자에 대한 권리행사에 해당하지 않는다고 할 것이므로, 상속인을 피고로 하는 당사자표시정정이 이루어진 경우와 같은 특별한 사정이 없는 한, 거기에는 애초부터 시효중단 효력이 없어 민법 제170조 제2항이 적용되지 않는다고 봄이 타당하고, 법원이 이를 간과하여 본안에 나아가 판결을 내린 경우에도 마찬가지라고 보아야 한다[대법원 2014.02.27. 선고 2013다94312 판결].

② 파산절차 참가

제171조(파산절차참가와 시효중단) 파산절차참가는 채권자가 이를 취소하거나 그 청구가 각하된 때에는 시효중단의 효력이 없다.

파산절차참가는 채권자가 파산재단의 배당에 참가하기 위하여 자기의 채권을 신고하는 것을 말한다[채무자 회생 및 파산에 관한 법률 제447조]. 이는 시효중단의 효력을 가진다. 그러나 채권자가 이를 취소하거나 그 청구가 각하된 때에는 시효중단의 효력이 없다[제171조, 채무자 회생 및 파산에 관한 법률 제32조 2호]. 파산신청은 파산절차참가보다 더 강력한 권리의 실행방법이므로 파산선고 신청은 시효중단사유가 된다고 본다(통설). 강제집행절차에서 배당요구를 하는 것도 시효중단사유가 된다[대법원 2002.2.26. 선고 2000다25484]. 「채무자 회생 및 파산에 관한 법률」상 회생절차 참가[동법 제32조 1호]와 개인회생절차 참가[동법 제32조 3호]도 소멸시효 중단의 효력이 있다.

③ 지급명령

제172조(지급명령과 시효중단) 지급명령은 채권자가 법정기간 내에 가집행신청을 하지 아니함으로 인하여 그 효력을 잃은 때에는 시효중단의 효력이 없다.

지급명령은 채권자의 신청에 따라 금전 그 밖의 대체물이나 유가증권의 일정한 수량지급의 이행을 채무자에게 명하는 재판이다[민사소송법 제462조 이하]. 지급명령의 경우 지급명령신청서를 관할법원에 제출하였을 때 시효중단의 효력이 생긴다. 민법 제172조는 지급명령은 채권자가 법정기간 내에 가집행신청을 하지 아니하여 그 효력을 잃은 때에는 시효중단의 효력이 없다고 규정하고 있으나, 민사소송법의 개정으로 채권자의 가집행신청제도가 삭제됨으로써 동조는 의미가 없게 되었다.

④ 화해를 위한 소환

제173조(화해를 위한 소환, 임의출석과 시효중단) 화해를 위한 소환은 상대방이 출석하지 아니 하거나 화해가 성립되지 아니한 때에는 1월 내에 소를 제기하지 아니하면 시효중단의 효력이 없다. 임의출석의 경우에 화해가 성립되지 아니한 때에도 그러하다.

화해를 위한 소환은 당사자의 화해신청이 있는 경우, 법원에서 화해기일을 정하고 그 기일에 당사자를 출석시키기 위해 행하는 것을 말한다. 당사자 간에 화해가 성립되면 화해조서를 작성하며 화해조서의 정본이 채무자에게 송달되면 확정판결과 같은 효력이 발생한다.

화해가 성립하지 않는 경우에는 당사자가 제소신청을 하면 '화해를 신청한 때' 에 소가 제기된 것으로 보며, 시효중단의 효력도 발생한다(통설). 조정도 재판상의 화해와 같은 효력이 있으므로 조정을 신청하면 시효중단의 효력이 있다[민사조정법 제35조 제1항]. 조정신청이 취하된 경우와 신청인이 조정기일에 출석하지 아니하여 다시 기일을 정했음에도 출석하지 않은 경우에는 1개월 이내에 소를 제기하지 아니하면 시효중단의 효력이 없다[동법 제35조 제2항].

⑤ 임의출석

임의출석이란 소액심판법에서 인정하는 제도로서, 당사자 쌍방이 임의로 법원에 출석하여 소송에 관하여 변론을 함으로써 제소 또는 제소전 화해신청을 할 수 있게 하는 제도를 말한다[소액심판법 제5조]. 임의출석으로도 화해가 성립하지 않으면 1월 이내에 소를 제기해야 시효중단의 효력이 생긴다[제173조 후문]. 시효중단의 효력이 발생하는 시점은 임의출석한 때가 된다.

⑥ 최고

제174조(최고와 시효중단) 최고는 6월 내에 재판상의 청구, 파산절차참가, 화해를 위한 소환, 임의출석, 압류 또는 가압류, 가처분을 하지 아니하면 시효중단의 효력이 없다.

최고는 채권자가 채무자에게 채무의 이행을 청구하는 채권자의 의사통지를 말한다. 이는 재판외의 행위로서, 의사통지의 방법에는 제한이 없다. 입증의 편의를 위해 통상 내용증명을 이용한다. 최고는 상대방에게 도달한 때 시효중단의 효력이 발생한다. 그러나 시효중단의 효력이 발생하려면 6개월 이내에 재판상의 청구, 파산절차참가, 화해를 위한 소환, 임의출석, 압류 또는 가압류, 가처분을 해야 한다[제174조]. 이는 최고가 있은 후 6개월 이내에는 시효가 완성하지 않는다는 것을 의미하는데, 최고는 시효완성을 앞두고 있을 때 일시적인 시간 연장의 수단으로 유용하다.

최고를 받은 채무자가 그 이행존부에 대하여 조사를 해볼 필요가 있다는 이유로 채권자에게 그 이행의 유예를 구한 경우에는 채권자가 그 회답을 받을 때까지 최고의 효력이 계속된다고 본다[대법원 1995.5.12. 선고 94다24336].

나. 압류, 가압류, 가처분

제175조(압류, 가압류, 가처분과 시효중단) 압류, 가압류 및 가처분은 권리자의 청구에 의하여 또는 법률의 규정에 따르지 아니함으로 인하여 취소된 때에는 시효중단의 효력이 없다.

① 압류

압류란 채권자의 금전채권 실행을 위하여 집행기관이 집행권원에 기하여 재산의 처분을 금하는 강제집행의 제1단계를 말한다. 압류를 시효중단 사유로 인정한 것은 재판이 확정된 후에도 다시 시효가 진행되므로 별도의 시효중단사유로 활용하기 위함이다.

압류에 의하여 시효중단의 효력이 발생하는 시기는, 집행행위가 있으면 집행신청시에 소급하여 시효중단의 효력이 생긴다는 것이 통설의 입장이다. 담보권을 실행하기 위하여 임의경매를 신청할 때는 경매개시결정등기가 기입되면 압류의 효력이 생긴다.

만약 채무자의 주소불명 등으로 집행에 착수하지 못한 경우에는 시효중단의 효력이 소급하여 소멸한다. 집행에 착수는 하였으나 압류할 물건 등이 없어 집행불능이라도 시효중단 효력은 유지된다.

압류가 권리자의 청구에 의하여 또는 법률의 규정에 따르지 아니함으로 인하여 취소된 때에는 시효중단의 효력이 없다[제175조].

집행권원

- 집행권원은 실체법상의 청구권의 존재와 범위를 표시하고 법률상 집행력을 인정하는 공문서를 말한다.
- 집행권원으로는 확정판결, 조정조서, 화해조서, 인낙조서, 확정된 지급명령, 집행증서 등이 있다.

② 가압류

가압류란 금전채권 또는 금전채권으로 환산할 수 있는 채권의 강제집행을 위하여 채무자의 집행대상 재산을 미리 압류하여 두는 보전처분을 말한다.

가압류도 시효중단의 효력에 관해서는 압류의 경우와 같다.

관련 판례 1

가압류에 의한 집행보전의 효력이 존속하는 동안에는 가압류채권자에 의한 권리행사가 계속되고 있다고 보아야 하므로 가압류에 의한 시효중단의 효력은 가압류의 집행보전의 효력이 존속하는 동안 계속된다[대법원 2006.7.4. 선고 2006다32781].

관련 판례 2

민법 제175조는 가압류가 '권리자의 청구에 의하여 또는 법률의 규정에 따르지 아니함으로 인하여 취소된 때에는 소멸시효 중단의 효력이 없다'고 규정하고 있고, 이는 그러한 사유가 가압류 채권자에게 권리행사의 의사가 없음을 객관적으로 표명하는 행위이거나 또는 처음부터 적법한 권리행사가 있었다고 볼 수 없는 사유에 해당한다고 보기 때문이므로, 법률의 규정에 따른 적법한 가압류가 있었으나 제소기간의 도과로 인하여 가압류가 취소된 경우에는 위 법조가 정한 소멸시효 중단의 효력이 없는 경우에 해당한다고 볼 수 없다[대법원 2011.01.13. 선고 2010다88019 판결].

③ 가처분

가처분은 청구의 목적이 금전채권이 아닌 특정물에 있는 채권자가 장래 집행을 보전하기 위하여 채무자의 처분을 금하는 것을 내용으로 하는 보전처분이다. 다툼의 대상에 관한 가처분과 임시의 지위를 정하는 가처분이 있다.

압류가 집행권원을 얻은 후의 절차라면 가압류와 가처분은 집행권원을 얻기 전의 절차가 된다. 가처분에 따른 소멸시효 중단의 효력은 압류 및 가압류의 경우와 같다. 즉 압류 · 가압류 · 가처분에 의하여 시효가 중단되는 시기는 이들을 신청한 때이다.

④ 당사자가 아닌 경우의 압류 등

> **제176조(압류, 가압류, 가처분과 시효중단)** 압류, 가압류 및 가처분은 시효의 이익을 받은 자에 대하여 하지 아니한 때에는 이를 그에게 통지한 후가 아니면 시효중단의 효력이 없다.

시효의 중단은 당사자 및 그 승계인 간에만 효력이 있다[제169조].

물상보증인과 저당부동산의 제3취득자는 당사자가 아니다. 물상보증인의 부동산과 저당부동산의 제3취득자의 부동산을 압류한 것도 주채무자에 대한 권리행사로 행해진 것이다. 그러므로 시효중단의 효력이 주채무자에게 미치게 하려면 주채무자가 압류사실을 알아야 한다. 그래서 주채무자에게 압류 등의 사실을 통지하여 시효중단의 효력이 발생하게 한 것이다. 여기서 통지는 채무자가 압류의 사실을 알 수 있도록 교부송달에 의해 송달하여야 한다. 공시송달이나 우편송달을 하더라도 채무자가 압류사실을 모르는 경우에는 시효중단효력이 발생하지 않는다.

시효중단효력이 발생하는 시기는 통지가 채무자에게 도달된 때이다.

다. 승인

① 의의

승인이란 권리에 대하여 시효이익을 받을 자가 그 시효완성으로 권리를 잃을 자에게 그 권리가 존재한다고 인정하는 표시를 말한다. 승인의 법적 성질과 관련하여 통설은 관념의 통지로 본다. 의사표시가 아니므로 승인에는 시효를 중단하려는 효과의사가 요구되지 않는다. 그러나 권리의 존재를 인식하고 해야 한다.

② 승인하는 자

> **제177조(승인과 시효중단)** 시효중단의 효력 있는 승인에는 상대방의 권리에 관한 처분의 능력이나 권한있음을 요하지 아니한다.

승인을 하는 자는 시효이익을 받게 될 채무자 또는 기타 시효의 이익을 받을 자이다. 그러므로 보증인이 한 채무의 승인은 채무자에 대하여 효력이 없고, 경리과장이 한 승인은 회사에 대하여 승인으로서의 효력이 없다[대법원 1965.12.28. 선고 65다2133]. 승인에는 의사표시, 대리 등 법률행위에 관한 규정이 일부 적용되므로 승인의 의사는 대리인에 의해 표시되어도 무방하다[대법원 1998.11.13. 선고 98다38661].

승인을 하는 자는 상대방의 권리에 관한 처분능력이나 권한이 있음을 요하지 아니한다[제177조]. 승인은 원래 존재하고 있는 상대방의 권리를 인정하는 것에 지나지 않기 때문이다. 그러나 적어도 관리할 능력이나 권한은 있어야 한다[제177조 반대해석]. 그러므로 제한능력자는 법정대리인의 동의 없이 단독으로 유효하게 승인할 수 없다(통설).

③ 승인의 상대방

승인은 시효의 완성으로 이익을 받게 될 채무자 또는 그 대리인이 시효의 완성으로 권리를 상실하게 될 자 또는 그 대리인에게 하여야 한다.

④ 승인의 방식

승인을 함에는 특별한 방식이 요구되지 않는다. 명시적으로도 가능하고 묵시적으로도 가능하다[대법원 1995.9.29. 선고 91다4686]. 묵시적 승인이 인정되는 경우는 채무증서의 재작성, 어음 재발행의 승낙, 이자의 지급, 채무의 일부면제, 담보의 제공, 상계, 면책적 채무인수, 기한유예의 청구 등이다.

⑤ 승인의 효력

시효중단의 효력이 있는 승인은 시효가 완성되기 전에만 할 수 있다. 소멸시효가 완성된 다음에는 시효이익의 포기가 문제된다.

승인으로 시효중단효력이 발생하는 시기는 승인의 통지가 상대방에게 도달한 때이며, 승인의 입증책임은 승인을 주장하는 자가 부담한다.

(3) 시효중단의 효력(時效中斷의 效力)

제169조(시효중단의 효력) 시효의 중단은 당사자 및 그 승계인 간에만 효력이 있다.
제178조(중단후의 시효진행) ① 시효가 중단된 때에는 중단까지에 경과한 시효기간은 이를 산입하지 아니하고 중단사유가 종료한 때로 부터 새로이 진행한다. ② 재판상의 청구로 인하여 중단한 시효는 전항의 규정에 의하여 재판이 확정된 때로부터 새로이 진행한다.

가. 기본적 효과

소멸시효가 중단되면 그때까지 경과한 시효기간은 산입하지 않으므로 시효진행기간이 없는 셈이다. 중단사유가 종료하면 그때부터 새로 시효기간이 진행된다.

시효중단사유와 시효의 진행 시점

- 재판상 청구로 시효가 중단된 경우에는 재판이 확정된 때부터 새로 시효가 진행된다.
- 지급명령의 신청으로 시효가 중단된 경우에는 지급명령이 확정된 때부터 새로 시효가 진행된다.
- 화해, 조정, 화해를 위한 소환, 임의출석으로 시효가 중단된 경우에는 화해조서, 조정조서에 효력이 발생한 때로부터 시효가 다시 진행된다. 조서가 채무자에게 송달되면 조서에 기재된 때로 소급하여 조서의 효력이 발생한다.
- 압류로 시효가 중단된 경우에는 압류절차가 끝났을 때이다. 가압류, 가처분이 집행권원을 얻어 본집행으로 전이한 경우에는 본집행절차가 끝났을 때 시효가 다시 진행된다.
- 파산채권의 신고에 의하여 중단된 경우에는 파산절차가 모두 끝났을 때부터 시효가 다시 진행된다.
- 승인으로 중단된 경우에는 승인이 상대방에게 도달한 때부터 시효가 다시 진행된다.

나. 시효중단의 인적 범위

제169조(시효중단의 효력) 시효의 중단은 당사자 및 그 승계 인간에만 효력이 있다.

시효중단의 효력은 당사자 및 그 승계인 사이에만 발생한다. 여기서 당사자란 시효의 대상이 되는 '권리의 당사자'가 아니라 '시효중단행위에 관여한 당사자'를 의미한다. 승계인이란 시효중단에 관여한 당사자로부터 중단효과를 받는 권리를 그 중단효과 발생 이후에 승계한 자를 뜻한다. 여기에는 포괄승계인은 물론 단독승계인도 포함된다[대법원 1997.4.25. 선고 96다46484].

시효중단 효력이 당사자 및 그 승계인 사이에만 미친다는 원칙에는 예외가 있다. 연대채무의 경우에는 연대채무자 1인에 대한 이행청구는 다른 연대채무자에게도 효력이 있다[제416조, 제421조].

주채무자에 대한 시효중단은 보증채무의 주채무에 대한 부종성에 의해 보증인에게도 미친다[제440조].

지역권은 불가분성에 의해 요역지가 여러 명의 공유인 경우, 공유자 1인에 의한 지역권을 취득하거나 소멸중단사유가 발생하면 다른 공유자에게도 시효중단의 효력이 미친다.

2. 시효정지(時效停止)

제179조(제한능력자의 시효정지) 소멸시효의 기간만료 전 6개월 내에 제한능력자에게 법정대리인이 없는 경우에는 그가 능력자가 되거나 법정대리인이 취임한 때부터 6개월 내에는 시효가 완성되지 아니한다.
제180조(재산관리자에 대한 제한능력자의 권리, 부부 사이의 권리와 시효정지) ① 재산을 관리하는 아버지, 어머니 또는 후견인에 대한 제한능력자의 권리는 그가 능력자가 되거나 후임 법정대리인이 취임한 때부터 6개월 내에는 소멸시효가 완성되지 아니한다. ② 부부 중 한쪽이 다른 쪽에 대하여 가지는 권리는 혼인관계가 종료된 때부터 6개월 내에는 소멸시효가 완성되지 아니한다.
제181조(상속재산에 관한 권리와 시효정지) 상속재산에 속한 권리나 상속재산에 대한 권리는 상속인의 확정, 관리인의 선임 또는 파산선고가 있는 때로부터 6월 내에는 소멸시효가 완성하지 아니한다.
제182조(천재 기타 사변과 시효정지) 천재 기타 사변으로 인하여 소멸시효를 중단할 수 없을 때에는 그 사유가 종료한 때로부터 1월 내에는 시효가 완성하지 아니한다.

(1) 의의(意義)

시효의 정지란 시효가 완성할 무렵에 이르러 권리자가 시효를 중단시키는 것이 불가능하거나 극히 곤란한 사정이 있는 경우에 그 사정이 소멸한 후 일정기간 시효의 완성을 유예하는 것을 말한다.

시효중단이 이미 경과한 시효기간을 없었던 것으로 하는 것과는 달리 시효정지는 일시적으로 시효의 완성을 정지시키는 점에서 다르다. 즉 시효완성 시점이 시효정지사유가 종료된 시점에서 일정기간 이후로 연기되는 것과 같다.

(2) 시효정지 사유(時效停止 事由)

가. 제한능력자와 시효정지

소멸시효의 기간만료 전 6개월 내에 제한능력자에게 법정대리인이 없는 경우에는 그가 능력자가 되거나 법정대리인이 취임한 때부터 6개월 내에는 시효가 완성되지 아니한다[제179조].

재산을 관리하는 아버지, 어머니 또는 후견인에 대한 제한능력자의 권리는 그가 능력자가 되거나 후임 법정대리인이 취임한 때부터 6개월 내에는 소멸시효가 완성되지 아니한다[제180조 제1항].

나. 혼인관계 종료와 시효정지

부부 중 한쪽이 다른 쪽에 대하여 가지는 권리는 혼인관계가 종료한 때부터 6개월 내에는 소멸시효가 완성되지 아니한다[제180조 제2항].

다. 상속재산에 관한 권리와 시효정지

상속재산에 속한 권리나 상속재산에 대한 권리는 상속인의 확정, 관리인의 선임 또는 파산선고가 있는 때로부터 6월 내에는 소멸시효가 완성하지 아니한다[제181조].

라. 천재, 기타 사변과 시효정지

천재, 기타 사변으로 인하여 소멸시효를 중단할 수 없을 때에는, 그 사유가 종료한 때로부터 1월 내에는 시효가 완성하지 아니한다[제182조].

Ⅳ 소멸시효의 효과(消滅時效의 效果)

1. 소멸시효 완성의 효과(消滅時效 完成의 效果)

제162조(채권, 재산권의 소멸시효) ① 채권은 10년간 행사하지 아니하면 소멸시효가 완성한다. ② 채권 및 소유권이외의 재산권은 20년간 행사하지 아니하면 소멸시효가 완성한다.
제183조(종속된 권리에 대한 소멸시효의 효력) 주된 권리의 소멸시효가 완성한 때에는 종속된 권리에 그 효력이 미친다.

(1) 권리소멸(權利消滅)

권리자가 권리를 행사할 수 있는 때로부터 법정기간 동안 권리를 행사하지 않으면 그 권리의 소멸시효가 완성한다. 소멸시효가 완성한다는 의미를 어떻게 해석할 것인가에 대해 학설이 대립된다. 절대적 소멸설과 상대적 소멸설이 그것인데, 이러한 견해의 대립은 당사자의 원용과 소멸시효 완성 후의 변제, 소멸시효 이익의 포기에 관하여 이론구성을 달리한다.

소멸시효의 완성에 관한 학설과 판례

■ 절대적 소멸설

절대적 소멸설은 소멸시효의 완성으로 권리는 당연히 소멸한다고 본다. 현행민법은 구민법과는 달리 시효의 원용에 관한 규정을 두지 않은 점, 제369조, 제766조 제1항 및 부칙 제8조 제1항이 '소멸한다' 또는 '소멸한 것으로 본다'고 규정하고 있는 점을 근거로 든다. 그러나 권리가 절대적으로 소멸하더라도 시효의 이익을 받기 위해서는 소송상 이를 항변해야 한다고 한다. 이 견해는 시효이익의 포기와 포기의 소급효에 대하여 제대로 설명하지 못한다.

■ 상대적 소멸설

상대적 소멸설은 소멸시효의 완성으로 당연히 권리가 소멸하는 것이 아니라 시효이익을 받는 자가 권리의 소멸을 주장할 권리[원용권]가 생길 뿐이라고 한다. 이 견해는 현행민법에 '시효의 원용' 규정이 없기 때문에 이를 법률해석으로 보충해야 하는 문제에 직면한다.

■ 판례

판례는 절대적 소멸설의 입장을 보이고 있다[대법원 1966.1.31. 선고 65다2445, 대법원 1979.2.13. 선고 78다2157, 대법원 1991.7.26. 선고 91다5631 등 참조]. 그러나 한편으로 변론주의 원칙상 시효의 이익을 받을 자가 소송에서 소멸시효를 주장하지 않으면 그 의사에 반하여 재판할 수 없다고 한다[대법원 1979.2.13. 선고 78다2157, 대법원 19801.29. 선고 79다1863, 대법원 1991.7.26. 선고 91다5631 등 참조]. 또한 소멸시효의 주장을 할 수 있는 자는 소멸시효에 의하여 직접 이익을 받는 자에 한정되고 아무런 채권도 없는 자는 소멸시효 주장을 대위 원용할 수 없다고 한다[대법원 2007.3.30. 선고 2005다11312].

2. 소멸시효의 소급효(消滅時效의 遡及效)

소멸시효는 그 기산일에 소급하여 효력이 생긴다[제167조]. 소멸시효의 완성으로 권리가 소멸하는 때는 시효기간이 만료한 때이지만 그 효과는 시효기간의 기산점으로 소급하게 된다.

소멸시효에 의해 채무를 면하는 자는 기산일 이후의 이자, 지연배상금을 지급할 필요가 없다. 시효로 소멸하는 채권이 소멸시효 완성 전에 상계가 가능했던 것이면 채권자는 상계할 수 있다[제495조].

3. 소멸시효 이익의 포기(消滅時效 利益의 抛棄)

제184조(시효의 이익의 포기 기타) 소멸시효의 이익은 미리 포기하지 못한다. ②소멸시효는 법률행위에 의하여 이를 배제, 연장 또는 가중할 수 없으나 이를 단축 또는 경감할 수 있다.

소멸시효 이익의 포기란 소멸시효의 완성으로 인한 법률상의 이익을 받지 않겠다는 소멸시효이익을 받을 자의 일방적인 의사표시를 말한다(절대적 소멸설의 입장, 상대적 소멸설은 원용권의 포기로 본다). 소멸시효 이익을 포기할 수 있는 자는 이익을 받을 당사자와 그 대리인이고 제삼자가 하는 시효이익포기의 의사표시는 이익을 받을 자에 대한 관계에서 아무 효력이 없다[대법원 2014.01.23. 선고 2013다64793 판결].

시효이익의 포기는 처분행위이므로 포기하는 자에게 처분능력과 처분권한이 있어야 한다는 것이 다수설이다. 소수설은 시효이익 포기를 처분행위로 보지 않고 의무부담행위에 가깝다고 하면서 행위능력만 있으면 된다고 한다. 그리고 포기하는 자는 시효완성 사실을 알고 해야 한다. 시효이익 포기는 의사표시로 하며, 묵시적으로도 가능하다[대법원 2012.5.10. 선고 2011다109500 판결]

소멸시효의 이익은 완성 전에 미리 포기하지 못한다[제184조 제1항]. 이는 지속적인 사실상태를 존중하려는 공익적 제도이므로 개인의 의사에 의해 미리 배척하는 것은 부당하고, 채무자의 곤궁함을 이용하여 채권자가 소멸시효의 이익을 미리 포기하도록 할 염려가 있기 때문이다.

소멸시효가 완성된 후에는 시효이익을 포기할 수 있다. 소멸시효는 법률행위에 의하여 이를 배제, 연장 또는 가중할 수 없으나 이를 단축 또는 경감할 수 있다[제184조 2항].

포기의 효력은 포기의 의사표시가 상대방에게 도달한 때에 생기며, 포기의 효과는 상대적이어서 포기할 수 있는 자가 다수인 경우 1인이 포기는 그에게만 효력이 생기고 다른 자에게는 효력이 생기지 않는다.

소멸시효 중단사유로서의 채무승인은 시효이익을 받는 당사자인 채무자가 소멸시효의 완성으로 채권을 상실하게 될 자 또는 그 대리인에 대하여 상대방의 권리 또는 자신의 채무가 있음을 알고 있다는 뜻을 표시함으로써 성립한다[대법원 2012. 10. 25. 선고 2012다45566 판결 참조]. 또한 시효완성의 이익 포기의 의사표시를 할 수 있는 자는 시효완성의 이익을 받을 당사자 또는 그 대리인에 한정된다고 할 것이고, 그 밖의 제3자가 시효완성의 이익 포기의 의사표시를 하였다 하더라도 이는 시효완성의 이익을 받을 자에 대한 관계에서 아무 효력이 없다[대법원 1998.2.27. 선고 97다53366, 대법원 2014.01.23. 선고 2013다64793 판결 등 참조].

4. 종속권리에 대한 효력(從屬權利에 對한 效力)

주된 권리의 소멸시효가 완성된 때에는 종속된 권리에 그 효력이 미친다[제183조]. 즉 원본채권이 시효로 소멸하면 이자채권이 시효완성되지 않았다고 하더라도 역시 소멸하게 된다.

이자 또는 지연손해금은 주된 채권인 원본의 존재를 전제로 그에 대응하여 일정한 비율로 발생하는 종된 권리라 할 것인데, 하나의 금전채권의 원금 중 일부가 변제로 소멸된 후 나머지 원금에 대하여 소멸시효가 완성된 경우, 가분채권인 금전채권의 성질상 변제로 소멸한 원금 부분과 소멸시효 완성으로 소멸한 원금 부분을 구분하는 것이 가능하고, 이 경우 원금에 종속된 권리인 이자 또는 지연손해금 역시 변제로 소멸한 원금 부분에서 발생한 것과 시효완성으로 소멸된 원금 부분에서 발생한 것으로 구분하는 것이 가능하므로, 위 소멸시효 완성의 효력은 소멸시효가 완성된 원금 부분으로부터 그 시효 완성 전에 발생한 이자 또는 지연손해금에는 미치나, 변제로 소멸한 원금 부분으로부터 그 변제 전에 발생한 이자 또는 지연손해금에는 미치지 않는다고 봄이 타당하다[대법원 2008.03.14. 선고 2006나2940 판결].

ㄱ

ㄴ

ㄷ

ㅁ

Index

찾아보기

저자 약력

◆ **김재훈**

– 법학박사
– 현) 국립경상대학교 강사
– 현) 한국국제대학교 강사
– 현) 경남과학기술대학교 강사

◆ **허영희**

– 법학박사
– 현) 한국국제대학교 경찰행정학과 교수
– 현) 여성부전문강사연합회 회장
– 전) 한국국제대학교 사회과학대학 학장

저자와의
협의하에
인지생략

민법총칙

2014년 7월 25일 초판 인쇄
2014년 7월 31일 초판 1쇄 발행

저 자 : 김재훈 · 허영희
발행인 : 정 광 식
발행처 : **비앤엠북스**
서울특별시 금천구 가산디지털1로70 (호서대벤처타워 B1–103)
등 록 2004. 12. 29. / 제313–2004–00298호
전 화 2627–5710~13, 팩스 2627–5720
홈페이지 www.대학교재.net
이 메 일 bnmbook@daum.net

정가 20,000원 ISBN 978-89-6821-026-6